AF391507

16 R 525
1568.-

HENRI HAUSER

LES

MÉTHODES ALLEMANDES

D'EXPANSION ÉCONOMIQUE

SEPTIÈME ÉDITION

C. E. D. E. C.
FONDS
LUCIEN
COQUET
BIBLIOTHÈQUE

LIBRAIRIE ARMAND COLIN

103, Boulevard Saint-Michel, PARIS

SYNDICAT DES ÉDITEURS
(Décision du 11 Février 1918)

———

Majoration 30 0/0

———

LIBRAIRIE ARMAND COLIN

LES

MÉTHODES ALLEMANDES

D'EXPANSION ÉCONOMIQUE

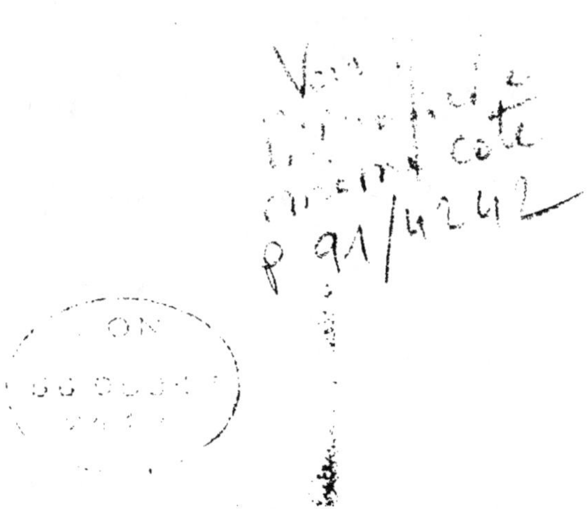

Copyright nineteen hundred and fifteen
by Max Leclerc and H. Bourrelier,
proprietors of librairie Armand Colin.

HENRI HAUSER

Professeur à la Faculté des lettres de l'Université de Dijon
Correspondant de l'Institut

LES
MÉTHODES ALLEMANDES
D'EXPANSION ÉCONOMIQUE

Nouvelle édition (7º), revue et corrigée

LIBRAIRIE ARMAND COLIN
103, Boulevard Saint-Michel, PARIS

1917

Tous droits de reproduction, de traduction et d'adaptation réservés pour tous pays

A LA CHAMBRE DE COMMERCE DE PARIS

*AUX CHAMBRES DE COMMERCE
DE FRANCE*

*AUX CHAMBRES DE COMMERCE FRANÇAISES
A L'ÉTRANGER*

*When the war is over, don't
throw away the lessons of the war.*
(Lord CURZON.)

Ne rejetez pas, quand la guerre
sera finie, les leçons de la guerre.

PRÉFACE DE LA TROISIÈME ÉDITION

L'accueil fait à ce livre par le public — aussi bien par le grand public que par le public spécial des économistes, des commerçants et des industriels — pose devant l'auteur un problème assez délicat.

Ce livre n'avait d'autre prétention, quand il parut, que de marquer une date, de décrire un état de choses existant à un moment déterminé, — à la fin de la première année de guerre — et d'expliquer cet état de choses. Convenait-il, dans cette nouvelle édition, de s'en tenir à ce même point de la durée, ou fallait-il mettre le livre « au courant » ?

Si nous avions pris ce dernier parti, il aurait fallu enregistrer toutes les expériences qui ont été faites, depuis quelques mois, pour parer aux dangers, pour remédier aux maux que signalait cet ouvrage lui-même.

Certaines de ces expériences sont assurément très intéressantes. Création de Ligues nombreuses, succès de la foire de Lyon, tentatives pour implanter ou développer en France des industries dont l'Allemagne s'était réservé le monopole. Il y aurait aussi à signaler une orientation quelque peu nouvelle de la politique économique des pouvoirs publics, et les efforts qui sont faits pour établir entre Alliés cette solidarité que nous considérions, dans notre conclusion, comme une impérieuse nécessité.

D'un autre côté, pour une rigoureuse mise au point, on devrait aussi étudier ce qui s'est fait en Allemagne, depuis novembre 1915, afin de perfectionner le mécanisme, d'en accélérer la marche et d'en améliorer le rendement, afin de résister à la pression exercée par les Alliés, et de préparer l'après-guerre. L'Allemagne, déjà consciente de la défaite qui l'attend sur le terrain politique et militaire, compte prendre sa revanche ailleurs, sur le terrain économique. Le but de la guerre étant pour elle la conquête des marchés du monde, elle se trouverait être, même vaincue en apparence, la véritable bénéficiaire de l'horrible conflit. A l'entente économique qui s'ébauche entre les Alliés n'affiche-t-elle pas d'ailleurs l'intention d'opposer un autre groupement, le bloc de l'Europe centrale?

Mais il est trop tôt pour traiter à fond ces questions. La critique des récents événements économiques n'est pas faite. Il est trop tôt par exemple pour dire si, en entrant dans la *Banca commerciale italiana*, nos compatriotes ont accompli, comme ils le croient, une œuvre d'assainissement, ou bien si, comme l'affirment plusieurs de nos amis italiens, ils ont fait un métier de dupes. Il serait tout aussi prématuré de se prononcer sur le plus ou moins de possibilité de réalisation du mythe de la *Mitteleuropa*, ou sur les moyens de faire sortir des résultats pratiques de la prochaine conférence des Alliés. Introduire ces controverses dans ce livre n'aurait eu d'autre résultat que d'en affaiblir la valeur démonstrative.

Or, cette valeur, il est encore utile qu'il la conserve. Malgré des efforts dont nous ne songeons à méconnaître ni le mérite ni l'importance, les industriels français ont encore besoin, auront longtemps encore besoin de méditer les leçons de la guerre. Il nous paraît donc que le temps n'est pas venu d'enlever à ce livre sa marque particulière, sa qualification chronologique.

Pour ces raisons, nous nous sommes décidé à le réimprimer, encore, à peu près sans changements. Nous nous sommes borné à corriger quelques lapsus ou quelques erreurs matérielles, à compléter quelques données insuffisantes. Nous avons également grossi nos conclusions qui pouvaient, dans leur forme primitive, présenter une certaine ambiguïté. Mais, dans l'ensemble, ce livre reste ce qu'il était.

Quelques critiques — très bienveillants d'ailleurs — lui ont reproché de donner des méthodes allemandes une vue trop systématique, de prodiguer à l'excès des mots comme « conquête des marchés, guerre économique », etc. Métaphores dangereuses, dit-on, qui ont l'inconvénient de transporter dans l'étude des échanges des images et des notions qui appartiennent au monde militaire.

Sur ce point, nous ne saurions rien abandonner de nos positions primitives. Guerre économique, conquête des marchés, ces mots, appliqués à l'Allemagne, sont tout autre chose que des métaphores. Plus que jamais nous avons le sentiment que l'Allemagne faisait la guerre en pleine paix, avec les moyens de la paix.

Le *dumping*, les primes d'exportation, les bons d'importation, les tarifs soudés, les mesures relatives à l'émigration, etc., ces divers procédés étaient employés par elle non comme des procédés normaux d'activité économique, mais comme des moyens d'étouffer, d'écraser, de terroriser l'adversaire. Toutes les théories économiques ne sauraient prévaloir contre ces faits. Et tout ce qui se passe depuis la guerre, tout ce qui se prépare pour le lendemain de la guerre donne à nos affirmations une force nouvelle.

Paris, 15 avril 1916.

PRÉFACE DE LA SIXIÈME ÉDITION

Encore une fois — et sauf quelques modifications de détail — ce livre paraît tel qu'il a été écrit en 1915.

Je ne crois ni possible ni utile de lui donner une autre forme, d'y mettre autre chose que ce que le titre annonce.

Dans les très bienveillantes études qui lui ont été consacrées, dans de nombreuses lettres ou conversations privées, on a exprimé le regret que ce livre se bornât à être une description de l'économie allemande, qu'il ne contînt pas de plus amples indications sur les forces dont dispose la France et sur les moyens de combattre l'influence de nos ennemis. Hier encore, un industriel d'une compétence éprouvée, M. Ch. Meunier-Dollfus, voulait bien faire à ce modeste volume l'honneur d'une véritable exégèse [1], et il écrivait :

« Nous aimerions trouver dans les conclusions de

---

[1] *Notes et commentaires sur* Les Méthodes allemandes d'expansion économique *de M. Henri Hauser...* Paris, Imprimerie Chaix, 1916. M. Meunier-Dollfus nous demande (p. 62) ce que nous pensons de l'admission temporaire à l'impression des indiennes. Nous ne pouvions traiter ce sujet, sur lequel nous partageons absolument son opinion et celle de M. Daniel Mieg.

l'œuvre de M. Hauser... une définition précise ou même une indication approximative des voies et moyens économiques que la victoire doit assurer à la France pour lui permettre de prendre le rang qui lui convient parmi les grandes nations industrielles. »

Assurément, il serait intéressant de donner ces indications. Il serait intéressant de montrer — dans la mesure où cela est possible — avec quelle admirable énergie certaines industries françaises ont su, pendant la guerre, s'organiser, s'adapter à une situation nouvelle. Il serait intéressant d'examiner ce que l'Alsace, et la Lorraine, et peut-être la Sarre, ce que les indemnités en nature ou en argent nous apporteront de forces nouvelles. Déjà le prestige de notre victoire, escomptée par les alliés et par les neutres, le prestige même que nous ont valu notre résistance et nos succès, cela est une valeur économique dont nous pouvons dès à présent tirer parti.

Mais on ne peut tout dire en un seul livre. Celui-ci est une analyse des méthodes que les Allemands avaient employées pour s'assurer la domination économique du monde. Nous avons essayé de faire cette analyse, comme ils disent, aussi objective que possible. Il ne faut pas demander à ce livre, il ne doit pas donner plus qu'il ne promet.

Mes très aimables critiques m'ont aussi reproché d'avoir vu un peu en beau l'industrie allemande, et la nôtre un peu en noir.

Je répondrai d'abord que mon objet étant d'éveiller l'attention des industriels français sur les dangers qui les menacent et d'exciter leur ardeur, j'avais plutôt à insister sur nos faiblesses que sur nos supériorités. Nous ne serons jamais trop hardis, trop entreprenants, nous ne pécherons jamais par excès de méthode et d'organisation. Je ne regrette donc pas, si j'ai frappé juste, d'avoir frappé même un peu fort.

Nous n'ignorons pas que, dans l'édifice allemand, la façade est plus belle que le dedans, et que surtout les fondations ne sont pas très solides, que la pierre employée pour la construction n'est pas des plus saines. Nous croyions l'avoir dit, et même avoir indiqué qu'il fallait chercher dans ce caractère un peu fantasmagorique de l'industrie et de la finance allemandes l'une des causes profondes de la guerre, la cause de ce fait étrange que les classes industrielles, patrons et prolétaires, se sont unies aux conservateurs agrariens dans une même volonté de conquête. Cela, nous croyions l'avoir dit. Il paraît que nous ne l'avions pas dit assez fortement ; nous y revenons dans la conclusion de la présente édition.

Pour ce qui est des lacunes de l'organisation française, on nous oppose des exemples d'usines admirablement outillées, de sociétés animées d'un esprit moderne. A ces exemples nous pourrions en ajouter d'autres ; nous savons qu'ils constituent autre chose que d'honorables exceptions. Nous savons, en particulier, que l'industrie alsacienne, qui créait sous la Restauration la Société industrielle de Mulhouse comme elle devait créer sous le Second Empire tant d'institutions protectrices de l'ouvrier, nous savons qu'elle a toujours su joindre à l'ingéniosité, au goût du Français ces qualités d'ordre, de méthode que nous admirons chez nos rivaux. Nous savons qu'elle n'a pas été seule à comprendre combien serait féconde l'union de la science et de l'industrie.

Mais nous continuons à dire que ces exemples d'organisation rationnelle sont encore trop rares. Au poste d'honneur — poste d'observation — que nous a confié l'Association nationale d'expansion économique, nous pouvons nous rendre compte, plus exactement encore qu'au temps où nous rédigions ce livre, des dispositions et des tendances des industriels français. Nous n'hésiterons pas à dire que souvent ces tendances nous inquiètent. Malgré les enseignements de la guerre, telle maison se refuse encore à payer des chimistes le prix qu'ils valent ; elle se refuse à risquer les sommes nécessaires pour s'attacher de jeunes savants, parce que, dit-elle, on ne peut pas savoir d'avance ce qu'ils rendront. Nous disons que cela est déplorable. Nous disons qu'il est déplorable que des directeurs d'usine, cultivés, intelligents, parfois remarquables techniciens, vous disent froidement qu'après la guerre ils n'exporteront pas, qu'ils auront assez à faire sur le marché intérieur, qu'ils se contenteront d'exécuter les commandes de l'État.

L'idéal de beaucoup de nos industriels est encore un idéal de rentier ou d'artisan. Entre cette mentalité et la mégalomanie allemande, nous pensons qu'il y a place pour une activité généreuse.

Dirons-nous aussi — oui, puisque cela est vrai — qu'aux obstacles législatifs que rencontre chez nous l'association s'ajoutent malheureusement aussi des obstacles psychologiques : la jalousie, la peur que l'association ne profite au voisin plus qu'à soi-même, l'individualisme exagéré, le goût du secret devenant une sorte de maladie? Et cette maladie n'est pas, comme on pourrait le croire, spéciale aux petits, à ceux qui, vivant au jour le jour, ne peuvent embrasser de larges horizons. Je la retrouve chez de véritables capitaines d'industrie.

Il est vrai, en raison de la guerre, que ces capitaines sont souvent des vétérans, parfois sortis de leur retraite pour remplacer le fils absent. Qu'ils hésitent devant les responsabilités, qu'ils ne se sentent pas qualifiés pour essayer des méthodes nouvelles, quoi d'étonnant? Notre espoir va naturellement aux jeunes, à ceux qui se battent et qui, entre deux alertes, songent, nous le savons, aux problèmes de l'avenir. Combien parmi eux, hélas! nous reviendront? Ceux-là seront animés d'un nouvel esprit, de cet esprit d'offensive économique que nous leur souhaitons ; c'est pour eux surtout que nous écrivons.

Nous dirons de nos méthodes commerciales ce que nous disions de nos méthodes industrielles. Que nous ayons de grands commerçants, et d'excellents représentants, qui le conteste ? Mais que telle grande maison croie avoir assez fait pour s'assurer les marchés britanniques en installant un agent général à Londres, voilà qui témoigne d'une singulière incompréhension de ce qu'est l'Empire britannique. Et tous nos représentants ne sont pas, comme dans les industries familières à M. Meunier-Dollfus, des techniciens.

M. Meunier-Dollfus (p. 43 de la brochure précitée) suppose que l'auteur du présent livre « n'a pas vu de commis-voyageur allemand en personne et encore moins entendu celui-ci en action ». Je puis assurer à M. Meunier-Dollfus qu'il se trompe. Il suffisait, d'ailleurs, avant la guerre, d'entrer dans n'importe quelle boutique de France et de l'étranger pour y voir et y entendre les commis-voyageurs allemands. Je les ai revus, pendant la guerre même, en action chez les neutres. Enfin je puis dire qu'il n'est pas une ligne de mes pages 218-223 qui ne soit faite avec les observations et les doléances des intéressés, c'est-à-dire de nos compatriotes établis à l'étranger, ou des commerçants français.

M. Meunier-Dollfus estime que, chez les Allemands, « la *machine à vendre* était inférieure à la *machine à fabriquer* ». Oui, si on la considère du dehors et, pour ainsi dire, d'un point de vue esthétique. Non, si nous regardons les résultats. Que le voyageur allemand se rendît, par son insistance, odieux à la clientèle, que par ses extraordinaires rabais il dépréciât la marchandise, qu'il ne reculât devant aucune manœuvre, cela est évident. Mais il vendait [1]. Les « artistes » que nous sommes peuvent mépriser les voyageurs « qui nous offraient les thermomètres de Thuringe à partir de cinquante centimes pièce ». N'empêche que ces vendeurs à tout prix avaient tué chez nous la fabrication du thermomètre. Et que penser des commerçants français qui confiaient à ces vendeurs allemands le soin de placer les produits français? Que penser surtout des commerçants français — nous en connaissons, hélas! — qui n'attendent pas sans quelque impatience l'heure qui ramènera chez eux le commis-voyageur allemand?

En somme il est nécessaire de développer chez nous ce que nous appellerons le patriotisme économique. C'est-à-dire que, le commerce apparaissant

[1] Il en est de même pour l'utilisation industrielle des découvertes scientifiques. Dans un très intéressant passage (p. 34-43) où il nous fait en chimiste l'histoire de l'alizarine, M. Meunier-Dollfus nous dit que la Badische n'a pas eu grand mérite à réaliser la fabrication en grand et à bas prix de ce colorant, qu'elle a surtout profité des circonstances pour « tuer ses concurrents ». Mais tout était là pour elle. Quant au système allemand qui consistait à lier la production des colorants avec celle des produits pharmaceutiques de façon à ce que les bénéfices réalisés d'un côté permissent de vendre bon marché par ailleurs, il peut y avoir là une conception peu en accord avec nos habitudes, mais il n'en est pas moins vrai que cette conception a mené l'industrie chimique allemande à la victoire.

de plus en plus comme une lutte entre nations —
comme une guerre non sanglante où nous avons des
ennemis, des alliés, où il y a des neutres sympa-
thiques ou hostiles — nos industriels et nos commerçants n'ont plus le droit de se considérer comme des
isolés, et de ne tenir compte que de leurs intérêts
personnels. Ils sont les soldats d'une armée ; ils sont,
dans une certaine mesure, au service de la nation. Il
faut donc que leurs efforts soient convergents, coor-
donnés, harmonieux. Au reste, en servant l'intérêt
collectif, ils serviront les intérêts supérieurs et permanents de leurs propres entreprises.

En vérité, il ne nous paraît pas encore qu'il soit
temps de remanier ce livre, d'en modifier le caractère. Tel qu'il est, avec ses défauts, peut-être en
raison de ces défauts même, on a été assez indulgent
pour reconnaître qu'il avait fait un peu de bien. Il y
a encore pour lui, croyons-nous, du bien à faire.
L'industrie et le commerce français ont encore,
aujourd'hui, besoin de plus d'exhortations que d'éloges.

Ce livre restera donc tel qu'il est, et se réimpri-
mera sans changements importants — du moins tant
qu'il lui viendra de nouveaux lecteurs [1].

Février 1917.

[1] Cet ouvrage a été honoré d'une médaille d'or par la Société d'encouragement pour l'industrie nationale. Une traduction anglaise,
due à M. Manfred Emmanuel, en a paru à Londres (chez Eveleigh
Nash). Une traduction espagnole due à M. J.-M. Gonzalez, de la
Chambre officielle de commerce de Madrid, vient de paraître.

AVANT-PROPOS

Il a paru à l'éditeur et à l'auteur de cet ouvrage qu'il fallait le faire vite. A cette heure, tout livre est un acte, et nous savons trop peu, pour pouvoir attendre, quels services la Patrie exigera demain de chacun de nous.

On excusera donc ce qui, dans les pages qui suivent, pourra sembler hâtif ou incomplet. Nous avons dû mesurer par semaines les tâches qui, en des temps plus calmes, auraient demandé des mois. Peut-être, plus tard, nous sera-t-il donné de reprendre ce travail et, dans le cadre une première fois tracé, de perfectionner les détails.

Tel qu'il est, nous n'aurions pu écrire ce livre si nous n'avions trouvé les concours les plus obligeants et les plus précieux. Qu'il nous soit permis de remercier ici M. Lacroix, directeur du secrétariat de la Chambre de commerce de Paris, la Chambre de commerce de Dijon, MM. M. Smith, de la Chambre de commerce britannique, Outland, de la Chambre américaine, Allard et Rau, de la Chambre belge, Giraud et Hoschiller, de la Chambre franco-russe, la Chambre italienne, Knoblauch, de la Chambre espagnole, Otto Bemberg, de la Chambre argentine ; Bégis et Sauvaire, de la Chambre de commerce française de Genève ; Pascal d'Aix, consul général de France à Genève ; le secrétaire général du comité des Forges, M. Pinot. celui du comité des Armateurs, M. Paul de Rousiers, enfin des financiers, des industriels, des amis qui ont bien voulu nous fournir renseignements et conseils.

Dijon, novembre 1915.

LES
MÉTHODES ALLEMANDES
D'EXPANSION ÉCONOMIQUE

INTRODUCTION

Quelques réflexions sur l'essor économique allemand dans ces quarante dernières années.

Comment l'Allemagne est devenue une puissance économique. — La brusquerie de l'essor allemand. — L'Allemagne impériale s'est trouvée adaptée aux conditions nouvelles de la production industrielle. — L'industrie allemande pendant et après la guerre. — Si les procédés allemands sont susceptibles de transplantation. — Nécessité d'un examen de conscience économique.

Comment l'Allemagne est devenue une puissance économique. La guerre que l'Allemagne a déchaînée sur le monde pose devant l'opinion publique européenne une question qui semblait réservée, jusqu'à ces dernières années, aux hommes de cabinet, économistes ou historiens. Comment la pauvre Allemagne de 1870, qui comptait à peine dans la géographie économique, est arrivée, en quarante et quelques années, à être l'une des grandes forces de la planète ; comment, suivant le mot que l'on prête à Frédéric-Charles au soir de Metz, elle a réussi, après avoir vaincu sur le terrain militaire, à combattre et à vaincre sur le terrain industriel, c'est un phénomène qui s'impose aux méditations des hommes d'action, industriels et commerçants. Avec ses 25 milliards de commerce extérieur, l'Empire se classait, à la veille de la guerre, au second rang des Etats marchands, après l'Angleterre. Il était devenu, battant l'Angleterre elle-même, le second des producteurs de fonte et de fer, le second aussi des producteurs d'acier. Sa marine marchande, inférieure à la nôtre en 1870[1], n'était plus dépassée, en 1913, que par celles de l'Angleterre et des Etats-Unis.

La brusquerie de l'essor allemand — Il ne faut pas se lasser de répéter quelques-uns des faits et des chiffres qui mettent en lumière à la fois l'ampleur de ce phénomène et la brusquerie avec laquelle il s'est réalisé.

Karl Lamprecht[2] a noté que, vers 1880, la naissante industrie allemande avait encore besoin de protection contre ses rivales plus anciennes, et ce mouvement protectionniste déclancha, par réaction, le mouvement français de 1892.

Au moment de la lutte intérieure de 1894-1901 sur le problème des canaux, on discute la question de savoir « si la majorité des occupations et des intérêts dans

---

[1] En 1887 encore, le tonnage des vapeurs de plus de 1.000 tonneaux était pour la France de 722,200, pour l'Allemagne de 628,2. En 1895 il est pour la première de 864,5, mais pour la seconde de 1.306,7. Hambourg passe de 3.704.000 tonnes en 1885 à 6.256.000 en 1895, battant Liverpool ; Brème passe de 1.289,3 à 2.184,7.

[2] *Zur jüngsten deutschen Vergangenheit*, 1906, t. II.

l'Empire est déjà industrielle et commerciale, ou encore agricole ». Mais les faits répondent : en 1893, la consommation du fer brut par tête d'habitant et par an n'atteignait pas 99 kilogrammes ; en 1899 elle touche à 155. Celle de la houille passe de 1.940 kilogrammes à 2.740 [1]. En même temps, la production du fer et de la fonte a passé de moins de 5 millions de tonnes à plus de 8, celle du charbon de 95 à 136 [2]. En ces six ans, le sort de l'Allemagne a été décidé par une augmentation de la production tellement intense qu'elle en paraissait « malsaine » [3], et qu'elle devait conduire à la redoutable crise de 1901.

En ces six ans l'Allemagne est passée définitivement du type agraire au type industriel [4]. Sur 67 millions d'Allemands, 17 à peine, au début du xxe siècle, vivaient de l'agriculture [5]. Une masse énorme de paysans quittait chaque année la terre, se précipitant

[1] Chiffres rassemblés par Steinberg. *Die Wirtschaftskrisis 1901*, Berlin, 1902.

[2] En 1912, les chiffres sont respectivement, pour la fonte de 18 millions, pour le charbon de 180 (Bonnefon. *Les causes économiques de la guerre*, dans *Revue de Paris*, 15 janvier 1915). En 1913, la houille et le lignite dépassent 270 millions.

[3] Steinberg, *lieu cité*.

[4] G. Stresemann, *La politique mondiale de l'Allemagne* (dans *Revue économique internationale*, 1913, III) : « L'Allemagne agricole de jadis a fait place à un Etat dans lequel l'idée d'exportation a pris une place prépondérante ». La relation entre l'industrie et le commerce d'une part, l'agriculture de l'autre, est comme 2 est à 1. Mêmes idées déjà en 1904 chez Lamprecht, *ouvrage cité*.

[5] Bonnefon, *art. cité*. W.-J. Ashley (*The economical side of the european conflagration*, dans *Scientia*, 1915, n° I) établit que la population commerciale-industrielle représentait en 1882 les 45 p. 100 de la population allemande, en 1895 les 50 p. 100, en 1907 les 56 p. 100.

dans les colossales **usines**. Les villes croissaient avec une rapidité tout américaine, et déjà 45 d'entre elles dépassaient le chiffre de 100.000 âmes. De véritables armées ouvrières se groupaient sous le commandement des capitaines d'industrie, 15.000 sous un Mannesmann, plus de 30.000 sous un Thyssen, 73.000 dans les diverses usines d'un Krupp.

L'enrichissement de l'Allemagne. Le pays pauvre était devenu, tout d'un coup, un pays riche. En 1895, le revenu total des fortunes de l'Empire était évalué à 21 milliards ; en 1913, les estimations flottaient entre 40 et 50 milliards, et l'on évaluait la richesse allemande à 320 milliards, dont près de 9 et demi déposés dans les banques, et 18 dans les caisses d'épargne. Tels sont les chiffres dont s'enorgueillissait, au vingt-cinquième anniversaire de l'avènement de Guillaume II, le directeur de la *Deutsche Bank*, l'actuel ministre des finances, le Dr Helfferich [1].

Ce prodigieux enrichissement se manifestait aux yeux les moins prévenus par une multitude de signes visibles. Si l'adjectif « colossal » a pris dans la langue allemande la place que l'on sait, c'est qu'en effet les conceptions allemandes étaient devenues colossales, tandis que l'exécution en était ultra-rapide. Dans les pays de l'Europe occidentale, la rénovation de l'outillage suit généralement l'apparition dûment constatée des besoins nouveaux. Qu'il s'agisse de nouveaux

---

[1] Le rapport Helfferich est commenté par Bonnefon (*art. cité*) et par D. Bellet, *La vérité sur l'enrichissement de l'Allemagne* (*Revue d'économie politique*, mars-avril 1915). En 1894 les dépôts dans les caisses d'épargne prussiennes ne dépassaient guère 4 milliards de marks ; en 1911 ils dépassent 11.800.000. Le total pour l'Empire avait passé de 6,8 en 1895, à 8,8 en 1899, à 17,8 en 1911.

quartiers à aménager pour une ville en voie d'extension, d'un canal ou d'un port à creuser, d'un édifice à
construire, les plans en sont toujours combinés par
rapport à l'état actuel, ou du moins, si l'on envisage
les besoins futurs, cette prévision ne porte pas au delà
de quelques années. En raison des lenteurs administratives, l'outillage est, d'ordinaire, déjà démodé le
jour même où il est livré au public, le port trop étroit
ou trop peu profond pour les bateaux qui doivent y
stopper, le monument trop restreint pour les services
multiples qu'il doit abriter. Et comme, avec le rythme
accéléré de la production et de la circulation modernes,
les besoins croissent en proportion géométrique, cet
écart entre les moyens et les exigences devient chaque
jour plus inquiétant. Les prévisions les plus hardies
sont tout de suite dépassées.

Nous voyons petit, mesquin ; nous voyons près, à
dix, vingt ans au plus ; il semble que nous soyons
atteints d'une sorte de myopie économique. Les Allemands, de 1880 à 1913, ont vu grand et loin. Lorsqu'ils
édifiaient un hôtel des postes, une gare, une école, ce
n'était pas en considération des besoins actuels, mais
en considération des besoins qui pourraient se révéler
d'ici à cinquante ans. Construisaient-ils une écluse à
Bremerhafen ? C'était une écluse de 222 mètres, supérieure à la longueur des plus grands navires de ce
temps-là, et il a fallu l'extraordinaire rapidité avec
laquelle s'est accrue la capacité des transatlantiques
pour que, sur ce point, l'audace allemande elle-même
se soit trouvée en défaut. Ouvraient-ils le canal de
Dortmund ? C'était tout de suite un canal à très grande
section. Et comme cette fois la conception avait vraiment par trop devancé les réalités économiques, comme

le groupement des intérêts hostiles s'était trouvé plus fort que la volonté impériale et la hardiesse des ingénieurs, rien n'était plus curieux à voir que cette immense voie d'eau presque inutilisée, immense et vide[1]. Avaient-ils besoin d'élargir le port de Hambourg? Ils ne procédaient pas par pièces et morceaux. C'étaient des quartiers entiers que la pioche et la dynamite faisaient disparaître d'un seul coup pour les transformer en bassins, si bien que le voyageur avait peine, à quelques années de distance, à reconnaître la vieille cité hanséatique.

Un autre fait qui frappait le voyageur — j'entends non le touriste de passage, mais l'observateur qui, à plusieurs reprises, à des intervalles peu éloignés, venait et revenait en Allemagne — c'était le développement du luxe. Luxe de l'habitation, luxe de l'ameublement, du vêtement, luxe de la table. En vingt ans, les habitudes allemandes, même dans la moyenne et la petite bourgeoisie, avaient subi une complète métamorphose. L'habitude de consommer du pain, l'usage du vin s'étaient universellement répandus, comme le goût des vêtements d'étoffe et de coupe anglaises. Avec l'avidité d'un parvenu, l'Allemand se précipitait vers de nouvelles jouissances comme s'il y avait vu le symbole de son entrée définitive dans le cercle des civilisations plus raffinées de l'Occident. L'Allemand était devenu très dépensier, et du haut de la tribune du Reichstag le chancelier de l'Empire le lui reprochait souvent, opposant à ses appétits toujours nouveaux les vertus épargnantes du paysan français. Nous avons encore connu — j'entends les gens de mon âge —

[1] Paul Léon, *Fleuves. canaux et chemins de fer*, Paris, 1903, **p. 144.**

l'Allemagne de vie simple et de vie à bon marché, l'Allemagne des petits salaires et des petites dépenses ; nous avons connu, dans les années qui ont précédé la guerre, l'Allemagne dépensière et prodigue, l'Allemagne des hauts salaires et des gros prix. La fréquence des crises « de la vie chère », l'apparition à plusieurs reprises de la disette de viande (*Fleischnot*) sont des indices non douteux des modifications qu'avait subies, en Allemagne, le *standard of life*, et par conséquent de l'énorme enrichissement de la nation.

Si du dedans on jetait ses regards sur le dehors, on était encore plus impressionné par cette prodigieuse croissance. Non seulement les chiffres du commerce extérieur de l'Allemagne grandissaient avec une rapidité sans exemple, mais la domination de l'Allemagne s'affirmait, irrésistible, sur tous les marchés. La banque allemande, le commerce allemand, les lignes allemandes de navigation, les services allemands d'informations tendaient à enserrer le globe d'un inextricable réseau. La Russie comme le Guatemala, Rotterdam comme Constantinople devenaient, économiquement, des colonies allemandes. C'est l'employé allemand qui, dans les maisons de commission parisiennes, se chargeait d'expédier nos articles vers Pétersbourg ; c'est lui qui, dans les bureaux de la Cité, recevait les traites de Chang-haï ou de Sydney, se chargeait de la correspondance française, de la correspondance espagnole pour l'Amérique latine ; c'est lui encore que l'on retrouvait à Buenos-Aires ou à Rio.

Partout le commis-voyageur allemand apportait le produit allemand, qui cessait de plus en plus d'être de la camelote, et qui venait, grâce à la modicité des prix d'exportation, aux conditions de livraison ou de paiement, concurrencer jusque sur leur propre terrain les industries nationales. Et quand cela ne suffisait pas, quand les tarifs douaniers, les frais de transport, opposaient à la pénétration des produits allemands de trop hautes barrières, c'était l'usine allemande — métallurgie, produits chimiques, électricité — qui venait, elle-même, s'installer en pays étranger, comme en pays conquis. L'Allemand détenait les mines, fournissait les matières colorantes, faisait rouler les tramways, distribuait la lumière et livrait les lampes, fabriquait hors d'Allemagne, pour ses adversaires éventuels, les explosifs de guerre.

L'industrie italienne, la suisse, l'espagnole, devenaient des filiales de l'industrie allemande. Anvers était un port allemand, Zurich et Milan des places allemandes, et la France elle-même assistait, impuissante et résignée, à cette mainmise de l'industrie allemande sur sa Lorraine et sur sa Normandie, bientôt sur ses gisements de l'Ouenza.

Par le *Norddeutscher Lloyd*, par la *Hamburg-Amerika*, par la *Deutsche Levante Linie*, par la *Bagdadbahn*, la pieuvre étendait partout ses tentacules [1]. Cette germanisation du monde apparaissait même si avancée, et si inéluctable, que beaucoup y voyaient une garantie de paix. Quel besoin l'Allemagne avait-elle de faire la guerre, de tout risquer sur un coup de dés, quand il lui suffisait d'attendre, de laisser agir la force des choses pour recueillir, en pleine paix, plus d'avantages que ne lui en pourrait jamais procurer la

---

[1] La métaphore est de Lamprecht, qui appelle l'Empire allemand « l'*Etat tentaculaire* germanique » (les mots soulignés en français). Après lui, M. G. Preziosi (*La Germania alla conquista dell'Italia*, Florence, 1915), parle de « la piovra germanica ». Le livre de M. Preziosi vient de paraître en français (*L'Allemagne à la conquête de l'Italie*, Paris, Delagrave), traduit par M. Ernest Lémonon.

plus glorieuse des victoires ? Encore vingt ans de cette universelle «pénétration pacifique», et toutes les forces adverses étaient neutralisées, étouffées par la présence dans tous les organismes nationaux des agents de l'expansion allemande. Encore vingt ans, et le syndicat des cinq ou six grandes banques berlinoises assumait la direction économique de la planète.

L'industrie allemande pendant la guerre. Nous avons pu mesurer, depuis plus de quinze mois[1], la puissance et la solidité de ce formidable organisme. L'Allemagne s'est trouvée prête à la guerre non seulement militairement, mais économiquement. Ses finances, qu'une tradition périmée et complaisante nous représentait comme fragiles, ont résisté à la grande épreuve aussi bien, peut-être mieux tout d'abord, que celles des vieux États manieurs d'or ; il a fallu la prolongation imprévue de la lutte pour les ébranler. Son industrie n'a pas été désorganisée du jour au lendemain comme celle de ses rivaux ; les cheminées de ses usines ont continué à fumer ; ces usines n'ont manqué, pendant longtemps, ni de matières premières, ni de locaux, ni de personnel technique et ouvrier, ni de moyens de transport. Chose plus étrange, son commerce extérieur n'a pas été complètement arrêté par un blocus auprès duquel le système continental de Napoléon n'était qu'un jeu. Grâce aux intelligences qu'elle s'était ménagées de longue date, l'Allemagne a réussi à éviter le complet « encerclement », encore que la maîtrise de la mer n'ait cessé d'être aux mains de ses ennemis.

---

[1] Écrit en novembre 1915.

A l'heure même où j'écris, si quelques grandes banques rhénanes ont sauté, si quelques grandes entreprises, malgré toutes les dénégations, semblent irrémédiablement atteintes, si la raréfaction des matières premières commence enfin à imposer à quelques industries une production ralentie [1], beaucoup d'industries sont encore prospères, beaucoup d'usines distribuent des dividendes, quelques-unes mêmes des dividendes plus forts que pour le précédent exercice [2]. — Ainsi s'est affirmée la supériorité, tant de fois proclamée par les Allemands, mais que tout le monde doit reconnaître, de l'organisation allemande.

En présence de cette extraordinaire vitalité économique dont fait preuve l'Allemagne assiégée, on se prend à se demander si l'Allemagne vaincue ne va pas, au lendemain de l'inévitable défaite, reprendre méthodiquement sa tentative de conquête économique. Hypothèse troublante entre toutes, puisqu'au premier rang des causes de cette guerre terrible figurent et le désir qu'avait l'industrie allemande de déborder sur le globe et les procédés qu'elle employait pour s'assurer partout des positions dominantes. Les mêmes causes vont-elles, dans dix ans, dans vingt ans, engendrer les mêmes effets, c'est-à-dire une guerre nouvelle ?

[1] La laine d'abord, plus récemment le coton.

[2] En parcourant la *Frankfurter Zeitung* de septembre, je relève que la *Bismarckhütte* donne pour l'exercice 1914-15 un dividende de 15 p. 100 (au lieu de 9 pour l'exercice précédent), les moulins de Böllberg 71 (contre 9), l'Union des machines-outils de Chemnitz 15 (contre 8), l'Électricité et gaz de Brême 24 (contre 10). Mes renseignements me permettent de croire que cette extraordinaire prospérité touche à son terme. L'action des sous-marins anglais dans la Baltique peut être le signal de la débâcle pour la métallurgie allemande.

Les facteurs de la richesse allemande. Pour savoir si vraiment l'Allemagne pourra reprendre, après la paix, son œuvre avortée, pour savoir aussi dans quelle mesure les alliés d'aujourd'hui pourront s'opposer à ses plans et l'empêcher de satisfaire sur le terrain économique cet appétit de domination qui a dès à présent abouti à un désastre sur le terrain militaire et politique, il faut serrer le problème de plus près, analyser dans le détail les facteurs de la richesse allemande.

Parmi ces facteurs, quelques-uns tiennent à la nature des choses. Que l'Allemagne possède des gisements carbonifères qui donnaient dans ces dernières années 191 millions de tonnes de houille et 82 millions de tonnes de lignite (en tout 273), c'est un fait qui lui assure une des premières places dans le monde de l'industrie moderne. Elle a été, pendant longtemps, riche en minerais de fer, et c'est seulement à une date récente qu'elle a vu cette richesse s'épuiser. Elle est la grande productrice des sels de potasse. Ses plaines de l'Est comptent parmi les territoires d'élection de la betterave et de la pomme de terre.

Mais à ces facteurs naturels sont venus s'ajouter les facteurs humains, et c'est de ces facteurs que nous voudrions saisir le mécanisme.

Il ne suffit pas de vanter, d'une façon générale, les méthodes allemandes, les procédés allemands, l'organisation allemande. Il faut les connaître, les étudier. Il le faut non seulement pour notre satisfaction intellectuelle, pour le plaisir de comprendre le pourquoi de l'essor allemand. Il le faut pour suivre nos adversaires sur les terrains où ils triomphent, pour opposer à leur stratégie une autre stratégie. Il le faut encore

pour savoir, parmi ces méthodes et ces procédés, quels
sont ceux que nous pourrions leur emprunter et re-
tourner contre eux ; mais aussi quels de ces procédés
sont intransportables chez nous, contraires à notre
tempérament national, à nos institutions, à notre intérêt
même.

Il convient, en effet, de songer à ceci : la richesse
allemande est le produit de deux forces, elle est le
point d'intersection de deux lignes directrices, d'une
part la volonté allemande, telle que l'histoire l'avait
forgée, d'autre part les conditions économiques du
monde, telles qu'elles se trouvaient réalisées à l'heure
où le nouvel Empire est apparu sur la scène. « L'essor
de l'Allemagne, écrivait en 1912 Paul Rohrbach, a été
favorisé par ce fait : l'unification politique et économique de l'Allemagne a coïncidé avec le plus grandiose progrès technique que l'humanité ait jamais
vu ; et cette technique fondée sur la connaissance
méthodique de la nature correspondait précisément
de la façon la plus brillante à l'un des traits de notre
tempérament national : l'énergie exacte et laborieuse[1]. »

Les qualités allemandes. L'Allemagne doit en grande partie ses
succès, il ne nous en coûte pas de le
proclamer, à des qualités qui, en langage économique, doivent s'appeler des vertus :
d'abord une capacité et une volonté de reproduction
qui, malgré la diminution récente et progressive du
taux de la natalité, lui assure encore chaque année,
décès déduits, 800.000 nouvelles paires de bras. En

---

[1] Article de *Jugend* (août 1912) récemment reproduit dans
Zum Weltvolk hindurch ! (Stuttgart, 1915), p. 8.

second lieu, l'Allemand est travailleur, remarquablement travailleur, travailleur avec application et régularité ; s'il n'a pas l'ingéniosité inventive du néo-latin,
l'aptitude de celui-ci aux « coups de collier », il n'en
connaît pas non plus les caprices décevants, les crises
passagères d'oisiveté ; pour tout dire d'un mot populaire,
l'Allemand « ne fait pas le lundi », et Rohrbach
a raison de le louer de son « exakte Arbeitsenergie ».
L'Allemand est discipliné ; l'habitude de l'obéissance,
le respect inné devant les supériorités sociales, réelles
ou conventionnelles, la prédominance dans l'Empire
de l'organisation militaire sur les institutions civiles,
tout le plie à considérer un ordre comme une consigne[1]. Enfin l'Allemand a le besoin et le sens du groupement. Il n'a pas le jaloux individualisme de l'Anglo-
Saxon, pas davantage l'aimable sociabilité, accueillante
à tous et un peu banale, du Français. Il veut se sentir
encadré, soutenu. C'est une plaisanterie souvent faite,
mais riche de vérité, que deux Allemands, lorsqu'ils se
rencontrent, en cherchent un troisième pour fonder
avec lui une société de gymnastique et une société
de chant. De là une conception nouvelle de la concurrence, non comme la lutte des individus contre les
individus, mais des groupes contre les groupes. Nous
dirons, en langage moderne, que l'Allemand a le tempérament syndical.

[1] Von Below, *Militarismus und Kultur in Deutschland* (dans
Scientia, 1915, II), fait cette citation suggestive : « L'esprit de
discipline, qui règne dans l'armée allemande, est aussi celui à
qui nous devons cette croissance économique qui nous a attiré
la haine de l'Angleterre. Le militarisme est l'école de nos
ouvriers ».

L'Allemagne impériale s'est trouvée adaptée aux conditions nouvelles de la production.

Or, si la date tardive à laquelle l'Allemagne entrait dans la lice économique lui valait d'avoir un outillage tout neuf, conforme aux exigences de la technique, non encombré, comme celui des nations vieilles, par des instruments démodés, les qualités spéciales des Allemands lui fournissaient un outillage moral remarquablement adapté aux conditions nouvelles de l'industrie. La concentration des capitaux et des entreprises, la formation d'énormes agglomérations ouvrières, le développement des ententes entre producteurs, le groupement nécessaire des forces de l'économie nationale pour la conquête du marché mondial, toutes ces caractéristiques de l'âge moderne correspondaient à celles de l'Allemagne unifiée. « La raison, écrivait hier M. Rignano, la raison pour laquelle, à une époque donnée, le développement économique s'accomplit plus rapidement dans certains pays et à une autre époque dans d'autres, réside peut-être dans le fait que certaines phases ou formes de l'évolution de la production se trouvent, dans leur succession, le mieux adaptées tantôt à tels peuples tantôt à tels autres, selon les qualités psychologiques et les habitudes morales qu'elles exigent de la classe productrice.[1] » Le régime de la concurrence convenait à la mentalité anglo-saxonne. Au contraire le régime de la concentration et du groupement convient au peuple allemand « à cause de son esprit de discipline et d'organisation... Aussi est-ce en Allemagne que syndicats et cartels ont pris un développement qui ne

[1] Eugenio Rignano, *Les facteurs de la guerre et le problème de la paix* (*Scientia*, 1915, VI, et à part).

se trouve atteint dans aucun autre pays, pas même peut-être aux États-Unis; en Allemagne qu'ont été inaugurées la collaboration la plus étroite des banques et de l'industrie, la participation directe des premières dans les sociétés commerciales et industrielles », etc. Il n'est pas jusqu'à certaines lacunes de l'esprit allemand qui n'aient été, à leur heure, utiles à l'Allemagne : l'absence totale d'esprit d'invention, de fantaisie créatrice chez l'ouvrier allemand était une condition favorable à la fabrication en série, idéal économique et technique de la grande industrie moderne.

Si les procédés allemands sont transportables. — Qu'est-ce à dire ? sinon que toutes les causes de l'essor allemand ne sont pas des clefs à toutes portes, utilisables en dehors du pays et du temps pour lequel elles ont été faites. Quelques-unes sont de valeur universelle : une population qui croît, le goût du travail, l'application sérieuse et durable à la tâche prescrite, l'étude patiente et minutieuse des questions industrielles et commerciales. Cela se peut copier partout. Quelques-unes sont le produit de la remarquable conjonction qui s'est produite, de 1880 à 1900 et au delà, entre l'histoire de l'Allemagne et l'histoire de l'économie mondiale. De ces dernières, beaucoup sont intransportables, et, par suite, inimitables[1]. Demander, sans plus, que les banques fran-

---

[1] Je retrouve, en me relisant, ces mêmes idées fort bien exprimées dans un article de M. D. Bellet, *Le commerce allemand et les causes de son développement* (*Revue des sciences politiques*, 15 août 1915, p. 62), où le départ est fait entre le bon et le mauvais dans les procédés allemands. Par contre on s'étonnera de voir M. Y. Guyot (*Journal des Économistes*, 15 août 1915) juger

çaises copient les banques allemandes, c'est oublier que les banques françaises ont derrière elles un long passé, antérieur aux développements les plus récents de la grande industrie et du commerce international, tandis que les banques allemandes, timidement appelées à l'être vers le milieu du xix° siècle, n'ont pris leur essor qu'après la création du nouvel Empire et en même temps que l'industrie allemande. Exiger de l'État français qu'il joue le même rôle économique que l'État allemand, c'est vouloir que la République française soit l'Empire allemand ; bien plus c'est vouloir que les citoyens français prennent **la** mentalité des sujets de S. M. Prussienne.

De l'étude des procédés allemands. Disons-le donc, et tout de suite. Ce livre n'est pas un recueil de recettes allemandes dont il s'agirait de faire, sans plus, des recettes françaises. A notre sens, nous courons, à l'heure actuelle, un double risque. Il serait fou d'ignorer les moyens qui ont réussi aux Allemands ; il ne le serait pas moins de croire que tous ces moyens peuvent être mis en œuvre par les Français.

Ces moyens, voilà longtemps que certains Français

avec sévérité Maurice Schwob, les rédacteurs des rapports consulaires. etc., bref tous ceux qui, en vantant l'ingénieuse activité des Allemands, essaient de secouer l'apathie de nos compatriotes. Il les accuse de faire à l'industrie et au commerce allemands une réclame gratuite ! Il est bien vrai que les Allemands s'emparent de nos aveux : la *Deutsche Export Revue* a récemment reproduit l'analyse donnée par le *Temps* d'une conférence de M. Victor Cambon. Mais allons-nous, pour ne pas donner cette joie à nos ennemis, laisser ignorer à nos commerçants les dangers qui les menacent? Ce serait pratiquer le patriotisme de l'autruche.

en ont commencé l'étude méthodique. Depuis le livre révélateur de M. M. Schwob, *Le Danger allemand*, qui est de 1897, jusqu'au livre prophétique de M. H.-A. Andrillon, *L'expansion de l'Allemagne et de la France*, qui est de 1909, ou à *l'Allemagne au travail*, de M. Victor Cambon, qui est d'hier, que d'ouvrages documentés sur cette question! A lire ces ouvrages, dont les plus connus sont ceux de M. Blondel, nos industriels, nos exportateurs, nos banquiers auraient pu se faire une idée du mécanisme de l'expansion allemande, sans même prendre la peine de recourir aux sources, rapports consulaires, bulletins de nos Chambres de commerce, bulletins plus intéressants encore des Chambres de commerce françaises à l'étranger, rapports des jurys des expositions universelles.

Qu'on me permette un souvenir personnel. En 1899, à la suite de plusieurs voyages d'études en Allemagne, je devais donner dans une de nos universités une série de conférences sur les causes de la puissance économique de l'Allemagne[1]. Pour préparer ces conférences, je m'étais livré à un dépouillement systématique des rapports consulaires français. Je les avais rencontrés non seulement dans les bibliothèques de nos chambres de commerce françaises (où les recouvrait souvent, en ce temps-là, une vénérable poussière), mais dans les bibliothèques des chambres de commerce allemandes. « Nulle part, me disaient les secrétaires de ces institutions, nulle part nous ne saurions trouver des rensei-

---

[1] *Revue des cours et conférences*, 1899, I. Je me permets de signaler également, *Chambre de commerce de Grenoble*, conférence faite le 15 octobre 1901 par M. Hauser, sur *La situation économique de la France et les conditions nouvelles du commerce français*.

gnements plus abondants et plus sérieux[1]. » Et de fait les publications spéciales allemandes faisaient de ces rapports le plus ample usage. Or qu'y avait-il dans ces rapports français? L'exposé du système allemand, les rouages démontés pièce à pièce, et des conseils donnés à ceux de nos compatriotes qui voudraient engager la lutte.

Cette année, avant d'écrire ce livre, j'ai dépouillé à nouveau les rapports consulaires, en me servant des plus récents[2]. J'y ai joint ces rapports des Chambres de commerce qui, inexistants ou rudimentaires il y a seize ans, ont pris un remarquable développement. Qu'ai-je constaté? Que ces documents de 1913-1914 se superposent exactement à ceux de 1898. Ils redisent exactement les mêmes choses, et avec le même accent. Ce sont les mêmes constatations, les mêmes plaintes, les mêmes conseils, les mêmes objurgations, la même ténacité chez les hommes qui essaient de secouer l'apathie de nos exportateurs, le même sentiment que ces efforts sont inutiles, que les intéressés ne veulent ni lire ni entendre... En 1897, M. Maurice Schwob écrivait déjà (p. 97), à propos de notre situation dans l'Afrique australe : « Dans son rapport..., notre consul a la bonté de tracer à nos commerçants tout un plan de campagne, très méthodique et très serré, qui n'a qu'un défaut, c'est qu'aucun négociant français ne prendra la peine de le lire et encore moins de le suivre »

[1] De même, notait dans un rapport M. Charles-Roux, « M. Curzon a proposé comme exemple à l'émulation des consuls anglais la conduite et les travaux des consuls français ».

[2] Ces rapports (*Renseignements commerciaux* publiés par le Ministère du commerce) sont de plus en plus développés et documentés. Quelques-uns constituent de véritables monographies économiques des pays d'importation.

— et il citait déjà des phrases comme celle-ci, de notre consul à Bombay : « Je ne crois pas utile de revenir ici sur des appréciations que je n'ai cessé de formuler depuis cinq années, et qui n'ont, malheureusement, pas eu le résultat que j'étais en droit d'espérer ». Cette phrase découragée, on en retrouverait l'équivalent dans les rapports d'hier. Il y a près de vingt ans que M. Klobukowski écrivait de Yokohama : « Il est avéré que le montant des commissions annuellement payées par certains de nos industriels et commerçants aux maisons étrangères de leur choix, anglaises, suisses et allemandes, solderait amplement les frais généraux d'une agence française. » Pour ne parler que de ce point spécial, quel est celui de nos consuls qui ne pourrait, à l'heure actuelle, en écrire autant ?

Ces rapports continuent à se répéter, il faut bien le dire, avec une fastidieuse monotonie. C'est à tel point qu'un consul peu laborieux pourrait, pour rédiger son rapport annuel, feuilleter la collection des rapports antérieurs, y prendre telles quelles les phrases sur l'apathie de nos commerçants et l'activité de nos adversaires, coudre à ces généralités toujours vraies et toujours inentendues quelques fraîches statistiques...

Notre examen de conscience économique. Aurons-nous plus de chance que nos prédécesseurs, que les organes officiels de notre représentation consulaire, que les groupements français établis à l'étranger? A la lueur des tragiques événements qui bouleversent le monde, nos producteurs consentiront-ils à lire les livres où il est question de leurs intérêts essentiels ? Si non, c'est à désespérer de notre avenir, car s'ils ne le font pas aujourd'hui, quand donc le feront-ils ? Jamais ne s'est imposé à nous avec plus d'urgence le devoir de faire notre examen de conscience économique. Si nous nous refusons à rechercher pourquoi nos rivaux nous ont battus, et comment nous pourrons leur résister, c'est en vain que nos fils seront morts sur la Marne et sur l'Yser. La lutte économique reprendra demain, d'autant plus âpre que le peuple allemand devra réparer ses pertes. Si nous n'y prenons garde, l'araignée tissera de nouveau sa toile ; elle aura vite fait de prendre sa revanche et nous nous réveillerons, dans dix ans, de nouveau asservis par le peuple que nous aurons vaincu.

Si au contraire, en cette minute unique dans l'histoire, nos commerçants et nos industriels veulent bien lire les livres écrits pour eux, peut-être qu'ils parcourront celui-ci. Nous devons donc leur dire dans quel esprit il est conçu, et ce qu'ils y pourront chercher.

Nous n'avons pas eu la prétention de tracer un programme d'action. Nous estimons que ceci est la tâche des hommes d'action eux-mêmes [1]. Notre ambition a été de les renseigner, de leur faire connaître les méthodes employées avec tant de succès par l'adversaire ; à eux de voir dans quelle mesure ils doivent et peuvent s'en inspirer.

On nous dira, il est vrai, que ce travail d'exposition et d'analyse a déjà été fait à maintes reprises, et sou-

---

[1] Quelques-uns, au reste, ont déjà commencé admirablement à s'en acquitter. Les diverses communications techniques publiées dans les bulletins de 1915 de la Société d'encouragement pour l'industrie nationale constituent dès à présent une mine de renseignements où les intéressés n'auront qu'à puiser.

vent de main de maître. Aussi ne **voulons-nous** pas refaire ce qui a été fait. On ne retrouvera pas ici ce que tout le monde sait ou devrait savoir, ni ce que j'appellerai l'histoire anecdotique de l'expansion allemande, ni les considérations classiques sur la diffusion de l'article *made in Germany*, à peine les caractéristiques du commis-voyageur allemand, qui vend la première année un mouchoir, la seconde un canif, la troisième une locomotive... Tout cela, on l'a dit et répété cent fois. Ce que l'on n'a pas fait encore, croyons-nous, c'est tenter de saisir les trois ou quatre facteurs essentiels de l'essor allemand, c'est étudier ces facteurs non pas seulement dans leur action mais dans leur constitution interne, c'est voir en quelle mesure ils sont liés à un certain état, à une certaine date de la civilisation allemande.

Essayer cette analyse synthétique, écarter les détails pour aller tout droit aux faits essentiels, démêler ce qu'il y a de spécifique dans la banque allemande, dans le cartel allemand, dans l'organisation allemande des transports, dans le rôle économique de l'État allemand, telle est la besogne qui nous a paru nécessaire et urgente.

PREMIÈRE PARTIE

LA
NÉCESSITÉ DE L'EXPANSION

La concentration industrielle et l'organisation scientifique de la production. — L'usine et le laboratoire. — La production massive et en série. — La surproduction. — La rupture d'équilibre entre la capacité de production et la capacité de consommation du marché intérieur. — L'industrialisation du peuple allemand et l'exode rural. — La question des débouchés. — Les capitaux, les salaires ; le besoin de denrées alimentaires, de matières premières. — Caractères des exportations allemandes. — L'organisation systématique de la surproduction.

L'Allemagne, dit M. Lévy-Bruhl, « a donné un développement prodigieux à son industrie, en vue de l'exportation. Par ce moyen, elle s'enrichit très vite, mais à la condition que son exportation aille toujours croissant. Elle en vit... Mais si son exportation cesse de croître, elle risque d'en mourir. Sa propre production surabondante l'étouffe[1] ».

Cette remarquable analyse ne pèche que par un point : elle semble, du moins dans les termes, laisser croire que si l'Allemagne a tourné toutes ses forces

[1] Lévy-Bruhl, *Causes économiques et politiques de la conflagration européenne* (*Scientia*, 1915, I, et à part, F. Alcan, éditeur).

vers la conquête systématique des marchés extérieurs,
c'est en vertu d'un propos délibéré. Il y aurait là un
phénomène sans exemple dans l'histoire économique.
En tout temps, en tout pays, les producteurs cherchent
d'abord à travailler pour le marché intérieur. Ce
marché s'est progressivement élargi : au Moyen âge
c'était la ville et sa banlieue ; depuis le xve et le
xvie siècle, c'est de plus en plus la nation ; ajoutez-y,
chez quelques peuples modernes, des parties plus ou
moins importantes de leur empire colonial. Dans tous
les pays de culture déjà ancienne, le marché intérieur
absorbe la très grosse majorité des produits de l'activité nationale. C'est seulement le surplus, ce que le
marché intérieur a refusé, qui prend le chemin de l'é-
tranger.

L'Allemagne, d'abord, n'a pas échappé à cette loi.
Encore en 1894 Lamprecht constatait que l'exportation
ne prenait pas le huitième de la production allemande,
et il se posait cette question : « Ce huitième est-il suffisant pour faire souhaiter la politique économique mondiale et l'impérialisme ? » Il répondait affirmativement,
parce que déjà ce huitième représentait un accroissement rapide de la part réservée aux acheteurs du
dehors, parce que les Allemands éprouvent le besoin
de cristalliser en formules les observations qu'ils peuvent faire sur les stades de leur propre évolution —
formules qui agissent à leur tour pour accélérer cette
évolution dans le sens qu'elles indiquent — enfin parce
que les Allemands étaient déjà pris de cette fiévreuse
mégalomanie qui devait les pousser à déborder sur le
monde. A la politique bismarckienne d'isolement économique, les hommes du « nouveau cours » avaient
substitué celle des traités de commerce, la politique de

l'expansion. **Non seulement**, pour reprendre les mots typiques des Allemands, l'Empire passait de l'*Agrarstaat* à l'*Industriestaat ;* mais il passait, avec une brusquerie extraordinaire, **de** l'économie nationale à l'économie mondiale [1].

La concentration industrielle. Cette transformation était imposée à l'Allemagne par tout un ensemble de circonstances. Nous avons rappelé que la formation de l'Allemagne comme nation et comme État économique avait coïncidé avec l'ère de la concentration industrielle. Elle devait donc recevoir fortement l'empreinte des temps nouveaux. L'Allemagne entrait dans la famille des peuples précisément à l'heure où ceux-ci, de plus en plus soumis au régime de la surproduction continue, étaient de plus en plus obligés de faire passer au premier rang de leurs préoccupations les questions d'exportation. De 1815 au milieu du xixe siècle, la conquête des débouchés extérieurs n'avait guère été un problème vital que pour la seule Angleterre. En 1870, ce problème se posait déjà pour la France, il allait se poser pour les États-Unis. Unifiée une première fois par le Zollverein (qui ne sera complet qu'en 1888), unifiée plus fortement par l'Empire, fortifiée dans sa capacité productrice par l'annexion de l'Alsace, l'Allemagne allait monter son usine sur le type le plus moderne ; elle allait imprimer au mouvement de cette usine le rythme le plus accéléré.

---

[1] Lamprecht dénonçait (en 1904) l'impossibilité d'étendre largement le marché intérieur sans un recours croissant à l'exportation. Il signalait la rupture d'équilibre entre l'agriculture et l'industrie, qui se développe avec une rapidité plus foudroyante : d'où tendance générale « auf Industriestaat, auf Weltpolitik und Industrialismus ».

Elle allait donc se trouver très vite, presque du jour au lendemain, aux prises avec des problèmes qui avaient mis, ailleurs, des siècles à se poser. La politique agrarienne des junkers, soutenue par le chancelier de fer, a bien pu masquer un temps ces problèmes. Mais l'usine allemande continuait à marcher, de même que le parti industriel à grandir, et tous deux ne pouvaient manquer de triompher, l'un avec l'autre.

Nous avons dit aussi que certaines qualités ethniques des Allemands — labeur et méthode, esprit scientifique, discipline et sens du groupement — correspondaient au stade de l'évolution auquel le monde était arrivé vers les années 1880. De la conjonction entre ces qualités et ces circonstances devait sortir une nouvelle cause d'accélération de la machine.

L'organisation scientifique de la production. — Les qualités des Allemands devaient naturellement conduire, chez eux plus que partout ailleurs, à la production conçue scientifiquement et scientifiquement organisée. Ce n'est pas, il s'en faut de beaucoup, que l'intelligence et l'esprit de découverte soient plus généralement répandus en Allemagne qu'ailleurs. Il suffirait, pour démontrer le contraire, de rappeler que quelques-unes des découvertes techniques qui font aujourd'hui la richesse industrielle de l'Allemagne — les couleurs d'aniline, la dynamo[1], le transport de la force électromotrice à distance, le pro-

---

[1] Ce qui n'empêche pas les Allemands (*Deutsche Export Revue*, 15 août 1915) d'attribuer cette découverte à Siemens. Déjà en 1902 M. Haller signalait les inventions françaises attribuées par l'Allemagne à des chimistes allemands. Sur la part réelle de la collaboration allemande à l'œuvre scientifique internationale, voy. P. Duhem, *Revue des Deux Mondes*, 1er février 191

cédé Thomas — sont des découvertes françaises ou anglaises.

Mais, en premier lieu, la Prusse au moins a la pratique séculaire de l'enseignement primaire obligatoire : ainsi a été créé, je ne dirai pas un état intellectuel supérieur, mais un véhicule qui permet de faire pénétrer très vite dans des couches très étendues la connaissance des idées scientifiques et des applications pratiques. En second lieu la science jouit en Allemagne d'un prestige quasi-mystique. Le titre de *Doktor*, celui surtout de *Professor* sont, outre-Rhin, de véritables titres de noblesse ; s'ils ne sont pas transmissibles héréditairement, ils se communiquent cependant à la femme de celui qui en est revêtu, et *Frau Professor* peut s'asseoir sans crainte à côté de *Frau Oberst* ou de *Frau Regierungsrat*. En un pays où la hiérarchie sociale est demeurée rigide et toute-puissante, en cet immense Empire qui n'est que la « petite ville » de Kotzebue démesurément agrandie, cela n'est pas sans quelque importance. En France, un professeur d'université est un fonctionnaire, qui fait des cours à certains jours de la semaine ; il jouit, dans la ville qu'il habite, tout juste de la part de prestige que lui confèrent le zèle et le succès avec lesquels il s'occupe de ses étudiants, l'autorité qu'il exerce par sa parole sur le public groupé au pied de sa chaire. Hors de la ville, il possède la notoriété que lui valent ses livres, s'il en écrit, et surtout ses relations parisiennes, s'il en a. Mais il viendrait rarement aux hommes d'action, aux chefs des administrations publiques, aux directeurs des grandes entreprises, l'idée de le consulter[1]. On

[1] Il est juste d'ajouter que le tableau que nous esquissons ici retarde quelque peu. Ce n'est encore qu'à titre exceptionnel que

serait plutôt disposé, s'il émettait une opinion sur des problèmes pratiques, à le renvoyer, avec un sourire un peu dédaigneux, à sa tour d'ivoire. En Allemagne, le professeur est une puissance. Décoré, titré, *Geheimrat*, Excellence, il fait partie de l'état-major social, il est un dépositaire de l'autorité impériale. Physicien, chimiste, physiologiste, économiste, géographe, il est l'auxiliaire obligé des services publics et des grandes industries.

Tout n'est pas à louer dans ce système. Les prérogatives conférées au professeur allemand ont pour rançon une véritable domestication des savants, et qui mène parfois à une domestication de la science. S'il est placé très haut dans la hiérarchie, le professeur allemand est un échelon de cette hiérarchie ; il a des subordonnés, mais des supérieurs ; il est au-dessous d'un général ou d'un président de province. Et les égards qu'il doit à son titre de conseiller intime ou d'Excellence lui font oublier ceux qu'il doit à la science. Titré, renté aussi, enivré du parfum de l'encens administratif, il lui en coûterait de renoncer d'un coup à tout cela. Et voilà comment l'Allemagne est le seul pays au monde où pouvait naître le Manifeste des 93. Entre le professeur allemand et les autres, il y a la même différence qu'entre le chien et le loup de la fable.

Cette hiérarchisation de la science a un autre inconvénient : ce n'est pas la valeur personnelle qui confère ici l'autorité, c'est le titre, nous allions dire le grade. Tant vaut la fonction, tant vaut l'homme. L'affirmation d'une Excellence vaut plus que les démonstrations

---

les industriels entrent directement et régulièrement en contact avec les hommes de science, mais ces exceptions se font chaque jour plus nombreuses.

d'un *privat-docent*. Ce mal dont souffrent déjà, en France, quelques sections au moins de notre haut enseignement, le culte et la domination du « cher maître », est en Allemagne une maladie endémique. *Der Professor*, a-t-on dit, *ist die deutsche National-krankheit*[1]. D'échelon en échelon, une cascade de pédantisme descend sur la nation, noyant les initiatives, étouffant l'esprit de découverte. *Es ist nicht wahr...*, proclament les Excellences, et le chœur des simples *famuli* va répétant docilement : *Es ist nicht wahr...*

L'usine et le laboratoire. Mais, à côté de ces graves dangers, la religion du doctorat n'est pas sans présenter, au point de vue de la technique industrielle, de très sérieux avantages. En France, tout commerçant estime, en son for intérieur, — ou du moins, estimait encore il y a une quinzaine d'années — qu'on ne saurait rien entendre aux affaires si l'on n'en fait soi-même, et pour son compte ; bien souvent aussi, il pense qu'il n'y a qu'un seul moyen d'apprendre cette science qu'il appelle de ce nom mystérieux « les affaires » : c'est de faire ce qu'ont fait les premiers créateurs des entreprises aujourd'hui prospères, commencer par balayer la boutique, faire les courses, les écritures, auner les pièces d'étoffe, bref s'instruire par l'expérience. C'est seulement depuis une époque relativement récente que les collectivités industrielles et commerciales, excitées plutôt qu'éclairées par l'exemple allemand, se sont mises à subventionner des cours ou des instituts techniques dans nos

[1] Voy. Gaston Raphaël, dans *Cahiers de la quinzaine*, 8ᵉ cahier de la 9ᵉ série.

universités, à créer des écoles techniques ou des écoles de commerce. Je ne crois pas d'ailleurs que la majorité des commerçants soit très persuadée de l'utilité de ces créations. Pour beaucoup d'entre eux c'est un luxe, dont il est élégant et presque indispensable de se parer à l'heure actuelle, mais ce n'est qu'un luxe. Il viendra rarement à un directeur d'usine l'idée de s'attacher à titre fixe un professeur — à moins que ce professeur n'ait délibérément quitté sa chaire pour devenir un industriel[1].

Pénétrons dans une usine allemande, particulièrement dans une de ces usines qui, travaillant pour satisfaire aux besoins de la science universelle, sont encore plus strictement que d'autres soumises à la discipline scientifique. Nous voici, par exemple, dans cet Institut géographique de Gotha dont la supériorité s'affirme partout hors des frontières de l'Allemagne, qui jouit en matière de cartes, d'atlas, de guides, de revues géographiques, d'une sorte de monopole, et que les maisons étrangères les plus puissantes n'ont jamais pu battre. C'est le triomphe de l'organisation scientifique. C'est une usine, mais c'est un laboratoire. Une bibliothèque spéciale, constamment tenue à jour, reçoit et classe la littérature géographique universelle[2].

---

[1] Nous répétons qu'à cet état de choses général il existe déjà, et de plus en plus, d'heureuses exceptions. Elles sont infiniment plus rares en Angleterre qu'en France. Voy. Henry le Châtelier, *Du rôle de la science dans la lutte contre l'industrie allemande* (*Bulletin de la Société d'encouragement*, 1915, t. II, p, 174). Cf., dans ce même bulletin, E. Fourneau, *La fabrication des produits pharmaceutiques* (t. III, p. 444). Sur ce rôle des savants, non pas autour de l'usine mais dans l'usine même, voy., *ibid*, t. II, p. 228, la communication de M. Berlemont sur *la Verrerie scientifique*.

[2] Comparez, pour les industries chimiques, ce que M. Haller, dans son célèbre rapport sur l'Exposition universelle de 1900

Dans de grandes armoires, consacrées chacune à un pays distinct ou à un ensemble géographique, viennent s'entasser les documents nouveaux, levés d'explorateurs, tracés de frontières, cartes publiées par les revues géographiques, et jusqu'à ces croquis sommaires que donnent les journaux. Aussi, chaque fois que l'on procède à un nouveau tirage d'une des cartes de l'atlas qui fait la gloire de la maison, il suffit au cartographe de puiser dans ces collections pour mettre sa carte au courant. Il peut hardiment la dater. C'est bien le dernier état de la science que le lithographe inscrira sur sa pierre, que l'on reportera ensuite sur cuivre, que la galvanoplastie reproduira économiquement à de nombreux exemplaires, et dont la photographie permettra d'obtenir des éditions réduites, véritablement « de poche ». Rien de plus curieux que de voir, sous les hangars du rez-de-chaussée, l'entassement des pierres qui ont servi autrefois, cimetière des cartes défuntes... Cela seul en dit long sur la puissance de cette organisation, sur la continuité dans l'effort. — Et si l'on demande à être présenté à l'un des chefs de cette prodigieuse usine, qui trouve-t-on assis dans un cabinet directorial ? Un professeur d'université, un de ces savants illustres que nous ne connaissons en France qu'à travers leur réputation scientifique, et qui ne dédaignent pas ici de consacrer une partie de leur temps — un temps grassement rétribué — à une entreprise industrielle. Il y aurait à en dire autant de la célèbre fabrique d'instruments d'optique d'Iéna, née de la collaboration entre un ouvrier méca-

(*Rapport...* groupe XIV. classe 87, t. 1, 1902, p. xxiii), dit de la bibliothèque centrale d'Elberfeld-Leverkusen, bibliothèque constamment tenue au courant.

nicien qui avait suivi les cours des universités, Carl Zeiss, et un savant, le professeur Abbe. Dans son histoire même s'est affirmée l'union de la science et de l'industrie[1]. Il ne s'agit pas, on le voit, d'une union purement formelle, bonne à fournir des thèmes aux orateurs officiels, mais bien d'une association intime, pour un objet précis.

Ce sont là choses cent fois dites, et que l'on a honte de redire. Il faut les redire cependant, jusqu'à ce qu'elles aient pénétré dans toutes les intelligences. C'est surtout dans le domaine des industries chimiques que s'affirme cette union intime, quotidienne, du laboratoire et de l'usine. Déjà en 1897 le professeur F. Fischer[2] le déclarait avec orgueil : « Il est généralement reconnu que l'industrie chimique allemande doit sa position prépondérante uniquement à la haute préparation scientifique de ses collaborateurs ». Et notre compatriote le Dr Roux, l'élève de Pasteur, faisait écho à son collègue allemand en ouvrant, à la rentrée de 1898, les cours de l'Université de Lille[3] :

[1] B. Brunhes, *Une industrie scientifique en Allemagne : la fondation Carl Zeiss à Iéna (Bulletin... Société des Amis de l'Univ. de Dijon*, 1898) et V. Cambon, *l'Allemagne au travail*, p. 116-123. Le musée des 25.000 modèles de la maison est le pendant de la collection des pierres lithographiques de Gotha.

[2] *Das Studium der technischen Chemie an den Universitäten und technischen Hochschulen Deutschlands*, Brunswick, 1897. Voy. aussi le rapport de M. Haller, p. xii.

[3] « Un des plus illustres chimistes d'Allemagne disait récemment à un de mes amis, qui le visitait dans son laboratoire : « Ce qui fait la force de la science et de l'industrie allemandes, c'est qu'elles sont étroitement liées. Tous les chefs d'usine, tous les chimistes sont nos élèves, nous leur venons sans cesse en aide ; ils nous le rendent en tenant toujours à notre disposition leur puissant outillage ». Ces idées ont été popularisées, à la même époque et plus tard, par M. G. Blondel. **Voy. aussi Raphaël·**

« Il y a quelques semaines, disait-il, je visitais une immense usine de matières colorantes près de la Prusse rhénane. Je parcourais un laboratoire plein d'activité, merveilleusement outillé, où plus de cinquante chimistes avaient leur place. Comme je m'étonnais de leur grand nombre : « Ce ne sont point les chimistes « employés de la maison, me fut-il répondu, ce sont de « jeunes docteurs sortis des universités, qui désirent « poursuivre des recherches. Ils trouvent ici, gratui- « tement, les moyens de travail et orientent leurs « recherches dans la direction qui leur plaît. Peu nous « importe le but qu'ils poursuivent : pourvu que la « science progresse, nous y trouverons toujours « profit ». — Au lendemain de l'Exposition universelle de 1900, M. Haller nous montrait « ce que peut un peuple qui a su mettre au service d'une volonté tenace cet outil merveilleux : la science alliée à la technique ». Il est juste de dire que cette alliance s'était déjà conclue avant 1870. L'Allemagne était prête à répondre à l'appel de la destinée, elle était armée pour une lutte où les armes scientifiques allaient jouer le premier rôle. Elle était, dit encore M. Haller, « déjà organisée et outillée, aussi bien matériellement qu'intellectuelle- ment, pour tirer parti des résultats obtenus à l'étranger et pour profiter en même temps du prestige que lui don- naient ses victoires ».

Cette foi dans la science, dans le rendement écono- mique de la science n'a pas baissé, puisqu'en 1910 le directeur d'une société de produits chimiques dénombrait devant M. Victor Cambon ses 145 chi- mistes, dont la moitié employée au service courant et

Georges Lévy (*Revue des Deux Mondes.* 1898 15 février et 15 avril.)

au contrôle, et 70 occupés à des recherches. « Ces 70 chercheurs, disait le chef d'entreprise, nous coûtent 350.000 francs par an ; les neuf dixièmes ne produisent rien, mais le dernier dixième peut nous trouver de quoi gagner quelques millions chaque année[1]. » Que l'on compare cette « union de la théorie scientifique et de l'application pratique », comme dit M. Paul de Rousiers[2], à l'empirisme anti-scientifique des Anglais, ou bien à la maladie française, le réciproque dédain du diplômé pour les occupations industrielles, du chef d'industrie pour le produit des écoles.

La conception allemande a valu à l'usine allemande une supériorité incontestée. Si les chimistes allemands n'ont à leur actif — n'en déplaise à Wilhelm Ostwald — que peu de découvertes géniales, il n'est pas de jour où les légions de chimistes employés dans les usines allemandes n'ajoutent une nuance inédite à la gamme des couleurs, n'enrichissent d'un produit nouveau la liste des spécialités pharmaceutiques. L'industrie chimique allemande (je ne dis pas la chimie allemande) était si bien devenue la dominatrice du monde, que la guerre a failli arrêter, chez les ennemis de l'Allemagne et même chez les neutres, le fonctionnement des industries qui emploient des matières colorantes, des phénols, etc. Par le blocus de l'Allemagne, c'est Lyon et Côme, ce sont les draperies anglaises qui se sont trouvés bloqués, ce sont même

---

[1] *L'Allemagne au travail*, p. 45.

[2] *Hambourg et l'Allemagne contemporaine*, p. 33, 103. P. 117 : « Elle a peu inventé, mais elle a beaucoup travaillé. Elle a été moins géniale que l'Angleterre ou la France, mais elle a été plus laborieuse, plus scientifiquement éclairée, plus confiante dans les indications de la science, moins lente à s'y conformer. » On ne saurait mieux dire.

les États-Unis. L'Allemagne a même pu, pour obtenir
des États neutres certaines concessions économiques,
jouer de la menace de ne plus leur livrer ses produits
chimiques. N'oublions pas que jusqu'en 1830 l'industrie chimique **allemande** se limitait au traitement des
sels de Stassfurt, soude et potasse, au salpêtre, aux
levures. **La première chambre de plomb** pour acide
sulfurique ne date que de 1820, et jusqu'en 1843 l'unique fabrique de soude ne produisait que 200 tonnes
par an [1].

Les deux découvertes capitales — fuchsine, violet
d'aniline — vinrent de France et d'Angleterre. Mais les
Allemands s'aperçurent que leur richesse en combustibles minéraux — ils marchaient, en 1914, vers
300 millions de tonnes de production annuelle des
charbons — leur conférait un privilège pour la fabrication des matières colorantes extraites du goudron
de houille. La *Badische* de Ludwigshafen, les Bayer
d'Elberfeld, les Meister de Hœchst firent travailler
leurs chimistes. La *Badische* fit l'alizarine synthétique.
En 1880 cette société acheta les brevets de Bayer pour
l'indigo artificiel; elle employa dix-sept ans de minu-
tieuses recherches à mettre cette découverte au point
industriel. Dès 1895, la production de l'alizarine montait à 13 millions de marks, celle des autres couleurs
de goudron à 68. En vingt-cinq ans l'industrie chimique allemande avait devancé toutes les autres [2].
« Nous sommes contraints, écrivait au début de ce
siècle M. Haller, de reconnaître que l'industrie allemande occupe le premier rang. »

[1] Voy. **F.** Fischer, *ouvrage cité.*

[2] D. Bellet, *L'industrie des matières colorantes en Allemagne...
et ailleurs* (*Journal des Economistes*, 15 juillet 1915.)

Ce que nous disons de la chimie, on peut le dire de l'électrotechnique et de la métallurgie. La métallurgie allemande n'a pas « le caractère inventif, initiateur de ses rivales anglaise, française et américaine »[1]. Mais elle triomphe dans l' « application persévérante » et le « perfectionnement scientifique des méthodes ». Les industriels westphaliens n'ont trouvé aucun des procédés nouveaux de fabrication de l'acier, mais ils ont été « plus prompts que l'Angleterre à les appliquer ».

Un Anglais, sir Robert Hadfield, va nous renseigner sur ce point : « Lorsque j'ai vu, disait-il en 1912, l'immense laboratoire de physique et de chimie nouvellement installé aux usines Krupp pour une dépense de deux millions de marks — une institution de recherches scientifiques comme n'en possède aucune Université du monde — je me suis rendu compte de nouveau du rôle primordial que l'Allemagne attribue à la science dans l'industrie. Mon admiration s'est encore accrue lorsque j'ai visité les institutions gouvernementales d'essais mécaniques, d'analyses et de recherches. C'est dans les laboratoires d'Essen, de Berlin et de Gross-Lichterfelde que l'Allemagne remporte ses victoires industrielles. C'est le cerveau des Universités et

---

[1] Paul de Rousiers, *Hambourg*, p. 103. Dans un tout autre domaine — mais il n'y a pas en matière économique de domaine négligeable — un récent rapport consulaire (*Malaga*, 1913) fait une constatation analogue. L'Allemagne a battu l'horticulture française (et l'on sait quel est l'admirable développement de l'horticulture dans la région de Malaga) pour les graines et semis, « grâce à des méthodes spéciales de sélection... Des spécialistes excessivement instruits et très versés en la matière » s'occupent « du classement des semis ». De là vient que l'importation des graines allemandes monte à 230 tonnes, contre 14 pour la France.

des écoles techniques qui rend puissante l'Allemagne sur les marchés du monde »[1].

Universités et écoles techniques. Les docteurs sortis des Universités ou des hautes écoles techniques (onze *Polytechnicums*, avec 12.000 élèves, livrant à l'industrie 3.000 ingénieurs par an) forment l'état-major des usines[2].

Sous leurs ordres travaillent des sujets plus nombreux encore, d'une éducation technique moins avancée, sortis des *Technicums*. Ce sont les sous-officiers de l'armée industrielle, et la hiérarchie n'est pas moins stricte dans cette armée que dans l'autre. En France, par une confiance souvent justifiée, parfois excessive dans les qualités natives de la race, nous sommes disposés à croire qu'il est inutile d'avoir appris pour savoir, que l'intelligence personnelle — capital intransmissible — et la culture générale suppléent à tout, permettent de tout comprendre. Et il arrive que les faits nous donnent souvent raison, mais cette confiance que nous faisons aux qualités de l'individu retarde et restreint l'évolution de la masse. En Allemagne on croit, avec une foi excessive, que tout s'apprend et que tout s'enseigne — la cuisine comme la chimie, l'art de tenir une maison comme celui de la construire, le bon goût comme les formules chimiques — et on croit aussi qu'on ne sait que ce que l'on a bien appris. Un

[1] Cité par *The iron trade circular.* — Un exemple typique nous est encore fourni par la céramique (*Société d'encouragement*, 1915, t. I, p. 91). La céramique française manque actuellement de « montres Seger » pour la mesure des températures des fours. Ces montres, « application commerciale des travaux faits à Sèvres par Lauth et Vogel », étaient fournies par le laboratoire de la *Ton Industrie Zeitung*, sous le contrôle de la Manufacture royale de Charlottenbourg. Sèvres n'est organisé, ni industriellement, ni administrativement, pour en fournir à notre industrie.

[2] V. Cambon, l'*Allemagne au travail*.

représentant des industries d'art avouait à M. Blondel que ses compatriotes étaient, dans ce domaine, en retard sur la France. Qu'à cela ne tienne ! nous enverrons nos élèves à Paris s'initier à l'art industriel français : « Nous formons ainsi des jeunes gens qui produisent des travaux pleins de goût et contribuent peu à peu au perfectionnement des objets de provenance allemande » [1]. Du moins ils le croient — ils croient qu'on peut, avec des recettes, suppléer à des siècles de culture — et le plus fort est qu'ils finissent par le faire croire, même aux Français !

Mais s'il n'est pas une pédagogie du bon goût, il en est une de la fabrication des couleurs d'aniline ou des lampes à filaments métalliques. Et si cette pédagogie est impuissante à conférer le génie des grandes découvertes aux cerveaux sur lesquels l'Esprit n'a point soufflé, elle a pour résultat, dans le détail, une très heureuse diffusion de l'esprit inventif. L'une des caractéristiques de la vie industrielle allemande, remarque M. V. Cambon, c'est que « les demandes de brevets sont innombrables ». Le *Patentamt* examine 35.000 brevets par an [2]. Ajoutez que la législation allemande sur les brevets, très différente de la nôtre, très éloignée de notre prudent S. G. D. G., est une perpétuelle excitation à la recherche. Souvent même ce sont des découvertes étrangères, méconnues dans leur pays

[1] Blondel, *L'essor commercial et industriel du peuple allemand*, p. 91.

[2] M. Wahl (rapport sur les *Matières colorantes organiques* dans *Société d'encouragement*, 1915, t. III, p. 492), note que le recueil des brevets de couleurs d'aniline formait, pour 1877-1887, un volume unique de 600 pages. Actuellement, deux seules années remplissent 1.200 pages, à raison de 300 brevets par an, presque **un par jour** !

d'origine, qui se transforment en brevets allemands, quitte à revenir ensuite, grevées de redevances, dans la terre ingrate qui n'en a pas voulu. Hier encore on en avait un exemple : des Français, soucieux de supprimer les incendies si fréquents dans les cinématographes, imaginent de remplacer, dans la fabrication des films, le nitrate par l'acétate de cellulose. Ne trouvant pas à placer leur procédé en France, ils vendent leur brevet à une maison allemande, et maintenant les communes françaises imposent aux entrepreneurs de spectacle l'usage du nouveau procédé [1]! N'est-ce pas aussi avec ce produit, baptisé *cellon,* qu'un constructeur allemand prétend donner aux avions des ailes invisibles ?

Assurément, cette conception scientifique de l'industrie n'est ni spéciale aux Allemands ni une invention allemande. Sans remonter plus haut, c'est au moins à la fin du XVIIIe siècle en Angleterre, au début du XIXe siècle en France qu'est apparue en pleine lumière la notion relativement nouvelle des « sciences appliquées à l'industrie ». C'est en 1801 que se créait, avec ce programme, la Société d'encouragement pour l'industrie nationale, avec les Fourcroy, les Monge, les Conté, les Berthollet, les Thénard. C'est en 1819 que le premier en date des présidents de cette société, Chaptal, dans son remarquable ouvrage *De l'industrie française,* annonçait que l'industrie allait être renouvelée par la science; et les découvertes de Chevreul lui donnaient raison. Mais de cette tendance, de cette orientation de la science vers les applications pratiques, les Allemands ont fait un système.

[1] **Fait cité par M. Y. Guyot.**

La production par masses. La mise en œuvre méthodique et universelle de ce système entraîne des conséquences industrielles très importantes. Le perfectionnement de la technique a pour effet d'aggraver l'un des caractères essentiels de l'industrie moderne, la production par grandes masses. Ce n'est plus la demande qui règle le rythme de la production, c'est l'outillage; c'est le fourneau qui ne doit pas s'éteindre, c'est la machine-outil qui doit continuer à tourner, c'est la dynamo qui ne cesse de transformer en force électromotrice l'énergie fournie par la houille ou par les chutes d'eau. C'est aussi l'outillage intellectuel; au lendemain d'une découverte, il faut récupérer, par une production intensive du produit nouveau, non seulement les dépenses occasionnées par l'entretien de l'heureux docteur qui a trouvé, mais aussi de tous ceux qui n'ont rien trouvé. Production d'autant plus intensive que l'un des résultats les plus clairs du progrès technique, c'est d'abaisser le prix de revient, par suite le prix de vente. En 1870, le kilogramme d'alizarine valait 17 francs; en 1890 la *Badische* le vend moins de 2 francs[1]. Pour réaliser des bénéfices dans ces conditions nouvelles, il faut produire par masses énormes.

La production en série. La fabrication par masses a pour complément la fabrication en série. L'organisation scientifique industrielle rend cette fabrication possible : le technicien a pour mission d'établir des types, et ensuite de réaliser l'outillage spécial qui permettra de répéter ces types à un nombre

---

[1] P. de Rousiers, *Hambourg*, p. 89 et suiv.

indéfini d'exemplaires. Et lorsque l'outillage a été installé, la fabrication en série devient une nécessité, car
elle est le seul moyen d'abaisser considérablement le
prix de revient et d'amortir rapidement les frais d'établissement. C'est ainsi qu'un seul atelier de l'*Allgemeine
Elektrizitätsgesellschaft* fabrique par an 150.000 moteurs, tandis qu'un autre atelier fabrique 95.000 comp-
teurs[1]. C'est ainsi qu'une usine de films cinématogra-
phiques fournit annuellement 50 millions de mètres de
pellicules.

« A première vue, remarque un observateur perspicace, le système industriel allemand paraît être très
onéreux. Les sociétés enfouissent en matériel coûteux
et incessamment renouvelé des sommes effrayantes[2]. »
Obligés qu'ils ont été, en 1870, de se procurer tout
d'un coup un outillage tout neuf, les Allemands ont
conservé l'habitude de le renouveler sans cesse, et
c'est ainsi qu'ils ont conquis, dans le domaine des
machines-outils, une place voisine de celle des Américains. L'outillage à son tour commande la production,
l'enferme dans un certain nombre de types définis,
parce qu'on ne peut pas multiplier à l'excès les machines, parce que les pièces fabriquées par ces machines doivent rester interchangeables. L'outillage

<hr>

[1] D. Bellet, *Le commerce allemand...* (*Revue des sciences politiques*, 15 août 1915.)

[2] V. Cambon, *ouvrage cité*, p. 52 : ces sommes, chaque année,
sont « immédiatement remployées en matériel ou en agrandissements... Que de fois j'ai entendu dire qu'on doit profiter des années
de crise pour renouveler son matériel! » M. Cambon cite en
exemple la Hamburg-Amerika, qui vend chaque année 40 à
60.000 tonneaux parce que ses bateaux ne doivent jamais avoir
plus de vingt ans. Aussi avec un capital-actions de 125 millions
et 80 d'obligations « son matériel seul vaut au moins trois fois
plus ».

perfectionné exerce ainsi une perpétuelle action d'inhibition sur les facultés créatrices de l'ouvrier, il s'oppose dans une certaine mesure à l'esprit de découverte. Mais il provoque un abaissement considérable et constant du prix de revient et, en supprimant pour chaque commande isolée les études préparatoires, il permet de livrer beaucoup plus vite[1]. M. David-Mennet[2] citait récemment le cas d'un usinier qui avait besoin à très bref délai d'une machine. Il s'adresse à plusieurs constructeurs français. Un seul se déclare disposé à traiter, mais il demande plusieurs mois, et un prix élevé, pour cause de fabrication spéciale. Trois maisons allemandes se présentent comme fabriquant couramment ce type de machines, en ayant toujours quelques-unes en train, et offrent de livrer en trois ou quatre semaines, à 20 ou 25 p. 100 au-dessous des prix de leur concurrent français !

On a pu comparer les deux méthodes, au début de la guerre actuelle, dans une industrie qui paraissait bien française, celle de l'aviation. Donnant l'essor à

---

[1] P. de Rousiers (*Hambourg*, p. 134) remarque qu'en Prusse il y a un seul type de locomotives d'express, de locomotives de marchandises, etc., ce qui permet aux constructeurs : 1º de recevoir d'un seul coup commande de 20 locomotives pareilles ; 2º d'économiser sur les plans, modèles, etc. ; 3º de faire les livraisons plus vite ; 4º de fabriquer certaines pièces à l'avance.

[2] David-Mennet, *De la méthode à suivre pour substituer les produits français aux produits allemands et austro-hongrois* (*Fédération des industriels et commerçants*, janvier 1915, et reproduit dans *Bulletin de la Chambre de commerce de Paris*). Les caractéristiques du travail en série sont très bien exposées par M. Delloye (*Soc. d'encouragement*, 1915, t. III, p. 442) : « Devant, par exemple, obtenir en moyenne 100 unités, nous nous installons pour en faire 80 et comptons sur des expédients pour produire les 20 dernières... L'Allemand... se met en mesure d'en faire 150 sans effort ».

leur esprit inventif, nos constructeurs avaient multiplié
les modèles ; de cette émulation, de cette perpétuelle
recherche du mieux le théoricien ne pouvait que se
réjouir, puisque chaque pas nouveau nous rapprochait
de l'avion idéal. Mais, pratiquement, il devenait très difficile de constituer des escadrilles homogènes, presque
impossible de procéder, dans les divers centres, aux
réparations urgentes et d'y trouver les pièces de
rechange nécessaires. Moins soucieux de perfection
que de fabrication abondante et rapide, les Allemands
s'étaient volontairement restreints à trois types.

Conséquence de la production par masses, la production en série pousse à son tour à la production par
masses, parce qu'elle réalise le bon marché. « Mauvais
et pas cher », — *billig und schlecht* — fut longtemps
la devise de l'industrie allemande. Cette devise avait
cessé, dans les dernières années, d'être absolument
une vérité. Assurément, pour beaucoup d'articles, la
« camelote allemande » n'était pas un vain mot[1], et les
produits d'outre-Rhin possédaient rarement ces qualités de solidité loyale, de fini artistique qui caracté-
risent les produits anglais ou français. Cependant les
articles allemands commençaient, en bien des genres,
à devenir bons tout en restant bon marché. Le bas prix
agissait surtout comme une nouvelle excitation à la
production, comme un perpétuel appel aux inventeurs
en réalisant un perfectionnement de l'outillage, et

[1] Les rapports consulaires de Perse signalent le bon marché
décourageant de l'article allemand. En Espagne (1913), « si les
moteurs électriques allemands sont dignes d'être appréciés, les
appareils sont souvent de qualité médiocre et trouveraient difficilement acquéreur sur un autre marché européen ». Les prix
très bas écartent toute concurrence. Mais « on peut prévoir que
les Espagnols se lasseront » d'être mal servis.

accroissant la part du mécanisme dans le travail, en transformant en fabrication en série les quelques opérations non encore soumises à ce régime, ils abaissaient encore le prix de revient, et par conséquent augmentaient encore la capacité des usines. La capacité, c'est-à-dire aussi le besoin de produire. Pour toutes ces raisons, l'industrie allemande marchait d'un pas de plus en plus accéléré vers la surproduction.

La surproduction.   On dira, non sans raison, que ce phénomène n'est pas spécial à l'industrie allemande. Il y a là un des caractères généraux de l'industrie moderne. Tandis qu'autrefois la production réglait son allure sur les besoins constatés ou du moins prévus à brève échéance, il est presque fatal que l'usine moderne arrive à multiplier ses produits plus vite que ne croît le nombre des consommateurs. Mais nulle part ce phénomène n'apparaît plus frappant que dans l'Allemagne nouvelle. Il n'est pas nécessaire d'être un économiste professionnel pour s'en apercevoir. Il suffit, dans les rues de Leipzig, de Dresde, de Hanovre, de voir ces immenses magasins, ces énormes vitrines qui embrassent plusieurs étages, et derrière lesquelles s'accumulent, en un entassement aussi prodigieux que dépourvu d'art, des masses d'articles tous semblables. On ne peut se défendre de la pensée que, malgré l'accroissement de la population, il ne se trouvera pas en Allemagne assez d'acheteurs pour tant et tant de marchandises. Et derrière celles qui encombrent les magasins, il y a celles que la machine, infatigablement, continue de produire. On a le sentiment d'une perpétuelle crise de pléthore.

La rupture d'équilibre entre la consommation et la production. Ce qui aggrave cette crise, c'est la brusquerie de l'essor allemand. L'allure de l'évolution allemande a été presque catastrophique. Du complexus d'États agricoles, semés de taches industrielles, qui constituaient en 1870 le Zollverein, l'Empire industriel a surgi en quelques années, par une sorte de volte-face historique, sans rien de cette lente et séculaire préparation qui caractérise, par exemple, la puissance anglaise. L'Allemagne industrielle est une œuvre où le temps n'a pas collaboré. Chez elle, comme presque partout dans l'Allemagne moderne, nous retrouvons le parvenu. La rupture d'équilibre entre la production nationale et la capacité d'absorption du marché intérieur s'est produite ici tout d'un coup.

On pourrait croire que ce déséquilibre a été atténué par l'accroissement de la population et par l'arrêt de l'émigration. Si l'Allemagne gagne chaque année 800.000 nouveaux sujets, cela fait aussi 800.000 nouvelles bouches, 800.000 nouveaux consommateurs des produits de l'usine allemande. Il y a un quart de siècle, une partie considérable de ce croît s'en allait au dehors. Entre 1880 et 1883, l'émigration dépassait le chiffre annuel de 200.000. Mais aujourd'hui elle n'atteint pas 20.000, c'est-à-dire à peu près le chiffre de l'émigration française, laquelle passe pour très faible. Bien plus : le nombre des arrivées dépasse de beaucoup, actuellement, celui des départs. De pays d'émigration, l'Allemagne devient un pays d'immigration. Sans parler de l'immigration temporaire qui amenait chaque année dans les grands domaines de l'Est 700.000 ouvriers slaves — Russes, Polonais, Galiciens — ni des Italiens qui travaillaient dans les mines lorraines, on sait qu'à la veille de la guerre les Polonais étaient en train de « slaviser » — district après district — la région rhénane-westphalienne. Immigrants définitifs ou immigrants temporaires, c'étaient autant de consommateurs gagnés par les fabriques allemandes.

L'exode rural. Mais ce mouvement est plus que compensé par un autre, d'une bien plus grande ampleur. La brusquerie avec laquelle s'est opérée la révolution industrielle, la création presque magique de nouvelles et immenses usines ont eu pour conséquence un énorme afflux des campagnes vers les villes, des populations rurales vers les districts industriels. Littéralement, la campagne allemande s'est vidée. Habitués que nous sommes, nous autres Français, à situer dans le paysage agricole la silhouette du laboureur qui enfonce le soc dans la terre, du bouvier qui pique ses bœufs, du faucheur, de la laitière, du vigneron, nous cherchons le paysan par la portière du wagon allemand, et nous ne le trouvons pas. En ce pays surpeuplé, la terre nous apparaît déserte, surtout sur les froids plateaux de la Bavière, sur les bruyères du Nord. C'est qu'en réalité la population qui vit aux champs a cessé d'être, depuis 1895, la moitié de la population totale. Actuellement elle n'en est plus que les 44 p. 100. Sur 67 millions d'Allemands, 17 à peine sont agriculteurs ou vivent de l'agriculture.

Nous retrouvons là, encore, un phénomène qui n'est pas spécifiquement allemand — qui s'est produit en Angleterre, qui se produit en France — mais qui sévit en Allemagne avec une intensité et une rapidité remarquables. L'industrialisation même de l'agriculture, l'accroissement de la culture intensive a pour effet de précipiter l'exode rural. Elle augmente les rendements, mais elle exige de gros capitaux. Aussi les propriétaires moyens, incapables de s'adapter à ces conditions nouvelles, cèdent-ils leurs terres à des banquiers qui les exploitent comme des usines, ce qui a pour effet de chasser vers les villes, avec les familles des propriétaires, les tenanciers et tout le personnel agricole. Dans toute la région orientale de la monarchie prussienne triomphe de plus en plus l'agriculture capitaliste, avec recours à la main-d'œuvre étrangère.

Les paysans qui chaque année — environ un demi-million par an — quittent la terre pour l'usine, ce sont des consommateurs dont la capacité de consommation s'est accrue. En tout pays l'ouvrier consomme plus que le paysan, et l'ouvrier allemand épargne peu. Mais ces consommateurs sont aussi des producteurs. Ils accroissent prodigieusement le rendement de l'usine allemande; sous l'action de leur masse, la roue formidable tourne toujours plus vite. Cette accélération croissante, désordonnée, de la production, entraîne un déséquilibre croissant entre cette production même et le pouvoir d'absorption du marché intérieur.

La question des débouchés. Par suite se pose, avec une urgence presque tragique, la question des débouchés extérieurs. Ces débouchés, il les faut, pour écouler le surplus de la production nationale ; mais ce surplus a cessé d'être une quantité négligeable, une sorte de marge qui s'ajoute à la masse consommée au dedans des frontières. C'est quelquefois la moitié du produit qui est exporté, comme pour les fils de fer. Dans l'ensemble, et en y comprenant la houille et la fonte, on évalue à 60 ou 70 p. 100 la proportion des produits de l'industrie allemande qui reste disponible pour l'exportation.

Les capitaux. A tout prix, il faut vendre ce surplus.

Il le faut d'abord pour rémunérer les capitaux engagés dans l'industrie, capitaux toujours accrus par le perpétuel rajeunissement de l'outillage.

Le nombre des sociétés par actions était de 200, avec un capital de moins de 2 milliards et demi de marks, vers le milieu du xix° siècle ; dans les années qui suivent la dernière guerre, ce nombre monte à 857, avec 3.300 millions. En 1914 ce capital dépassait 20 milliards. A tout instant ces sociétés accroissent leur capital, dans des proportions qui nous feraient frémir. L'*Allgemeine Elektrizitätsgesellschaft*, en 1883, avait un capital-actions de 5 millions de marks seulement, de 60 en 1900, de 130 en 1911, en 1912 de 160, plus 110 millions obligations. Certaines sociétés procèdent à ces augmentations à l'heure qu'il est, en pleine guerre. Mais aussi quelles charges elles assument ! Gelsenkirchen doit payer des dividendes à 180 millions de marks actions, plus des intérêts à 78 millions obligations. Krupp rémunère 180 et 55 millions, *Phœnix* 106 et 32. Or les actionnaires, grisés par la rapidité même de la croissance industrielle, ont pris l'habitude des gros dividendes. 15, 25, 35 p. 100 sont les chiffres admis sur le marché des valeurs métallurgiques ou électriques. Mais que la restriction des débouchés provoque une crise, comme en 1901, l'énormité même de ces bénéfices donne à la crise une ampleur formidable : entre 1898-1900 et 1900-1901, de nombreuses firmes métallurgiques voient le cours de leurs actions tomber respectivement de 256 marks à 83, de 149 à 42, etc., tandis que les dividendes fléchissent de 15 p. 100 à 0, de 7 à 0, de 25 à 12, de 35 à 0. Les actions de la Schuckert, cotées 288 marks en 1897, sont à 100 en décembre 1901, et le dividende est passé de 15 à 0. Que les affaires se restreignent encore, et c'est la faillite, ou plutôt c'est une cascade de faillites qui s'abat sur l'économie allemande [1].

Les salaires. Il faut vendre au dehors pour rémunérer les capitaux, il le faut pour solder ces armées ouvrières dont nous avons étudié le recrutement. Thyssen a fondé son usine en 1871 avec 70 ouvriers : en 1911, il en emploie 8.000 à Mülheim, 8.500 à Brückhausen, plus 15.000 mineurs à Duisbourg. Toute restriction des débouchés provoque le chômage, qui prend tout de suite des proportions effrayantes dans des masses pareilles [2]. Avec le nombre de ces ouvriers croît aussi le taux de leurs salaires. Il croît, contrairement à une idée très répandue, plus vite qu'en France. En 1886 les mineurs de houille recevaient annuellement 965 francs dans la Ruhr, 1.010 dans la Sarre, 612,50 en Silésie, la moyenne en France étant de 1.049. A partir

---

[1] Les faillites de 1901 sont restées célèbres. En 1911, une crise plus redoutable encore a été sur le point d'éclater. Plus récemment, toute une série de faillites, dont une de 20 millions de marks. Faillite du « trust des princes » en 1913.

[2] L'*Arbeitsmarkt* donne comme chercheurs de travail mâles pour 100 places, en juin 1899 : 100,7 seulement : en décembre : 144.6 mais en juin et décembre 1900, respectivement : 115,7 et 202,1. Pour les chercheurs de travail des deux sexes, en octobre 1899 : 135,3 ; en octobre 1900 : 198,1. A Berlin, le 1er novembre 1901, on comptait 93.000 chômeurs complets ou employés quelques heures à bon marché. Depuis deux ans, on comptait couramment 100.000 chômeurs à Berlin.

de 1889, pour le premier groupe, les salaires ont toujours été supérieurs à la moyenne française ; en 1901, les chiffres étaient de 1.530 pour la Ruhr, de 1.303 pour la Sarre, de 1.090 pour la Silésie, de 1.396 pour la France, ce qui nous donne les pourcentages de hausse de 58 p. 100, de 28,96 p. 100, de 79,96 p. 100 contre 33 p. 100 chez nous [1]. Dans l'industrie de la construction électrique, écrit M. Hillairet, « les salaires allemands équivalent aux salaires français, et les dépassent quelquefois dans le rapport du pfennig au centime », c'est-à-dire de 25 p. 100.

L'organisation très cohérente de la social-démocratie et des syndicats ouvriers, les grèves agissent pour élever ces taux. La politique sociale inaugurée par Guillaume II, les assurances ouvrières font peser sur les entreprises des charges très lourdes, qui s'ajoutent encore aux salaires. Enfin les entreprises elles-mêmes s'imposent, comme une assurance contre la grève, toute une série de charges supplémentaires : maisons ouvrières, économats, écoles, soins médicaux, etc. Les cités ouvrières créées par les Krupp

---

[1] M. Paul de Rousiers (*Hambourg*, p. 156) combat l'idée, naguère assez répandue en France, que la supériorité de l'industrie allemande tient aux bas salaires. En général les hauts salaires sont au contraire le signe d'une organisation industrielle rationnelle et prospère. « Le taux des salaires n'est nullement le prix de revient de la main-d'œuvre », lequel importe seul. En fait le tisseur de Crefeld (Schulze-Gaevernitz le notait déjà en 1892) gagne plus que celui de Macclesfield, parce que les commandes sont plus importantes et plus régulières, les métiers plus perfectionnés. Inversement, si l'industrie cotonnière saxonne et silésienne paie de plus bas salaires que celle des Lancashire, elle est aussi moins prospère. M. Delloye (*art. cité*), dit aussi : « En pratique, dans un très grand nombre de cas, les salaires sont devenus plus élevés en Allemagne qu'en France ». Voy. Hillairet, *Soc. d'encouragement*, 1915, t. II, p. 246.

à Essen, par les Meister à Höchst sont à cet égard des modèles, mais des modèles qui coûtent cher.

Denrées et matières. Il faut vendre, parce qu'il faut acheter. Si l'exportation (commerce spécial) en 1913 dépassait dix millions de marks (10.096), elle était encore dépassée par l'importation (10.770). « L'Allemagne doit payer les matières premières et les denrées alimentaires étrangères au moyen de ses exportations de produits industriels[1]. » Pour les denrées alimentaires, il va de sòi que l'exode rural et l'industrialisation du peuple ont créé dans les villes allemandes une demande formidable de céréales, de viande, de boissons, etc. Malgré ses progrès et son organisation rationnelle, l'agriculture allemande est hors d'état de faire face à cette demande. « Jusque vers 1875 l'Allemagne exportait des produits agricoles. » En 1881, l'excédent des importations sur les exportations était déjà d'un milliard et quart de francs. En 1895, la transformation de l'*Agrarstaat* en *Industriestaat* étant achevée, cette différence montait à 2 milliards et demi. Hier elle atteignait 3 milliards, et l'on estimait à 20 millions sur 67 — près de deux sur sept — le nombre des Allemands qui dépendent, pour leur nourriture, de la récolte étrangère et du bétail étranger. Le sentiment de cette dépendance a même agi pour amener les Allemands à l'idée d'une guerre fatale contre l'Angleterre. De très bonne heure, ils ont eu la hantise du blocus, et souhaité la ruine de la puissance qui pouvait les bloquer[2].

[1] Stresemann, *art. cité*.

[2] Paul Arndt, *Deutschlands Stellung in Weltwirtschaft*, Leipzig, 1908. Description anticipée du blocus.

En toute hypothèse, l'Allemagne devait vendre de plus en plus au dehors pour payer les céréales, surtout le blé, les viandes, les fourrages qu'elle tirait de la Russie, de l'Amérique du Nord, de l'Argentine. Il n'est guère qu'une seule denrée d'origine agricole dont elle restait largement exportatrice, c'est le sucre. Pour le reste elle devait payer en produits fabriqués, en machines-outils, en locomotives, en appareils électriques, etc.

Elle avait besoin de vendre, également, pour payer les matières premières nécessaires à sa propre activité industrielle. Ceci peut sembler paradoxal. En effet, parmi les causes de l'essor allemand au lendemain de 1870, on doit faire figurer la découverte ou du moins l'exploitation de grandes richesses naturelles, particulièrement la houille et le fer. L'Allemagne est restée un très gros producteur de houille et de lignite : de 50 millions de tonnes en 1880, le chiffre est passé à 121 en 1905, à 225 en 1912, à 273 en 1913. Sous forme de charbon ou sous forme de coke, elle exporte ses houilles vers la Belgique et vers la Lorraine française. Battant l'Angleterre en pleine Méditerranée, elle ravitaille en très grande partie le dépôt d'Alger. Mais si elle est toujours riche en combustible, elle est devenue, relativement à ses besoins, un pays pauvre en fer. Elle a eu beau soumettre ses mines à une exploitation intensive, le développement de sa métallurgie a été beaucoup plus rapide que celui de l'extraction. Rien que la production de la fonte a passé de 2 millions et demi de tonnes en 1880, à 11 en 1905, à 18 en 1912. Pour satisfaire un appétit aussi dévorant, il faut faire largement appel au minerai étranger. Il y a longtemps que les Krupp ont acquis des mines à Bilbao, qu'ils ont essayé de s'assurer une part de la production suédoise. Les Thyssen se sont pourvus en Lorraine et en Normandie.

Quoique l'Allemagne possède encore de puissants gisements qui sont loin de leur limite, bien qu'il soit trop tôt pour parler d'épuisement, il y a là une situation très préoccupante [1]. La sidérurgie allemande se fournit déjà presque pour moitié en minerai étranger. Au moment du conflit marocain, les industriels demandaient au gouvernement d'assurer l'alimentation de l'industrie allemande pour un temps illimité : ils se faisaient d'ailleurs une idée exagérée de la richesse métallique du Maroc. La *Neckarzeitung* écrivait alors que l'Allemagne était, relativement, le pays du continent le plus pauvre en minerai et que tôt ou tard elle tomberait dans la dépendance de l'étranger. — Pour payer les énormes quantités de minerai qu'elle demande à la Suède, à l'Espagne, à la France, l'Allemagne doit exporter non seulement des combustibles, mais plus du tiers de sa production métallurgique.

L'Allemagne n'était pas, en 1870, très riche en industries textiles, puisqu'il suffit de l'annexion de l'Alsace pour doubler, du jour au lendemain, la capacité de son industrie cotonnière. Aujourd'hui, elle achète chaque

[1] F. Friedensburg, *Die zukünftige Erzversorgung der deutschen Eisenindustrie* (*Preussische Jahrbücher*, mai 1913). Friedensburg estime d'ailleurs que les craintes d'une famine du fer sont très exagérées. Tout en constatant le rôle croissant de la France comme fournisseur de minerai pour l'Allemagne, il croit que la France ne mettra pas d'obstacles à l'exportation, parce qu'elle est trop pauvre en combustible pour absorber la production de ses énormes gisements : la nécessité de se procurer du charbon allemand fera taire les tendances protectionnistes et chauvines. De même la Suède et l'Espagne, qui fournissent les 2/3 du minerai importé en Allemagne, sont des pays sans industrie. Mais ceci revient à dire que l'Allemagne, si elle veut du minerai, doit **exporter de la houille,** du coke et des produits métallurgiques.

année sensiblement plus d'un demi-milliard de marks de coton brut ; c'est le plus gros article de son importation. Enorme tribut payé aux États-Unis, tribut d'autant plus lourd que les États-Unis sont absolument maîtres des prix et que, par exemple, la hausse provoquée en 1904 par le *Sully cotton corner* a valu à l'Allemagne une perte sèche de 117 millions de marks — sans parler de la réduction de la consommation, de l'arrêt des métiers, des renvois d'ouvriers et de la baisse des salaires.

A côté du personnel ouvrier, le personnel technique. Ce n'est pas seulement le développement même des sciences appliquées qui a été un facteur de la surproduction, c'est la surproduction encore des savants, ou plutôt des jeunes chimistes et ingénieurs que nous avons vu sortir en multitudes serrées des Universités et des *Technicums*. Déjà, au lendemain même de la crise de 1901, M. Haller insistait sur l'influence exercée dans cette crise par « la pléthore même des forces intellectuelles nouvelles et pleines d'initiative, que mettent périodiquement en circulation ces écoles supérieures... Désireux de faire fructifier le capital-savoir dont ils disposent, et aussi éblouis par les succès qu'ont remportés leurs aînés, les jeunes techniciens suscitent la création de nouvelles affaires sans se préoccuper des débouchés, et amènent ainsi la surproduction ».

Ajoutons enfin que le rapide enrichissement de l'Allemagne y a fait naître de nouveaux besoins, le besoin des articles de luxe. Nous avons déjà signalé cette espèce de fièvre, — fièvre de parvenus — avec laquelle les Allemands ont voulu se procurer des jouissances jusque-là inconnues. Or ces articles de luxe, l'Allemagne ne les produisait pas. C'est ainsi qu'elle était devenue un des gros clients de notre viticulture ; pour les fruits du Midi, pour les fleurs, elle était un excellent client de notre Provence, de notre Algérie, de l'Italie, de l'Espagne. Parmi les « luxes » qui s'étaient le plus développés en Allemagne, il faut signaler le luxe des voyages ; les moyennes, même les petites bourses y sacrifiaient comme les grandes. Chaque année, c'était une invasion pacifique, mais triomphante, sur la Riviera ligure-provençale ou sur les lacs subalpins, en Suisse, en Scandinavie... Et tout cela aussi se paye. Pour compenser les sorties d'or que représentent ces manifestations du tourisme exaspéré, il fallait exporter, exporter encore.

Or, à part quelques exceptions heureuses (comme la potasse), « les exportations allemandes ne consistent pas en matières premières impossibles à trouver ailleurs, mais bien au contraire l'industrie allemande se borne à transformer les matières premières qu'elle doit chercher à l'étranger ; elle se trouve donc dans un état de dépendance[1] ».

L'organisation systématique de la surproduction. — L'exportation, — l'organisation du système industriel en vue de l'exportation — a donc été pour l'Allemagne unifiée une nécessité vitale, avant de devenir une politique. Assurément, la grandiose machine une fois mise en train, l'orgueil allemand prit plaisir à en contempler, puis à en accélérer le mouvement. De simple moyen qu'elle avait été, l'exportation devint une fin en soi, et d'effet elle devint

[1] Stresemann, *art. cité.*

cause. **On avait exporté** pour éviter la pléthore ; on se mit à faire de la pléthore pour exporter davantage. On avait perfectionné, avec une ténacité qui devrait servir d'exemple aux rivaux de l'Allemagne, l'organisation de la vente — le *Verkaufsapparat*. Cette organisation a réagi à son tour sur le rythme de la production. A force de vider les magasins de leurs stocks, elle a été une perpétuelle incitation à les remplir, pour les vider encore. L'appareil commercial, en raison de sa perfection même, finissait par accélérer abusivement le jeu de l'appareil industriel. « Les Allemands, de propos délibéré, ont excédé prodigieusement, systématiquement, les besoins de leur marché intérieur. Ils ont produit de façon à inonder le monde et ne s'en cachent pas[1]. » L'Allemagne a organisé **la surproduction**, et la surproduction à son tour l'oblige à chercher un exutoire dans une exportation chaque jour plus considérable. En 1874, l'Allemagne exportait pour 2.350 millions de marks ; en 1900 ce chiffre avait presque doublé ; en 1913 il dépassait dix milliards. L'importation excédant encore ces chiffres, le commerce extérieur prenait une part de plus en plus grande de l'activité nationale. Il ne représentait (commerce spécial), au lendemain de la fondation de l'Empire, que 175 francs par tête et par an. Malgré l'accroissement de la population, ce quotient était de 400 francs à la veille de la présente guerre.

L'Allemagne, par un mouvement sans fin, était donc perpétuellement entraînée dans ce cercle vraiment infernal : produire toujours plus pour vendre davantage, vendre toujours plus pour subvenir aux nécessités

---

[1] Maurice Millioud, *La formation de la caste dominante allemande*, p. 78.

d'une production toujours plus intense. Pour emprunter à M. Bonnefon une image saisissante, « l'Allemagne est suspendue au marché mondial [1] ».

Il est cependant équitable de le reconnaître : à l'origine, c'est tout un ensemble de circonstances, dont ils
n'étaient pas absolument les maîtres, qui ont imposé
aux industriels allemands cette périlleuse formule :
« inonder le monde ». Une fois lancée dans cette direction, la machine ne s'arrête plus. Marchant de succès
en succès, poussée en avant par la main du pouvoir
impérial, l'Allemagne industrielle est prise « d'une
sorte de griserie ». Elle a vu la fortune sourire « à ses
témérités et à ses audaces », elle a facilement
triomphé des crises ; elle a fini par renoncer à toute
prévoyance [2].

[1] Steinberg, *ouvr. cité*, écrivait déjà en 1902 : « Tout son développement, d'après le cours naturel des choses, est dirigé vers
l'État industriel et exportateur ». Même clairvoyance en 1904 chez
Lamprecht. Albert Hesse (*Conrads Jahrbuch*, 1910) : « Nous devons
exporter, pour pouvoir importer, et nous devons importer, pour
pouvoir travailler et vivre ».

[2] Haller, *Rapport...* 1900, p. xxi.

DEUXIÈME PARTIE

LES PRINCIPAUX FACTEURS DE L'EXPANSION

Le problème qui se posait devant l'Allemagne unifiée c'était celui de la conquête des débouchés. Conserver ceux qu'elle possède, en écarter les concurrences étrangères et même cette concurrence qui naîtrait, en territoire étranger, d'un développement autonome de l'industrie indigène ; acquérir de nouveaux débouchés pour le jour où les débouchés anciens seront saturés ou se montreront récalcitrants, voilà les éléments du problème.

Mais pour procéder à ces opérations, pour inonder le monde de produits allemands et diriger sur l'Allemagne un courant croissant de commandes, il faut d'abord constituer des capitaux, créer des usines, immobiliser et renouveler de coûteux outillages ; il faut faire circuler ces capitaux, les transporter là où ils peuvent obtenir leur maximum de rendement, les volatiliser par le crédit. Il faut grouper les industriels allemands en unions solides, organisées pour cette conquête des débouchés qui est une nécessité et qui devient un mot d'ordre. Il faut substituer à la concurrence individuelle sur le marché national la compétition collective sur le marché du monde. L'industrie allemande doit apparaître sur ce marché comme un bloc de forces, comme une force disciplinée, divisée en corps d'armée. La lutte économique est une guerre, comme les autres guerres, soumise elle aussi aux règles de Clausewitz. Dans cette guerre, comme dans les autres, il s'agit, par tous les moyens appropriés, d'écraser l'adversaire, de briser sa volonté de résistance, de lui imposer la volonté de l'agresseur. Il existe un *Kriegsbrauch im Wirtschaftskriege*, et ce code des usages de la guerre économique est totalement différent de la morale courante, de celle qui, à l'intérieur du pays, commande les rapports des commerçants entre eux.

Le rôle qui, dans la guerre proprement dite, est joué par la terreur, ce rôle, dans la guerre économique, est surtout dévolu au prestige. Proclamer, par des méthodes variées, la supériorité de l'industrie allemande, faire pénétrer cette idée comme un axiome indiscutable dans le cerveau des clientèles actuelles ou possibles, c'est une besogne à laquelle doivent collaborer les forces intellectuelles de la nation et la puissance publique. Rien, dans cette œuvre capitale, ne doit être laissé au hasard, ou au caprice des fantaisies individuelles. Tout doit être ordonné en vue du but à atteindre, qui est l'exploitation rationnelle de la planète. Par cette organisation méthodique se réalisera sur le terrain des échanges, comme sur celui de la stratégie et de la politique, la formule souveraine : *Deutschland über Alles*.

CHAPITRE I

LES BANQUES ET LE CRÉDIT

De la confusion des fonctions dans les banques allemandes. —
Causes historiques de cette confusion. — Influence du « Crédit
mobilier ». — La formation et la concentration des capitaux
après 1870-73. — Les groupes de banques et les « communautés
d'intérêts ». — Rôle de la *Reichsbank*. — La participation des
banques au commerce et à l'industrie. — Les émissions, le
crédit, la commandite. le crédit en blanc. — Les banques et
l'exportation. — Le change international et la monnaie allemande. — Les banques d'outre-mer et leurs filiales. — La *Banca
commerciale italiana*. — La *Banque des chemins de fer orientaux*. — Les banques et l'exportation. — Le crédit à l'exportation.

De la confusion des fonctions Les banques alleman-
dans les banques allemandes. des, a-t-on dit, sont « tout
à la fois des banques de
dépôts, des banques de crédit et des sociétés financières »[1]. Schaeffle les a nommées des entreprises à

[1] A. Sayous, *Les Banques de dépôt, les banques de crédit et
les sociétés financières*, 1901, p. 278. Voy. aussi E. Depitre, *Le
mouvement de concentration dans les banques allemandes*, 1905,
p. 49 : Pas de banques « ayant exclusivement le caractère d'une
banque de dépôt et de crédit..., ou celui d'une banque d'affaires...
Toutes combinent dans une proportion plus ou moins grande les
fonctions de banques de dépôt, de banques de crédit et de banques d'affaires ». — F. Vallier, *Les banques d'exportation à
l'étranger et en France*, Grenoble, 1911.

toutes fins, *allerlei Enterprisen*, ce que l'on a traduit de cette façon un peu libre : des banques à tout faire

Là-dessus nos compatriotes de s'extasier, peut-être un peu vite, devant cette multiforme activité des banques allemandes. On admire ces banques d'avoir hardiment confondu des opérations que la prudence française, et l'anglaise plus encore, tiennent soigneusement séparées. On vitupère contre la majestueuse impassibilité de nos établissements de crédit ; on les somme de suivre l'exemple des banques allemandes, de mettre les fonds dont ils disposent et leur puissance de crédit à la disposition de l'industrie.

Sans porter ici un jugement doctrinal sur la conception allemande de la banque, nous dirons simplement qu'on ne fabrique pas à volonté une organisation financière dans laquelle la banque de dépôt est en même temps une banque d'affaires. La banque allemande est un produit historique, le produit de causes multiples qu'il n'est pas en notre pouvoir de reproduire.

Causes historiques de cette confusion.   Les banques allemandes naissent tard, comme l'industrie allemande.

Avant 1848, il n'existait dans les divers États de la confédération que des banques de type ancien, banques privées, souvent banques familiales, gérant la fortune des particuliers riches[1]. C'est

---

[1] Riesser (le titre de cet ouvrage capital est à lui seul une indication du rôle joué par les banques dans l'ensemble de la vie économique allemande), *Die deutschen Grossbanken und ihre Konzentration im Zusammenhang mit der Entwicklung der Gesamtwirtschaft in Deutschland* (les grandes banques allemandes et leur concentration, dans ses rapports avec le developpement général de l'économie allemande). Iéna, 4ᵉ éd., 1912 (la première éd. est de 1905).

en 1848 que la vieille maison Abraham Schaafhausen, ébranlée par la crise révolutionnaire, fut restaurée en une société par actions, le *Schaafhausenscher Bankverein* de Cologne, au capital de 5.200.000 thalers (15.600.000 marks). En 1851 se crée à Berlin la *Disconto Gesellschaft*, d'abord sous la forme d'une société de crédit, qui prendra en 1856 sa forme actuelle d'une société en commandite par actions, au capital de 10 millions de thalers (30 millions de marks). En 1853 c'est, à Darmstadt, la *Bank für Handel und Industrie*, avec 25 millions de florins (42.750.000 marks) ; en 1856 la *Mitteldeutsche Creditbank* à Meiningen (8 millions de thalers = 24 millions de marks); en 1856, la *Berliner Handelsgesellschaft* (15 millions de thalers = 45 millions de marks). Cet essor des banques coïncide avec le premier essor industriel.

Influence du crédit mobilier. Il coïncide également avec un phénomène qui se passe hors des frontières de l'Allemagne. C'est alors que, sous l'influence du saint-simonisme, apparaissait en France la formule du « crédit mobilier ». Les premières banques allemandes par actions s'organisèrent sur le modèle conçu et créé par les Péreire, c'est-à-dire qu'elles furent dès le début des banques de prêts à l'industrie[1].

Cette influence de l'exemple français n'est pas contestable. Au rang des deux fondateurs de la *Bank für*

---

[1] Riesser, p. 41 et suiv. — Lœwenstein, *Geschichte des württembergischen Kreditwesens*, Tubingue, 1912, p. 194 : le crédit industriel était inconnu en Allemagne, « et fut d'abord amené à quelque importance par l'imitation du *Crédit mobilier* français ». — Lichtenberger, *l'Allemagne moderne*, 1907, p. 20.

Handel und Industrie — par abréviation la *Darmstädter Bank* — nous trouvons l'un des fondateurs du *Crédit mobilier*, Abraham Oppenheim. Dans sa première circulaire (1853), cette banque se donne pour mission « de diriger l'esprit d'entreprise et le capital dans les voies qui correspondent aux besoins du moment », de promouvoir les entreprises, d'agir sur la situation de l'industrie allemande, de favoriser l'exportation. C'est le langage même des Péreire.

En fait, elle joua depuis 1854 — et depuis 1855-56 conjointement avec la *Disconto* — un grand rôle dans ce premier mouvement industriel qui suivit, surtout en Prusse, la secousse de 1848 : d'abord les créations de chemins de fer (aux chemins de fer allemands s'ajoutent les compagnies autrichiennes et russes), puis les mines, les salines, les forges, et aussi le développement des banques secondaires, des compagnies d'assurances.

Les banques allemandes, même avant qu'il existât un État allemand, sont donc nées banques d'affaires.

Elles ne pouvaient être autre chose. L'Allemagne — ou plutôt les Allemagnes étaient alors des pays pauvres où l'usage des dépôts était peu répandu, et où une banque consacrée uniquement aux opérations de dépôt n'aurait pu faire ses affaires. On ne pouvait attirer les dépôts qu'en leur assurant des intérêts élevés, c'est-à-dire en leur offrant l'appât des bénéfices industriels. Dès cette époque, suivant l'observation très fine de M. André Liesse[1], l'économie allemande est marquée de ce trait qu'elle ne réussira jamais à effacer complètement : trop peu de capitaux circulants,

---

[1] *L'organisation du crédit en Allemagne et en France*, 1915.

liquides, par rapport à l'immensité des entreprises. Même le capital-actions des banques énumérées plus haut n'était que très partiellement versé ; de nombreuses actions restaient entre les mains des sociétés elles-mêmes.

L'Allemagne prenait ainsi, de très bonne heure, l'habitude de la surcapitalisation. C'est encore une observation psychologiquement très juste de M. Liesse que la rareté du capital circulant a de très bonne heure obligé les Allemands à mobiliser la richesse, mais les a aussi de bonne heure accoutumés au papier. « Dans ce pays, on peut émettre du papier-monnaie dans des conditions anormales, sans soulever trop d'émotion. Les gens y sont habitués depuis plus d'un siècle. » Les gouvernements, avec leurs *Pfandbriefe*, avaient ouvert la voie aux banques. Déjà Méphistophélès avait dit : « On n'aura plus besoin de se charger de bourses et de sacs ; une petite feuille se place facilement dans le sein...[1] »

Jusqu'en 1870 ces banques vécurent d'une vie assez obscure. En dehors des cinq créations ci-dessus mentionnées, on pouvait citer en Bavière la *Hypotheken und Wechselbank*, et dans la moyenne Allemagne toute une floraison de « Crédits mobiliers » — en dehors, bien entendu, des banques d'émission qui existaient alors dans la plupart des États, et des banques privées qui continuaient à gérer la fortune des familles bourgeoises. Au lendemain de la victoire, lorsque les cinq milliards versèrent dans la circulation allemande une masse métallique assurément considérable, mais

---

[1] E. d'Eichthal, L'épisode du papier-monnaie dans le second *Faust* (*Comptes-rendus Académie des sciences morales*, 1915, juin, p. 650 et ss.).

qui apparut colossale aux yeux éblouis des Allemands, l'essor industriel commença, et d'abord d'une façon désordonnée. Subitement, le besoin de capitaux se fit sentir. On ne pouvait pas, comme dans les pays de culture économique ancienne, faire appel aux réserves latentes. Il fallait créer des capitaux de toutes pièces, et très vite. Il fallait remplacer par le facteur argent les facteurs temps et tradition, faire brusquement surgir du sol des industries rivales de l'industrie étrangère, leur procurer un stock de matières premières, un outillage moderne, les moyens de lancer au loin leurs produits [1].

Voilà pourquoi les banques renoncèrent sans esprit de retour au système patriarcal de Francfort ; voilà pourquoi elles dépassèrent, d'un bond, les systèmes encore trop compliqués, trop lents en leur mécanisme un peu suranné, de Paris et de Londres. D'emblée, elles allèrent à la confusion des opérations : recevoir l'argent disponible par la voie des dépôts, le prêter aux industriels et aux négociants par le moyen du crédit, lancer et, dans une certaine mesure, diriger des affaires. Toutes auraient pu prendre pour programme cet article 2 des statuts de la *Nationalbank* :

« Le but de la société est l'exploitation des affaires de toutes sortes : banque proprement dite, opérations financières, crédit, émissions, affaires industrielles et immobilières. »

Mais si elles vivent sous ce régime de la confusion des genres et de la confusion des risques, si elles sont

---

[1] Voy. sur tous ces faits Riesser, qui coupe nettement l'histoire des grandes banques allemandes en deux périodes : avant et après 1870. — Voy. aussi le pamphlet, qui contient des parties fort sérieuses, d'Ézio-M. Gray, *L'invasione tedesca.*

bien, suivant le mot de Schaeffle, des *allerlei Enterprisen,* ce n'est pas en vertu d'une théorie préconçue. Ce n'est pas parce que ce système leur a paru, en soi, préférable aux autres, mieux adapté aux fins de l'économie nationale. C'est parce que, dans l'Allemagne impériale de 1871-1875, elles ne pouvaient être autrement. Les banques allemandes sont filles de la nécessité.

La formation et la concentration des capitaux. En Angleterre, en France, dans les vieux pays capitalistes, l'industrie naissante a trouvé à sa disposition une masse de capitaux dormants, qui ne demandaient qu'à s'employer. Le trait essentiel de l'histoire économique de l'Allemagne, c'est que *l'évolution industrielle y a marché plus vite que la formation des capitaux.*

Théoriquement, la séparation absolue entre banques de dépôt et banques d'affaires, à peu près complète en France, complète en Angleterre, représente un stade plus élevé de l'évolution financière. Les banques allemandes ont été mises en demeure d'agir avant d'être arrivées à ce stade. Elles ont été forcées, du jour au lendemain, de se prêter aux nouveaux besoins de leur clientèle, sans se soucier de respecter les règles qu'ailleurs l'expérience avait posées. Cela n'a pas été sans risques : si déjà, en 1872, le capital des banques allemandes dépassait un milliard de marks, après la crise de 1873 plus de 70 banques, représentant un capital-actions de plus de 430 millions, furent obligées de liquider.

Les banques allemandes ont travaillé, en premier lieu, à former et à concentrer les capitaux.

Ces capitaux, elles les ont attirés à elles par les dépôts. Elles se sont opposées à la création de banques spécialisées dans le dépôt, à l'anglaise, parce que l'accumulation des dépôts dans leurs propres caisses était pour elles un puissant moyen d'action. Aussi n'ont-elles pas craint d'offrir aux déposants 2 p. 100 pour les dépôts à 3 mois, 3 à 4 p. 100 pour 6 mois. Il est vrai que cela aussi se paye : le montant des dépôts est loin d'être entièrement couvert par des espèces ou du papier commercial ; une partie importante en est engagée dans des crédits, avances sur titres, participations, etc. Mais on sait que le capitaliste allemand accepte fort bien l'idée de cette moindre liquidité, rançon des revenus plus élevés.

Les grandes banques ont profité des désastres mêmes que devait amener une politique aussi audacieuse. La ruine des banques locales a servi les grandes sociétés. Avant la crise de 1890-1891, ces dernières, absorbées par leurs affaires industrielles, ne recevaient qu'un chiffre relativement restreint de dépôts. Il est arrivé que les banquiers privés, qui avaient spéculé avec l'argent de leurs clients, ont été hors d'état de tenir leurs engagements. Leur clientèle reflua sur les grosses sociétés, qui s'étaient révélées plus solides, et qui se trouvèrent ainsi poussées dans la voie des dépôts [1]. Cet accroissement de puissance leur permit de participer à la reprise industrielle de 1891-1900.

Mais la crise de 1901 eut pour elles des conséquences plus fécondes encore ; elle fut vraiment, suivant l'expression allemande, une crise de nettoyage, d'assainissement, *Reinigung, Sanierung*. La faillite reten-

---

[1] **Voy.** surtout l'*ouvr. cité* d'André Liesse.

tissante de la *Leipziger Bank*, celles du Crédit mobilier de Dresde et des établissements secondaires emportés dans la tourmente, profitèrent d'autant aux sociétés puissantes qui avaient résisté. De 1899 à 1904 le chiffre des dépôts et comptes créditeurs des neuf plus grandes banques passait de 1.360 à 2.503 millions. Ces sociétés absorbèrent les banques trop faibles ; la *Deutsche Bank* en absorba 49, la *Disconto* 28, la *Dresdner* 41 [1]. Ces banques ci-devant autonomes, parfois les grandes banques les annexèrent purement et simplement, reprirent les affaires des établissements menacés, en firent des succursales. Plus souvent, elles les laissèrent subsister pour la forme, se contentant de les commanditer, ou bien acquérant un nombre suffisant des actions de ces établissements pour en assumer la direction effective. Parfois aussi, pour ménager encore plus les apparences, c'est d'un échange d'actions qu'il s'agit, la banque absorbante et la banque absorbée déléguant réciproquement ses directeurs l'une au conseil de l'autre [2].

[1] Outre l'ouvrage classique de Riesser, consultez surtout Depitre. Voy., p. 202, comment s'est constitué le groupe de la *Deutsche Bank*, depuis l'absorption du *Frankfurter Bankverein* en 1886. Il est à noter que les banques allemandes ont beaucoup moins de succursales que les banques françaises : elles procèdent autrement. — Cf. Feiler, *Das Bankwesen*, dans *Die Weltwirtschaft* de von Halle, 1ʳᵉ année, 1906.

[2] Les procédés varient. **En 1897 la *Deutsche Bank* acquiert pour 4 millions, puis en 1899 pour 2.499.000 d'actions de la Hannoversche.** En 1898, elle garantit l'émission des nouvelles actions de l'*Oberrheinische*. En 1902, elle porte son capital de 140 à 160 millions pour reprendre les affaires de la *Duisburg-Ruhrorter Bank*. En 1902 elle échange 4 millions d'actions de la Duisburg contre 3 de l'*Essener Credit Anstalt* (elle en avait déjà pour 200.000 marks), etc. Le résultat est toujours le même ; c'est l'établissement de la **domination** de l'établissement le plus fort.

Groupes de banques.   Avec ces banques elles forment des *groupes*. Comme les banques ainsi absorbées ou médiatisées étaient elles-mêmes, le plus souvent, arrivées à un certain stade de la concentration, comme elles avaient leurs succursales et leurs banques-filles, ce sont en réalité des *groupes de groupes*, de formidables unions qui se trouvèrent ainsi constituées.

Lorsqu'en 1897 la *Deutsche Bank*, par voie d'échange d'actions, se rendit maîtresse de la *Bergisch-märkische Bank* d'Elberfeld, celle-ci avait déjà 13 filiales ; elle avait absorbé successivement une dizaine de banques rhénanes. C'est tout le bloc qui passa d'un coup sous le contrôle de la grande banque berlinoise.

Pour opérer des transformations de cette envergure il fallut procéder à d'énormes augmentations de capital : la *Deutsche Bank* passa en deux ans de 20 à 180 millions de marks, l'année suivante à 200. Ce chiffre était aussi, en 1911. celui de la *Dresdner* et de la *Disconto*. La *Darmstädter* arrivait à 160, la *Schaaf-hausen* à 145, la *Berliner Handelsgesellschaft* à 110, soit plus d'un milliard de marks pour les six. Quelques banques provinciales (*Rheinisch-westfälische Discontogesellschaft* et *Rheinische Creditbank*, chacune 95 millions) dépassaient les autres banques centrales, *Nationalbank, Commerz und Disconto Bank*, etc. Les banques dont le capital dépasse 60 millions représentaient ensemble 1.745 millions de marks.

Mais à côté de la puissance propre de chaque banque, il faut envisager celle du groupe qu'elle dirige. Par l'absorption ou l'affiliation de la *Bergisch-märkische*, du *Schlesischer Bankverein* de Breslau, de la *Hanno-versche Bank*, de la *Mecklenburger Hypotheken und*

Wechselbank, de l'*Essener Creditanstalt*, la *Deutsche Bank* en est arrivée à gouverner en réalité un capital global de 691 millions de marks, 979 avec les réserves. La *Disconto* (avec la *Norddeutsche Bank* de Hambourg, l'*Allgemein deutscher Creditanstalt* de Leipzig, le *Barmer Bankverein*, la *Süddeutsche Discontogesellschaft* de Mannheim, la *Bayerische Disconto und Wechslerbank* de Nuremberg) groupe 504 millions, avec les réserves 662. La *Dresdner* contrôle la *Märkische Bank* de Bochum, la *Rheinische* d'Essen, la *Mülheimer Bank*, soit 253 et 321 millions. La *Darmstädter* représente 219 et 260 millions. La *Schaafhausen* (son principal satellite était la *Mittelrheinische Bank* de Coblenz) 172 et 209. En tout, le capital-actions et les réserves de ces groupes représentent en marks 2 milliards 3/4[1].

Parfois des banques passent d'un groupe à l'autre. Car il existe entre les grandes banques chefs de groupes une émulation, une rivalité qui les pousse à absorber le plus d'affaires possible. C'est à la suite d'une lutte entre *Deutsche Bank* et *Dresdner* pour la domination de l'industrie westphalienne que la première a absorbé la *Bergisch-märkische*. La *Dresdner* à son tour a presque absorbé la vénérable banque Schaafhausen ; et, à la veille de la guerre, la *Disconto* cherchait à faire des conquêtes semblables.

Les « communautés d'intérêts ». A côté des rivalités, les ententes. Les grandes banques forment parfois entre elles des « communautés d'intérêts » — *Interessengemeinschaften* — « sortes

---

[1] Ezio-M. Gray (*ouvr. cité*) compte, en dehors des grandes banques privées (Rothschild, Bleichrœder, Hansemann, Mendelssohn, etc.), 480 banques par actions, avec un capital entièrement versé de 4.250 millions de francs.

de cartels de banques, qui vont concentrer dans une
même activité des capitaux formidables », soit pour
l'exploitation d'une industrie, soit pour la création et
la direction d'une banque secondaire. Parfois aussi
cette « communauté d'intérêts » unit deux banques
d'ordre secondaire. C'est ainsi qu'on lira aux annonces
financières des journaux allemands : « *Interessenge-
meinschaft : Rheinische Creditbank*, Mannheim ; *Pfäl-
zische Bank*, Ludwigshafen ». Non pas un consortium
pour une affaire déterminée, mais une alliance permanente.

**Rôle
de la Reichsbank.** Grâce à ces alliances, aux filiales,
aux commandites, les cinq ou six
grandes banques directrices représentent une force énorme.

Cette force a encore été disciplinée, organisée par
suite du rôle croissant de la *Reichsbank*. Pour des
raisons politiques, après chacune des crises internationales de 1905, 1908, 1911, le grand établissement central a été investi d'attributions nouvelles, chargé d'une
sorte de dictature sur l'ensemble des banques allemandes, et cette dictature a surtout agi pour pousser
les banques à augmenter le montant des dépôts et à
rendre leurs ressources plus liquides. C'est surtout en
vue de la guerre, de la mobilisation financière, que
ces mesures étaient prises[1]. Mais, en temps de paix,
elles avaient pour résultat d'accroître encore la puis-

---

[1] Bendix (Ludwig), *Germany's financial mobilization* (dans
The quarterly Journal of Economics, août 1915). Comparez cette
étude très optimiste aux articles, d'une remarquable objectivité,
de M. Ch. Rist (*La préparation financière de l'Allemagne*, dans
Revue de Paris, 15 mars 1915). Voy. aussi R.-G. Lévy, dans
Réforme sociale, avril 1915, et A. Liesse, *ouvrage cité*.

sance de la finance allemande, et de rendre la concentration plus étroite.

Les avantages de cette concentration, qui aboutit presque à l'unité de direction, Riesser les a énumérés[1]. Les grandes banques peuvent élaborer des programmes communs. Unies par une sorte de quasi-contrat, formant comme un syndicat tacite, elles peuvent s'élever au-dessus de la pure politique de dividendes, tenir compte des intérêts généraux, nationaux, adopter un plan industriel, diriger le placement des capitaux, les affaires coloniales, d'exportation, de canaux, de navigation, de câbles. Elles peuvent exercer un contrôle de la presse et de l'opinion, prévoir les crises et les atténuer, empêcher les paniques. Grâce à l'entente entre l'Etat et un petit nombre de banques qui ont leur siège ou (pour la *Darmstädter* et la *Dresdner*) leur centre de gravité à Berlin, les interventions peuvent être rapides et efficaces.

La participation des banques au commerce et à l'industrie. La richesse allemande est donc constamment en état de mobilisation financière, constamment mise à la disposition du crédit. On aura une première idée de la différence entre la politique des banques allemandes et celle des banques françaises par les chiffres suivants : en 1913, le chiffre d'affaires des neuf principales banques allemandes équivalait sensiblement à celui de nos cinq grands établissements de crédit ; mais tandis que le groupe français avait en portefeuille un demi-milliard de francs de papier commercial de plus que le groupe allemand,

[1] *Grossbanken*, p. 644.

celui-ci détenait, en crédits, prêts, avances, etc., 1.200 millions de plus que les Français[1].

Dire que ces banques ont été les plus puissants instruments de l'expansion allemande, ce sont là des mots, tant que nous n'avons pas étudié le mécanisme de cette pénétration de la banque dans l'industrie et le commerce. Ceux-ci, a-t-on dit, « avaient accaparé en quelque sorte les banques » ; les banques, « à leur tour, accaparèrent le commerce et l'industrie[2] ». Cela se fit de trois façons : par les émissions de valeurs industrielles, par le crédit aux industriels et commerçants ou aux sociétés anonymes, par la participation aux affaires elles-mêmes.

Les émissions. Les banques allemandes sont de terribles lanceuses de papier[3]. De 1885 à 1900, elles ont jeté pour plus de 30 milliards de valeurs sur le marché allemand. La *Deutsche Bank* fait à elle seule dix émissions industrielles en 1895, 25 en 1900, 40 en 1904, 45 en 1905, 58 en 1907, 47 en 1910. Sa grande rivale, la *Disconto*, en lance 15 en 1895, 26 en 1900, 30 en 1906, 25 en 1910. C'est aussi, en cette dernière année, le chiffre de la *Darmstädter*, tandis que la *Schaafhausen* atteignait 50 en 1899. Elles ont leurs spécialités : pour la *Disconto* ce sont les chemins étrangers, pour la *Deutsche* l'électricité ; la *Darmstädter* s'intéresse aux voies étroites et aux brasseries ; la

---

[1] Millioud, *ouvrage cité*, p. 97.

[2] F. Vallier, *Banques d'exportation*.

[3] Riesser (p. 302). Les émissions, dit-il, sont la clef de voûte des rapports entre banques et industrie ; les comptes-courants en sont la pierre angulaire. Voy. aussi Lœwenstein, *ouvrage cité*.

Berliner Handelsgesellschaft, à la fois à l'électricité, aux voies étroites et à la grosse métallurgie. Ces émissions plaçaient déjà en 1892 pour 2 millions 1/2 de marks d'actions industrielles, puis pour 34 en 1893, pour 143 en 1895, 216 en 1896, 461 en 1900. Après 1901 (155 millions seulement) il fallut remonter la pente, pour aboutir à 657 millions en 1906 et rester dès lors autour du demi-milliard annuel. Ajoutez-y de 100 à 300 millions d'obligations par an, et songez avec quelles difficultés une affaire industrielle peut obtenir, en France, le concours d'un établissement de crédit.

Les banques ont ainsi permis l'accroissement des affaires existantes, la transformation des entreprises privées en sociétés anonymes, les fusions de sociétés, par exemple ces combinaisons de forges et de houillères qui ont facilité l'application du procédé Thomas.

Le crédit.   Mais, en ce qui concerne les émissions, il n'y a encore, entre les banques allemandes et leurs émules étrangères, que des différences de degré. Avec le crédit, nous entrons dans un monde nouveau, et il y a là, comme le dit assez joliment un publiciste italien, « de quoi faire dresser les cheveux sur la tête à tout le monde traditionnel des banques [1] ».

Prenons les choses *ab ovo*, et sur le terrain du petit commerce et de la petite industrie [2]. Un petit com-

[1] Ezio-M. Gray, *ouvrage cité.*

[2] J'utilise ici les indications orales d'un commerçant français, travaillant à l'étranger, qui a pu voir fonctionner le mécanisme des banques allemandes, et qui a même reçu de ces banques des offres de crédit.

Cf. Millioud, p. 106 : par le *Trassierungskredit,* la banque remet à l'emprunteur sans gages non de l'argent, mais une traite. L'emprunteur la fait escompter par une autre banque, qui tire

merçant français qui a besoin de crédit n'en obtiendra guère au delà des garanties réelles — titres ou papier commercial — qu'il aura déposées en banque. Son rival allemand se tournera vers son banquier et lui offrira, en dehors ou à défaut de garanties réelles, des garanties personnelles, ses capacités, ses chances de réussite. Le banquier, avant de s'engager, étudie ce client possible, consulte un technicien sur la valeur de l'affaire, examine les livres du commerçant, se renseigne sur sa clientèle. Si l'enquête est favorable, il lui ouvre un crédit, petit d'abord, quelques milliers de marks. S'il a de l'argent liquide, il donne de l'argent. Sinon, il autorise son client à tirer une traite *sur la banque elle-même*[2]. Ce papier, en raison de l'acceptation du banquier, devient négociable. Il est même, s'il s'agit d'une banque connue, négociable à l'étranger. — C'est ainsi qu'on verra tel négociant français, à qui les banques françaises auront refusé du crédit, en trouver en Allemagne ; et la traite sur la banque allemande sera escomptée par ces mêmes banques françaises qui avaient d'abord évincé le négociant français[1] ! Le béné-

à son tour sur la première. C'est la « cavalerie », devenant un usage normal. **M.** Millioud signale aussi le *Saisonskredit*, pour les commerçants qui font des commandes de modes, etc.

[1] Voici, d'après la chambre syndicale des machines à imprimer (*Société d'encouragement*, 1915, t. I, p. 33), le mécanisme de l'opération : dans cette spécialité, la concurrence a créé de longs crédits de 24, 36, 60 mois. L'imprimeur achète une machine 10.000 francs, payable en 50 mois, remet au vendeur 50 traites de 200 francs. Celui-ci les remet en nantissement à la banque, plus une traite de 10.000 acceptée par lui-même. La banque, à l'échéance, remplace la traite de 10.000 par une nouvelle de 9.400 (elle a encaissé 3 traites de 200), puis 3 mois plus tard une de 8.800, etc. Elle réescompte ces traites successives aux établissements français, qui les escomptent à 5, 5 1/2 ou 6, avec l'argent à 1 p. 100 qu'elles tiennent de leurs déposants.

fice de l'opération a d'ailleurs passé en mains allemandes.

Dès qu'il lui a ouvert un crédit, le banquier suit le négociant, s'intéresse à son affaire, devient en réalité son commanditaire. S'il s'aperçoit que le client n'a pas la valeur qu'il lui avait attribuée, il s'en débarrasse. Sinon, il augmente son crédit d'année en année, toujours assuré contre les risques grâce à la production obligatoire de la comptabilité.

C'est ainsi qu'un commerçant ou industriel dont la clientèle paie à 6, 9 ou 12 mois, obtient un crédit proportionnel à l'importance de ses affaires sur production de son grand livre, et sous réserve d'un contrôle exercé par l'établissement de crédit sur les écritures et les opérations de l'emprunteur. C'est ce que l'on appelle *Buchforderungskredit,* crédit sur production des livres.

Pour ce crédit très large, le banquier exige des frais plus élevés que son collègue français. En outre, il participe aux bénéfices de l'affaire. Mais aussi, en période de crise, il vient en aide à son client. Grâce à son propre service de renseignements, il l'aide à faire des affaires. Tel banquier allemand fait des offres à des maisons étrangères, rien que pour arriver à connaître leur fabrication et leur clientèle, et transmettre ensuite ces indications à ses propres clients.

Ce qui se passe avec les sociétés anonymes est exactement, en grand, ce qui se passe avec le petit commerce[1]. Ici comme là nous trouvons la distinction

---

[1] J'utilise ici, outre Riesser, des renseignements provenant d'une personnalité financière parisienne. — Riesser (p. 228) trouve le crédit en blanc — en raison de la connaissance précise des titres du débiteur à la confiance — beaucoup moins dange-

entre le crédit couvert (*gedeckter Kredit*) et le crédit à découvert, ou crédit en blanc (*ungedeckter, Blanco-Kredit*). Le crédit en blanc, plus répandu dans la Haute et Moyenne Allemagne que dans l'Allemagne du Nord, est considéré comme une exception, au moins pour les gros chiffres, mais cette exception n'est pas négligeable. Pour une succursale d'une grande banque dont M. Millioud a vu les comptes, le total annuel des crédits accordés s'élève à 8.305.000 marks, dont 6.693 couverts et 1.612 en blanc, soit le quart. Aux crédits proprement en blanc s'ajoutent des crédits à long terme, des crédits sur des couvertures que les banques étrangères jugeraient insuffisantes, etc.

Pas plus aux sociétés anonymes qu'aux particuliers les banques ne concèdent ces facilités sans faire de sérieuses enquêtes préalables et sans s'assurer les moyens de suivre la marche de l'affaire. Ouvrons par exemple la correspondance d'une grande banque allemande d'outre-mer : nous voyons qu'à une maison dont le capital est très supérieur à 100.000 piastres (= 2 Mk), la banque a prêté en blanc 5.000 piastres à 3 mois 1/2, à 10 p. 100. Ailleurs, pour un capital de 100.000, elle a prêté seulement 1.000 à 3 mois, à 10 p. 100, plus 1/2 de commission. Ailleurs encore, pour 80.000 de capital, elle a été jusqu'à 2.000 à

reux que les autres erreurs des banques : concession trop hâtive et trop abondante du crédit ; crédit à trop long terme, oubli du principe de la division du risque, mauvais choix des couvertures. « Je crois donc qu'en général dans les bilans des banques le poste : crédit à découvert, recèle moins de dangers que le poste : crédits couverts. » Il ajoute, il est vrai, que « les crédits couverts les plus suspects sont ceux qui sont sortis de crédits en blanc antérieurs. » Voy. Sayous, *Banques de dépôts*, p. 117 et 285.

3 mois, à 10 p. 100 plus 1/2. Ces différences de traitement montrent avec quel soin les divers cas sont étudiés. On tient compte des cautions, des garanties hypothécaires, etc. Telle maison de Valdivia recevra le prêt considérable de 40.000 piastres à 3 mois, à 10 p. 100 plus 1/4 de commission, parce qu'en dehors de son capital de 578.605 piastres elle présente un associé en nom collectif pour 468.871 et qu'elle a 40.000 piastres en comptes courants. Une autre obtiendra, aux mêmes conditions et taux, jusqu'à 200.000 piastres, parce que son capital est de 1.123.707, qu'elle a des garanties diverses pour 306.980, et 100.000 de comptes courants[1].

Participations et commandites. C'est par là — par ce besoin d'être renseigné — que les banques sont amenées à s'ingérer dans le fonctionnement même des entreprises. D'abord au moment de l'émission. Pour cette opération, la banque ne joue pas le simple rôle de guichet. Elle prend une part, souvent considérable, des actions et ne se hâte pas de les passer au public. Surtout lorsqu'elle a contribué à « assainir » une société compromise, elle se fait représenter dans le conseil, non pas par une personnalité décorative, mais par un technicien ou un financier, qui voit les livres, qui suit de près la marche de l'affaire[2]. Inversement des capitaines d'industrie siègent

---

[1] Documents de 1915.

[2] Riesser, p. 302. — Millioud, p. 97 : Le banquier, « au lieu de se borner à son rôle de prêteur, suivait ses capitaux — ceux du public — dans l'industrie et gardait la haute main sur les entreprises, où il entrait en qualité de conseiller d'administration ». Tel financier siège dans 44 conseils ; 16 d'entre eux se répartissent 437 places dans divers conseils.

dans les Conseils des banques. Il y a donc association intime entre la banque et l'usine, et contrôle permanent de la banque sur l'industrie.

Aussi la banque est-elle très exactement, très sincèrement renseignée sur les affaires qu'elle patronne. Lorsque la société demande une augmentation de capital, la banque sait si elle peut l'y aider. Elle agit sur sa débitrice ; elle peut la faire « entrer — parfois contre son gré — en relations d'affaires avec tel client de cet établissement »[1]; elle peut la forcer, « malgré ses préférences personnelles, à adhérer à un cartel ». Cette dépendance, au moins dans certaines industries, est si étroite qu'au congrès des banques tenu en 1912 à Munich, on a pu dire, presque sans trop d'exagération, « que les administrateurs des banques étaient les véritables dirigeants de l'industrie allemande ».

Cela ne date pas d'hier, et il faut même dire que les premiers efforts des banques en ce sens n'avaient pas été heureux[2]. En 1872, la *Disconto* subit de lourdes pertes à la suite de la fondation de la *Dortmunder Union;* elle ne fut pas plus heureuse, en 1890, avec la compagnie Popp, puis avec les chemins vénézuéliens. La *Dresdner* perdit 2 millions 1/2 de marks pour avoir participé avec l'*Anglo-Deutsche Bank* à la création d'une société d'exportation. *La Deutsche Bank* n'eut d'abord guère de chance, en 1890, avec les *Deutsch-österreichische Mannesmann-Werke.* La *Berliner Handelsgesellschaft,* qui avait englouti dès 1873 une fraction de son capital dans des participations, fut prise en 1880 dans des affaires de chemins de fer locaux et de forages de pétrole.

---

[1] *Handelsmuseum,* 2 janvier 1913.
[2] Sayous, p. 286. Riesser, p. 285.

Ces accidents — châtiments d'une politique contraire aux règles d'une saine activité bancaire[1] — n'ont pas découragé les grands établissements. Ils les ont simplement amenés à appliquer à leurs participations industrielles le principe, déjà expérimenté sur le terrain financier, du groupement.

D'abord ils ont groupé les entreprises, de façon à diviser leurs risques. Chacune des grandes banques est, à l'heure actuelle, comme l'âme financière de tout un ensemble d'entreprises. C'est ainsi que la *Deutsche Bank* a dans sa dépendance directe la *Siemens und Halske*, le *Norddeutscher Lloyd*, la *Deutsche überseeische Elektrizitätsgesellschaft*, la *Gesellschaft für elektrische Hoch und Untergrundbahnen*, les *Oberschlesische Kokswerke*. La *Disconto* « finance » *Gelsenkirchen*, la *Dortmunder Union*, les *Kaliwerken Aschersleben*, la *Ludwig Lœwe*, la *Hamburg Amerika*, le *Bochumer Verein*, la *Kattowitzer Actiengesellschaft*. Sous la *Dresdner* marchent entre autres *Saar und Mosel* et *Laurahütte*; sous la *Berliner Handelsgesellschaft*, la *Harpener*, l'*Hibernia*, l'*Allgemeine Elektrizitätsgesellschaft*, etc. La *Schaafhausen* finance Aumetz et Saint-Avold; la *Darmstädter*, les mines luxembourgeoises, etc.

[1] Riesser, p. 286 : « Il n'est pas douteux que l'acceptation durable par les banques de crédit de grands risques d'entreprise est contraire aux principes d'une saine politique bancaire ; les atteintes à cette règle reçoivent presque toujours et d'une façon très sensible leur châtiment ». M. R.-G. Lévy (*Les banques françaises pendant la guerre*, dans *Journal des Économistes*, 15 août 1915) insiste pour qu'à l'avenir, en France, la distinction entre banques de dépôts et banques d'affaires soit encore plus stricte, aussi stricte qu'en Angleterre.

[2] Riesser, p. 308.

Mais le principe du groupement s'applique aussi en ce sens que plusieurs banques s'associent pour patronner une même entreprise. Kattowitz dépend à la fois de la *Disconto* et de la **Dresdner**, Harpener de la *Berliner* et de la *Schaafhausen*. Cette concentration s'est surtout opérée dans l'industrie électrique, où le besoin de capitaux est considérable et fréquent. En 1900, les 28 sociétés d'électricité étaient réparties en sept groupes, et derrière chaque groupe industriel se tenait un groupe de banques : par exemple, derrière Siemens et Halske, la *Deutsche Bank*, la *Darmstädter*, la *Berliner*, la *Disconto*, la *Dresdner*, la *Mitteldeutsche*, la banque Bleichrœder, etc. C'est avec l'appui des banques que ces sept groupes, par une série d'absorptions, ont pu se réduire jusqu'à ne plus être en réalité que deux [1].

Comment s'opèrent ces groupements de banques ? Par ces procédés artificiels et dangereux que la finance allemande considère comme normaux, et que les financiers des pays à vieille épargne considèrent comme du « bluff ». Les banques concentrées et unies aux entreprises « s'entendent entre elles pour accepter réciproquement leur papier ». Dans chaque grande banque fonctionne un *Consortial Bureau*, où les arrangements secrets se négocient sous le manteau des rivalités apparentes : « mystère des acceptations, des combinaisons et de la liaison entre ces puissances colossales. Le papier de l'une, en somme, est garanti par le papier de l'autre [2] ».

En Allemagne même, il ne manque pas d'esprits

---

[1] Riesser, p. 340, 580-584.
[2] Millioud, p. 102.

clairvoyants pour dénoncer cette politique fondée, en dernière analyse, sur la confiance du public et sur le prestige[1]. Mais tant que la confiance dure, tant que le prestige règne, il n'est pas douteux que cette politique donne à l'industrie allemande une force prodigieuse de production.

Il est en effet à peine paradoxal de dire, avec Bagehot[2], que le commerçant moderne, précisément parce qu'il fait largement appel au crédit, possède un immense avantage dans la lutte industrielle sur son concurrent qui opère avec ses propres capitaux. Evidemment cet avantage peut ne pas être durable. Si une crise de confiance vient à se produire, la prospérité peut se changer en catastrophe. Mais, pendant les années d'essor, le commerçant ou l'industriel qui travaille avec des capitaux d'emprunt a pu produire plus et vendre moins cher que le commerçant ou l'industriel d'ancien modèle — c'est-à-dire le Français ou même l'Anglais.

[1] Sayous, dans *Revue politique et parlementaire* (juillet 1899) et *Banques de dépôt*, 1901. Sauvaire-Jourdan, *Les Darlehnskassen* (*Revue d'économie politique*, janvier-février 1915) : « habitudes imprudentes... quelque peu atténuées dans ces dernières années sous l'intervention énergique du président de la Reichsbank, mais toujours inquiétantes, qui leur font immobiliser une grande partie de leurs ressources en participations, en commandites, en acceptations sans cesse renouvelées, et accroître démesurément leur portefeuille titres... » Ch. Rist (*Revue de Paris*, 15 mars) a parlé de cette convocation des principaux directeurs de banques par le directeur de la Reichsbank en février 1912 : il leur demanda, comme il l'avait déjà fait en 1908, de fortifier leurs encaisses. Mais il y eut là moins un changement de la politique bancaire allemande qu'une mesure de préparation à la guerre.

[2] *Lombardstreet*, p. 8. La page est curieuse : le marchand qui a 50.000 francs de son capital doit, pour en tirer 10 p. 100, faire 5.000 francs de bénéfices. Celui qui n'a que 10.000 francs, et qui

Les banques et l'exportation. Cette politique sert donc très efficacement les besoins d'expansion de l'industrie.

« Le but de la société, disaient en 1869 les statuts de la *Deutsche Bank*, est l'exploitation d'affaires de banque de tout genre, en particulier promouvoir et faciliter les relations commerciales entre l'Allemagne, les autres pays européens et les marchés d'outre-mer.[1] »

Comment allait s'appliquer ce programme?

Le change international et la monnaie allemande. La naissante exportation allemande trouvait devant elle un monde placé sous la domination financière de l'Angleterre. Londres étant le centre international des changes, l'exportateur hambourgeois avait recours, surtout outre-mer, à l'intermédiaire anglais (subsidiairement à l'intermédiaire français), achetait et payait en traites sur Londres. Le fait que l'Allemagne n'avait ni étalon d'or ni unité moné-

---

en emprunte 40.000 à 5 p. 100, doit payer 2.000 francs d'intérêt et il lui reste 3.000 francs de bénéfice net, soit *30 p. 100* (et non 10 p. 100) de son propre capital. Comme il peut se contenter d'un bénéfice inférieur à 30 p. 100, il peut en abandonner une partie, abaisser ses prix de vente « et chasser hors du marché le marchand d'ancien modèle, celui qui travaille avec son propre capital ».

[1] Riesser, p. 345 et ss. — Richard Hauser, *Die deutschen Ueberseebanken*, Iéna, 1906. — Feiler, *Bankwesen*. — Ant.-P. Brüning, *Die Entwicklung des ausländischen, speziell des überseeischen deutschen Bankwesens*, Borna-Leipzig, 1907. — Fritz Diepenhorst, *La concurrence anglo-allemande* (*Revue économique internationale*, 1914, I. p. 233 et ss.). Il fait cette remarque curieuse : les banquiers londoniens qui ont organisé le système du change anglais étaient d'origine allemande et avaient transporté le marché international des changes d'Amsterdam à Londres.

taire, le fait aussi que la principale place allemande d'exportation était extérieure à l'union douanière allemande, ces deux faits contribuaient à maintenir cette situation. Le mémoire de juillet 1869 qui précéda la fondation de la *Deutsche Bank*, disait : « Malgré l'importance des grands marchés d'outre-mer pour l'industrie allemande, le trafic très étendu de marchandises entre l'Allemagne et les autres parties du monde passe presque exclusivement par des mains anglaises, parce qu'on manque en Allemagne d'une institution qui puisse procurer aux devises allemandes l'accès des marchés d'outre-mer ».

La nouvelle banque voulut être cette institution. Le plus pressé était de fournir du crédit sur Londres aux importateurs et aux exportateurs allemands. Elle établit donc d'abord une représentation à Londres, bientôt remplacée par une participation à la *German Bank of London*. Le type était désormais trouvé, qui devait être frappé dans la suite à tant d'exemplaires, de la banque étrangère filiale d'une banque allemande.

La banque-mère ne s'en tint pas là. Au lendemain de la victoire, fière de l'adoption dans l'Empire de l'étalon d'or et de l'universalisation du mark, elle rêva prématurément de faire du papier commercial allemand un instrument de paiement international. En 1872, elle ouvrit des filiales à Yokohama et à Changhaï, qui achetèrent des traites sur l'Allemagne. Mais ces filiales durent fermer en 1874, par suite de la dépréciation de la piastre-argent. Les mêmes causes arrêtaient la *La Plata Bank*, fondée (en 1872 également) par la *Disconto*, reprise en 1874 par la *Deutsche*, et qui fut obligée de liquider en 1885.

Le problème était d'ailleurs très compliqué. Jusqu'en 1888, la ville libre de Hambourg, politiquement réunie à l'Empire, restait néanmoins en dehors du Zollverein, et l' « égoïsme hambourgeois » préférait aux traites sur Berlin les traites sur Londres, plus avantageuses. L'activité de la *Deutsche Bank* était jugée peu favorablement dans le monde financier. On triomphait de ses échecs. Le doublement de capital auquel elle avait procédé en 1871 était traité d'inopportun, « même s'il était vrai que la banque voulût acquérir des commandites chez les pirates du Rif, les Cafres et les Indiens Pieds-Noirs ». Qui se doutait alors que l'Allemagne s'intéresserait passionnément un jour au Maroc et au Sud-Afrique ?

La *Deutsche Bank* ne se laissa pas décourager. Elle avait créé en 1871 à Brême, en 1872 à Hambourg des filiales pour le commerce d'outre-mer. Elle eut en 1873 son agence propre à Londres. Dès lors l'étape était franchie : ses clients purent obtenir à leur choix des marks sur Berlin, Hambourg, Brême, ou des livres sur Londres. Le papier allemand a beau être plus cher. Il n'importe, c'est aujourd'hui chez toutes les banques allemandes une idée fixe de conquérir au mark impérial, à la *deutsche Valuta*, sa place au soleil. La création, depuis 1894, de nombreuses banques d'outre-mer a considérablement amélioré la situation de la lettre de change allemande. Et à l'heure qu'il est, la guerre elle-même apparaît aux banques allemandes comme un moyen d'imposer ce mode de paiement à la clientèle d'outre-mer[1].

---

[1] Le 30 avril 1915, le *Banco Alemán Transatlantico* de Buenos-Aires écrit à la direction de la *Deutsche überseeische Bank* de Berlin : « Nous avons lu avec grand intérêt vos explications

Banques d'outre-mer.   Encouragées par l'exemple de l'une d'elles, toutes les banques allemandes se sont mises à essaimer. Elles ont adopté, pour cette action outre-frontières, les mêmes principes que pour leur action en Allemagne même : peu de succursales proprement dites, beaucoup de filiales plus ou moins reconnaissables, depuis les *Töchterbanken* authentiques jusqu'aux établissements d'apparence indépendante mais dont le conseil d'administration est dirigé en fait par le délégué venu de Berlin ou de Darmstadt. Il faut se donner le spectacle de ce réseau de banques, en démêler au moins les linéaments essentiels.

En 1886, la *Deutsche Bank* remplace la *La Plata Bank* par une *Deutsche Ueberseebank*, au capital de 6 millions ; de très bonne heure celle-ci renonce à l'ambitieuse formule générale de « banque d'outre-mer » pour se spécialiser dans un domaine géographique défini [1] : l'Amérique du Sud. En 1893, elle est absorbée par la *Deutsche Ueberseeische Bank* au capital de 20 millions (porté en 1909 à 30). Le changement de titre : banque ultramarine au eu de banque d'outre-mer, indique le point de vue nouveau. Installée à Buenos-Aires sous la raison sociale *Banco Alemán Transatlantico*, elle a plus de 20 filiales, en Argentine, au Chili, au Pérou,

au sujet de l'extension du système du mark. Nous affichons toujours l'Allemagne en tête de notre tableau des changes. Il faudra que les exportateurs allemands s'appliquent rigoureusement à créer leurs traites en marks, et non, comme si souvent jusqu'ici, en francs ou en sterlings ».

[1] Elle renonce à son établissement de Zanzibar pour se limiter à l'Amérique latine. Cette spécialisation deviendra une règle. — Les banques choisissent des régions où le commerce allemand a déjà pénétré. Elles intéressent ou elles absorbent les sociétés déjà installées (Vallier, *ouvrage cité*, p. 123).

en Bolivie, en Uruguay, même à Rio, où elle s'appelle le *Banco Alemão Trasatlantico*. La filiale de Mexico se transforma en 1906 en *Mexikanische Bank für Handel und Industrie* [1].

Le plus curieux, c'est que le *Banco Alemán,* des pays espagnols du Nouveau Monde, reflue sur l'Espagne européenne. Il existait en effet à Madrid une banque Zimmermann, qui comptait parmi ses employés Gwinner, l'un des futurs directeurs de la *Deutsche Bank,* et Vogel. De là sortit la banque *Guillermo Vogel y compañia,* commanditée en 1895 par la *Deutsche Bank,* transformée ensuite en *Banco español alemán* et définitivement absorbée en 1906 dans les succursales barcelonaise et madrilène du *Banco Alemán Transatlantico*! Bizarre choc en retour de la conquête économique [2].

La *Deutsche Bank* a donc joué un rôle éminent dans cette histoire de la diffusion des banques allemandes à l'étranger. L'histoire de la banque madrilène s'est en partie répétée à Bruxelles, où la banque Brugmann, devenue banque Balzer, a été absorbée également par la *Deutsche Bank.* — La *Disconto* s'était d'abord montrée beaucoup plus réservée, et se faisait représenter à Hambourg par la *Norddeutsche Bank*. En 1890 seule-

---

[1] Ou *Banco Mejicano de commercio y industria,* avec siège à New-York, créée en 1906 avec le concours de la banque Speyer-Ellissen.

[2] Je complète ici Riesser par des détails que m'a fournis personnellement M. Knoblauch, de la Chambre de commerce espagnole de Paris. — Un des anciens employés du *Banco español alemán* est aujourd'hui directeur de la Banque de Castille. Faut-il voir là un nouveau provignement de la *Deutsche Bank?*

[3] En 1888 les deux banques unies avaient signé une convention avec Krupp pour la concession d'un chemin de fer vénézué-

ment elle commandita la banque Ernesto Tornquist de Buenos-Aires, et la maison Albert de Bary et Cie d'Anvers, qui devint en 1900 la *Compagnie commerciale belge*. En 1900 elle crée une filiale à Londres, en 1903 à Brême. La *Dresdner*, beaucoup plus active, eut des filiales à Hambourg dès 1892, à Brême dès 1895, à Londres en 1901 ; en 1910 elle acquérait une grosse part d'actions de la banque Allard à Paris. La *Darmstädter*, après de fâcheuses tentatives à Paris[1], commanditait dès 1860 la *Mercur* de Vienne, avec laquelle elle a toujours d'étroits rapports. En 1871 elle créé l'*Amsterdamsche Bank*, en 1877 l'*Ungarische Escompte und Wechslerbank* de Budapest[2]. Elle représente le capital allemand dans le *Crédit anversois*.

lien. Ce fut une source d'ennuis sans nombre. — Comme membre du consortium Rothschild, la *Disconto* s'intéressa d'ailleurs à de nombreux chemins austro-hongrois, aux emprunts argentins, aux emprunts et chemins de fer russes, finlandais, roumains.

[1] La *Darmstädter* avait dès 1854 à New-York une commandite liquidée en 1885. A Paris elle crée une première commandite en 1857, qui liquide en 1871 ; une nouvelle en 1873, qui liquide en 1877. La *Deutsche Bank* avait de même commandité en 1873 pour 1 million de francs la banque Weissweiller et Goldschmidt ; elle réduisit en 1876 cette participation de moitié, puis liquida. Riesser (p. 359 et ss.) et Eugen Kaufmann (*Das französische Bankwesen*, p. 151) remarquent que les grandes banques allemandes n'ont pas réussi à créer des filiales proprement dites à Paris. La *Berliner*, la *Darmstädter*, la *Dresdner*, la *Commerz und Disconto Bank*, la banque Behrens de Hambourg y avaient en 1911 des représentations. la *Dresdner* possédait la majorité des actions de la banque Allard et une représentation dans la direction. Kaufmann affirme également que la banque Alfred Gans et Cie était commanditée par la *Deutsche Bank*.

[2] Elle commandite en 1890 avec l'aide de la *Berliner* la banque *Marmorosch, Blank et Cie* de Bucarest.

La Commerciale. Mais c'est surtout par le procédé du groupement que les banques agissent puissamment à l'étranger et outre-mer. Leur plus remarquable création en ce genre, c'est la fameuse *Banca commerciale italiana*, fondée en 1894 à Milan, grâce au concours de la *Deutsche Bank,* de la *Disconto,* de la *Dresdner,* de la *Berliner Handelsgesellschaft,* de la *Schaafhausen* [1]. A l'heure où, par suite de la tension politique, la finance française abandonnait l'Italie, la *Banca commerciale* allait faire de la péninsule une vassale économique de l'Empire. Grâce à une habile composition du conseil d'administration, la *Banca commerciale* se trouvait dans la dépendance étroite des grandes banques allemandes, et les publicistes italiens ont expliqué comment elle pompait peu à peu toutes les ressources financières, industrielles, commerciales, même politiques du pays. L'exemple est trop célèbre et trop connu pour qu'on s'y arrête. Nous aurons d'ailleurs à y revenir à propos de la pénétration industrielle allemande en Italie.

La Banque d'Orient. Non moins caractéristique est l'histoire de la *Banque d'Orient*. Il s'agissait de battre sur leur propre terrain les banques françaises et anglaises, *Banque ottomane, Banque*

---

[1] Voy. l'étude si complète de M. Giovanni Preziosi, *La Germania alla conquista dell'Italia*, Florence, 1915, et *La Banca commerciale e la penetrazione tedesca in Francia e in Inghilterra, ibid.*, ainsi que les nombreuses études publiées par la revue où avaient d'abord paru ces deux brochures, *la Vita italiana*. — Cf. Ezio-M. Gray, *L'invasione tedesca in Italia*, Florence. 1915. — Le *Credito italiano* (Rome, 1895) est dans la dépendance de la *National Bank* (Riesser, p. 370). — R.-G. Lévy, *l'Italie économique (Revue des Deux Mondes,* 15 juillet 1915).

d'Athènes, National Bank of Egypt. Il s'agissait aussi de ne pas recommencer l'expérience de la *Palästina-bank*, qui végétait faute de soutiens ; il fallait faire du premier coup une création viable et solide[1].

De la collaboration entre la *Nationalbank* de Berlin et la *Banque nationale de Grèce* était née en 1905 la *Banque d'Orient*, au capital de 10 millions, avec siège à Athènes, et succursales à Constantinople, Salonique, Smyrne, Alexandrie... et Hambourg. Par une de ces alliances qui deviendront multiples et fécondes entre les banques et les autres instruments de l'expansion allemande à l'étranger, une compagnie de navigation, la *Deutsche Levante Linie*, mit à la disposition de la nouveau-née son organisation, ses agences, ses renseignements. Un conflit avec la *Banque nationale de Grèce* faillit tout perdre, mais finit par un accord entre les deux établissements athéniens et la *Nationalbank*. Celle-ci fit appel à la participation de la *Dresdner* et de la *Schaafhausen* pour créer à Berlin, en 1906, une *Deutsche Orientbank* bien plus puissante, dont les nouvelles filiales s'installèrent à Adana, Andrinople, Alep, Brousse, Damanhour, Dedéagatch, le Caire, Man-

---

[1] **Vallier** (p. 119) remarque avec raison que ces banques d'outre-mer, ayant à lutter contre la prépondérance anglaise, devaient naître fortes. Il leur fallait être créées de toutes pièces. Grâce au groupement des banques puissantes qui leur prêtent appui et crédit, « elles se trouvent, dès leurs débuts, dans la situation solide d'une banque ancienne et répandue ». Quand les exportateurs sud-américains lisent dans les revues spéciales : « *Deutsche Ueberseeische Bank.* Capital : Marcos 30.000. Casa central : Berlin W., Wilhemstr. 71. Fundado por el « Deutsche Bank » — cela leur inspire confiance. — Inversement la *Deutsche Brasilianische Bank* avait sombré parce que la banque-mère (*Nationalbank für Deutschland*) n'avait pas été assez forte pour la soutenir à l'heure de la crise.

sourah, Mersina, Minieh, Tantah, en Perse [1], et même
— nous l'apprîmes à nos dépens — à Casablanca et à
Tanger.

De même la *Disconto* et Bleichrœder faisaient la
conquête de la Roumanie, où il n'existait pas de grand
établissement de crédit avant 1897, date de la création
de la *Banca generala romana* [2]. C'est aussi avec Bleichrœder, la *Nationalbank* et des maisons bulgares que
la *Disconto* crée en 1905 la *Kreditna Banka* de Sofia,
comme avec d'autres maisons allemandes et étrangères
elle avait créé en 1898 la *Banque internationale* de
Bruxelles. Dès 1887, elle s'était associée avec la *Nationalbank* pour fonder la *Brasilianische Bank für Deutschland*, qui reprit l'héritage de la malheureuse *Deutsche
Brasilianische Bank*, avec siège à Hambourg et cinq
filiales brésiliennes. En 1889, elle s'unit à six autres
banques pour mettre au monde la puissante *Deutsche
Asiatische Bank*. On se rappelle que la première tentative allemande en Extrême-Orient avait été malheureuse. Mais celle-ci, avec ses 15 millions de marks,
ses établissements de Calcutta, de Changhaï, de
Tientsin, devient une puissance, et peut s'assurer

[1] Depuis 1907, malgré les Anglais. Elle crée une banque commerciale, qui obtient la concession de la frappe de la monnaie
d'argent, et partage avec le gouvernement persan ses bénéfices
au-dessus de 12 p. 100.

[2] « Pour favoriser les relations d'affaires germano-roumaines ».
Riesser, p. 360. et Vallier, p. 109. Très bien accueillie par les
populations, elle se lança imprudemment dans les affaires de
céréales ; elle y subit de grosses pertes en 1902-1903. Elle créa
des entrepôts pour faire des avances aux négociants en grains.
Favorisée par les excellentes récoltes de 1904-1906, elle échappa
aux dangers de la monoculture en s'occupant de sucreries et
de pétroles. C'est seulement en 1906 que la *Disconto* offrit au
public, avec un gros bénéfice, les actions de la banque roumaine.
Elle avait en 1911 six succursales.

dès 1898 le service de l'emprunt chinois de 400 millions.

Nous n'en finirions pas si nous voulions seulement énumérer toutes ces banques allemandes hors d'Allemagne, *Bank für Chile und Deutschland* à Valparaiso, *Deutsch-Ostafrika Bank* à Berlin, avec filiale à Dar ès Salam, *Deutsche Südamerikanische Bank*, etc., etc. La banque allemande, on la trouve partout, même, nous l'avons vu, lorsqu'elle s'intitule « italienne » à Milan, « internationale » à Bruxelles [1], « anversoise » en Flandre ou « liégeoise » en pays wallon [2], même lorsqu'elle s'appelle *Schweizerischer Bankverein* [3] ou *Schweizerischer Creditanstalt*. Ne va-t-on pas jusqu'à prétendre que tels établissements parisiens, la *Banque de Paris et des Pays-Bas* [4] ou la *Banque franco-italienne de l'Amérique du Sud* sont des filiales de la *Banca*

[1] Capital en majeure partie allemand. Voy. plus haut pour le *Crédit anversois*.

[2] Ansiaux (*Action wallonne*, 16 novembre 1907, cité par Andrillon, p. 147) : « La haute banque allemande est avant toute chose un outil au service de l'expansion nationale... Pionnier de l'exportation, elle crée pour cette dernière, un peu partout dans le monde, des points d'appui financiers comparables à ces stations de charbon dont l'Angleterre a jalonné la route des Indes... A l'étranger, notamment en Belgique, c'est surtout la Banque que l'on s'efforce de gagner. On s'appuiera ensuite sur cette base puissante pour introduire l'élément germanique dans les entreprises les plus diverses ».

[3] De Bâle, lié à la *Berliner Handelsgesellschaft*.

[4] Eug. Kaufmann, *Das französische Bankwesen*. Parmi les créations de la *Banque de Paris et des Pays-Bas* à l'extérieur, il signale la *Société norvégienne de l'azote* (1905). Cette société a contracté une communauté d'intérêts avec le groupe *Badische Anilin und Sodafabrik, Elberfelder Farbenfabrik, A. G. für Anilinfabrikation*, pour l'exploitation en commun d'une force de 40.000 chevaux. — Les établissements parisiens se défendent très vivement (nous avons recueilli la protestation du directeur de la *Banque franco-italienne*) d'avoir avec la finance allemande d'autres relations que des rapports d'affaires normaux.

commerciale italiana et par conséquent des sous-filiales du consortium allemand qui dirige l'établissement milanais ? C'est une toile d'araignée qui s'étend sur le monde financier.

Les banques et les industries d'exportation. « Toute banque, a dit Siemens, créée à l'étranger est le pionnier de l'industrie nationale et le point de départ de relations ininterrompues entre ce pays et l'Allemagne [1] ». Il nous reste à voir comment la banque entend et pratique ce rôle de « pionnier de l'industrie nationale ».

Elle l'entend d'abord au sens le plus étroit, parce qu'elle s'intéresse directement, hors d'Allemagne comme nous avons vu qu'elle faisait en Allemagne même, aux entreprises industrielles. En dehors des banques créées ou commanditées par eux dans un ressort géographique déterminé, les grands établissements en créent d'autres, qui ont pour mission spéciale de « financer » certaines catégories d'affaires, telle la *Bank für elektrische Unternehmungen* de Zurich [2].

La Banque des chemins de fer orientaux. C'est à Zurich déjà que pour lancer les chemins de fer d'Anatolie, la *Deutsche Bank* et ses associées avaient créé dès 1890 la *Bank für orientalische Eisenbahnen* [3].

---

[1] Cité par Ezio-M. Gray. Siemens dit : « Toute banque, et *toute voie ferrée...* » Il établit donc une sorte d'équation entre l'instrument matériel de pénétration représenté par une voie ferrée et l'arme plus subtile que constitue un établissement financier.

[2] Créée en 1897 par la *Berliner Handelsgesellschaft*.

[3] Au capital de 50 millions de francs, plus 13 millions d'actions de préférence, plus 30 d'obligations.

Le cas des chemins de fer orientaux est excellent pour montrer à quel point les banques sont solidaires de l'action industrielle et commerciale de l'Allemagne au dehors. C'est en 1889 que la *Deutsche Bank*, la *Dresdner* et d'autres fondent au capital de 45 millions de francs (plus tard 60) la *Société du chemin de fer ottoman d'Anatolie*, qui construira en 1892 la ligne Haïdar Pacha-Ismid. En 1889 encore, avec la collaboration de la *Wiener Bank*, la *Deutsche* achète des actions de la *Betriebsgesellschaft der orientalischen Eisenbahnen* (fondée par le baron Hirsch en 1875) et se fait céder par la *Württembergische Vereinsbank* la ligne Salonique-Monastir, d'où en 1891 création à Constantinople d'une *Société du chemin de fer ottoman Salonique-Monastir*. C'est la *Deutsche Bank,* appuyée sur sa filiale zurichoise, qui se fera concéder en 1896 la ligne Ismid-Koniah, puis, en 1901, Konia-Bagdad-Golfe. C'est elle qui, en 1903, avec des concours allemands, ottomans, autrichiens, mais aussi français, italiens, suisses, fondera la fameuse *Kaiserliche Ottomanische Gesellschaft der Bagdadbahn*[1].

Partout se révèle cette activité. En même temps qu'elles participent à des créations bancaires destinées à promouvoir des affaires industrielles, les banques participent directement à des créations industrielles à l'étranger. On retrouve la *Deutsche Bank* dans les affaires de télégraphes et de câbles[2], en Chine dans les affaires de mines et de chemins de fer du Chan-

---

[1] Lamprecht, *ouvrage cité*, t. II, p. 566, insistait déjà très vivement sur ce rôle des banques dans l'histoire du Bagdad.

[2] De 1898 à 1904 naissent les *Deutsch-Atlantische, Osteuropäische. Deutsch-Niederländische, Nordseekabelwerke*, en 1908 la *Deutsch-südamerikanische Telegraphengesellschaft*.

toung[1]. Elle avait, avec la *Deutsche Uberseeische Bank,* la banque Speyer-Eilissen de New-York et le *Schweizerischer Creditanstalt,* créé en 1905 à Berlin une *Central-Amerika Bank,* destinée à l'exploitation du Guatemala. L'affaire n'ayant pas réussi sous forme de banque, les créateurs n'hésitent pas, la transforment en société de constructions[2]. La *Berliner* participe à plusieurs de ces affaires, elle crée la *Compañia Sevillana de Electricidad* et la *Barcelonesa,* puis l'*Aluminium Industrie Actiengesellschaft* de Neuhausen, enfin la *Deutsche Ueberseeische Elektrizitätsgesellschaft.* La *Disconto,* intéressée également aux affaires de câbles et à celles du Chantoung, s'intéresse en 1905 à la *General mining and finance corporation,* fondée à Londres par la *Dresdner* et les frères Allen ; en 1906 à la *Kamerun Eisenbahngesellschaft.* — À côté de la généalogie des banques, mères, filles et petites-filles, il y aurait à dresser un autre tableau de descendance : celui des entreprises issues d'une banque, ou du mariage de plusieurs banques.

La banque et le crédit à l'exportation. — Nous aurons l'occasion, à propos de la pénétration industrielle à l'étranger, de revenir sur ce mode d'action, de montrer, par exemple, comment la *Banca commerciale italiana* réussit à réduire en servage l'industrie italienne. Pour nous borner en ce mo-

---

[1] 1899 : *Schantung Bergbaugesellschaft* et *Schantung Eisenbahngesellschaft.*

[2] *Actiengesellschaft für überseeische Bauunternehmungen.* — Notons ici, comme nous l'avons fait pour les entreprises sur le sol de l'Empire, que les banques ne se contentent pas de lancer les émissions et de prélever une commission ; elles *s'intéressent* aux affaires, siègent dans les conseils, etc.

ment à l'exportation des produits allemands proprement dits, comment les banques — banques d'Allemagne ou banques allemandes d'outre-mer — s'y prennent-elles pour favoriser les exportateurs allemands ? Là encore, il s'agit de voir au delà des mots, de saisir les rouages de la machine [1].

D'abord les banques allemandes sont là. Ce n'est pas pour rien qu'un rapport consulaire de 1914 signale l'absence de banques françaises comme une des causes de la stagnation de notre commerce à Rio de Janeiro, et ajoute : « Il existe à Rio trois banques allemandes qui soutiennent leurs compatriotes, leur facilitent les affaires et sont une aide précieuse pour le commerce allemand ». Ce n'est pas pour rien, nous disent et les Argentins et les Français établis en Argentine, qu'à Buenos-Aires, en face d'une banque française dont l'histoire a été peu heureuse et de la Banque franco-italienne, seul l'orgueilleux *Banco alemán transatlantico* est capable de lutter de prestige avec la fameuse *Banca de Londres* [2].

Les banques d'outre-mer fournissent à l'importateur et à l'exportateur allemand du crédit. — On a peut-être abusé, en France, des dissertations sur les avantages du crédit à long terme ; nous y reviendrons. Mais c'est un fait que, pour bien des pays, nos termes de

---

[1] Signalons ce jugement de Kaufmann (*Das französische Bank-wesen*, p. 142) : « Les banques françaises d'outre-mer — en partie par suite du manque d'esprit d'entreprise et d'initiative qui caractérise en général les banques françaises de crédit relativement aux nôtres, en partie et surtout à cause de la moindre importance du commerce français d'outre-mer par rapport au commerce anglais et allemand — ne jouent, en dehors des colonies françaises, qu'un rôle très modeste ».

[2] J'ai profité ici de la conversation de M. Otto Bemberg, président de la Chambre de commerce argentine de Paris.

90 jours et même de six mois sont trop courts. Dans les pays agricoles, Roumanie, Serbie, Russie même, le terme de paiement, c'est, d'après la nature des choses, la date à laquelle la récolte sera vendue. A cette raison d'ordre, pour ainsi dire, physiocratique se joignent des raisons psychologiques : dans les pays neufs et de culture un peu rudimentaire, les peuples avides de luxe à bon marché se laissent persuader qu'un objet est d'autant moins cher que s'éloigne davantage la date à laquelle il faudra le payer[1].

Mais il va de soi que l'industriel allemand, pas plus que son congénère français ou anglais, ne saurait attendre pendant de longs mois le paiement de ses factures, puisque lui-même doit faire face à des échéances qui sont, en principe, à 90 jours. C'est alors qu'intervient la traite délivrée par une banque allemande à l'étranger. Cette traite peut être délivrée contre un *connaissement*, contre tout autre document attestant la réalité de l'affaire conclue par l'exportateur. « Le commerçant allemand, muni d'une traite de cette nature, souscrite *à n'importe quelle échéance*, trouve toujours dans son pays une banque quelconque qui consent à la lui escompter[2]. » — Ce procédé n'est

---

[1] Voy. notamment les rapports consulaires de 1914 sur la Roumanie, l'Equateur, le Brésil, même celui de 1913 sur le Danemark.

[2] Remarquable rapport de M. Lefeuvre-Méaulle sur la Roumanie. En France, « le papier étranger, *même à court terme*, est repoussé des guichets d'escompte français ». Comment s'en étonner en présence du fait suivant, qui m'est signalé en septembre par la Chambre de commerce française de Genève ? « Par une singulière anomalie, l'agence d'un établissement français de notre ville refuse de prendre en nantissement *le billet de banque français*. Le cas s'est présenté hier. Un de nos compatriotes, porteur de dix billets de 1.000 francs français s'est

pas sans danger. Mais, comme le remarque M. de Ribes-Christofle [1], les inconvénients des longs crédits sont réduits pour les banques à peu de chose grâce à l'existence de leurs multiples filiales, lesquelles sont en même temps des agences de renseignements. Nous avons déjà eu l'occasion de dire, nous aurons l'occasion de redire encore à quel point de perfection les Allemands ont porté le service des renseignements commerciaux. Ils ont appliqué à cet ordre de choses les méthodes de la philologie et de l'histoire : dans chaque établissement, tout client existant ou possible a sa fiche, sur laquelle on reporte au jour le jour les variations qui peuvent se produire dans sa situation commerciale. Les banques filiales, à Montevideo ou à Santos, peuvent ainsi à tout moment savoir quel degré de confiance on doit accorder à tel négociant, évaluer le risque, et, si la sécurité leur paraît suffisante, anticiper les paiements.

Les capitaux allemands à l'étranger. — L'existence du réseau bancaire présente encore un autre avantage, celui de drainer vers l'Allemagne des capitaux.

Cela peut paraître paradoxal. En général, lorsqu'un pays riche implante en un pays neuf sa domination financière, il doit y investir, comme on dit, des capitaux. L'Allemagne, qui employait ses disponibilités dans son industrie, qui souffrait du renchérissement de la vie, qui éprouvait des difficultés à faire coter ses

présenté au... Ce dernier lui a refusé toute avance sur lesdits billets. Le ... [une banque suisse qui a pris les méthodes allemandes], à qui il s'est adressé ensuite, lui a prêté 80 p. 100. »

[1] *Bulletin de la Chambre de commerce de Paris*, 13 mars 1915.

titres dans les Bourses étrangères, l'Allemagne a réalisé ce tour de force d'assurer en certains pays sa suprématie financière en immobilisant très peu de capitaux. Quand nous disons : la *Banca commerciale italiana* est une banque allemande, notre première pensée est que le capital allemand y a la grosse majorité. Erreur complète. Sur les 130 millions du capital-actions, les Austro-Allemands en 1914 n'en avaient pas 4 ; mais, grâce à la merveilleuse discipline des actionnaires, c'est assez pour qu'ils aient toujours la majorité dans les assemblées générales, c'est assez pour que les directeurs, les membres influents du conseil, les employés les plus considérables soient allemands, gouvernent au profit de l'Allemagne les capitaux français, anglais, italiens, égarés dans l'affaire. Nous verrons qu'il en est de même pour les affaires industrielles. Hier encore, en cette Italie qui nous apparaît sous le joug financier de l'Allemagne, M. Fr. Nitti montrait quelle est la faible part du capital allemand : 28 millions sur un demi-milliard de capitaux étrangers[1] ! Le capital allemand est en minorité dans le *Crédit anversois*. Mais tandis que les capitaux belges, français, etc., combattent en ordre dispersé, des capitaux allemands, tous groupés dans la main puissante de la *Darmstädter*, se sont assuré une part prépondérante dans la direction de l'affaire. « Ainsi c'est uniquement par l'organisation bancaire que l'Allemagne a pu réaliser avec des capitaux presque nuls une œuvre immense[2]. »

[1] Nitti, *Il capitale straniero in Italia*, Bari, 1915, et *Accademia di scienze morali* de Naples (28 février 1915) : le capital belge représente en Italie 182 millions, le français 148, l'anglais 46.

[2] Mémoire inédit sur la création d'une banque franco-italienne,

Il vaut la peine de percer à jour le mystère, de voir par quelles étapes passe cette conquête des banques (et généralement des affaires) étrangères par un capital allemand de plus en plus restreint. Ce n'est pas tout d'un coup que l'on arrive à ce résultat paradoxal : s'assurer, avec une mise très faible, la direction effective de l'affaire[1].

En 1895 par exemple, les Austro-Allemands possédaient 29.711 actions de la *Commerciale* contre 6.814 actions en Italie et 6.814 en Suisse. A cette date il était donc loisible aux Allemands de composer à leur gré le conseil d'administration. En 1898 les actions austro-allemandes n'étaient déjà plus que 11.366, contre 43.397 italiennes. En 1914, contre 7.411 actions austro-allemandes, on en compte 195.544 d'italiennes, 64.097 de suisses, 42.922 de françaises. Peu à peu, suivant une courbe presque constamment décroissante, le capital allemand a quitté la *Commerciale*. Mais le Conseil, constitué à l'époque de la prépondérance allemande, n'a presque pas été modifié, ni la direction, ni l'état-major social. Tout cela est resté allemand. Quant au capital libéré par la cession des actions à d'autres groupes, il a pu être transporté ailleurs (telle une troupe portée d'un front sur l'autre) pour y favoriser une opération du même genre.

L'installation des filiales, surtout déguisées en banques nationales, a pour conséquence d'attirer des capitaux en Allemagne de plus d'une façon. Dans les bilans, un jeu d'écritures permet de diminuer les divi-

actuellement soumis à des chambres de commerce et autres institutions françaises.

[1] Notes de M. Pantaleoni et de G. Preziosi dans la *Vita italiana* de novembre 1915.

dendes de la banque-fille au profit de la banque-mère, de drainer vers celle-ci la plus forte part des bénéfices. D'autre part, la filiale peut glisser dans le portefeuille de ses clients, désireux de gros revenus, les valeurs allemandes non cotées dans les Bourses locales.

La filiale, — et derrière elle la banque-mère ou le groupe bancaire dont elle dépend — deviennent les intermédiaires obligés de l'État dans lequel la filiale est établie lorsque ce dernier a besoin de recourir au crédit. Mais, grâce à une entente parfaite entre la haute banque, la haute industrie et l'Empire, les emprunts consentis à l'étranger sont une monnaie qui se paie non seulement en services politiques, mais en commandes. Il y a « union entre la politique générale et la politique des banques [1] ». Nous ajouterons : entre la politique des banques et la politique des cartels. On le verra dans les pages qui suivent.

Un autre procédé de drainage employé par les banques, c'est la diffusion des assurances allemandes à l'étranger [2]. L'avantage n'est pas seulement, en étendant et en diversifiant le champ d'action des compagnies allemandes, de diminuer les risques. Mais les compa-

---

[1] Feiler, *Bankwesen*, le dit crûment : « Verbindung von allgemeiner Politik und Bankenpolitik. Ausländische Anleihen und heimische Politik. Anleihebewilligungen zur Unterstützung der Politik ». — Riesser, p. 434 : « Nous nous persuaderons désormais en Allemagne, plus fortement que dans le passé, que des fournitures industrielles, des entreprises commerciales ou des emplois de fonds entraînent non pas seulement le capital et le travail, mais aussi l'influence politique d'une nation sur une autre », et il prend presque à son compte la formule de Dove (*Bankarchiv*, 15 avril 1911) : « La situation de débiteur a pris dans la vie économique moderne la place du paiement de tribut d'un pays à un autre en usage dans les époques de civilisation rudimentaire ».

[2] Riesser, p. 428.

gnies allemandes sont obligées, *sauf si la loi locale exige d'elles des garanties spéciales,* à placer toutes leurs réserves en valeurs allemandes. En Suisse par exemple, où plus de 410 millions sont assurés à des sociétés allemandes, fournissant chaque année plus de 16 millions de primes, réserves et primes prennent le chemin de l'Allemagne. « C'est un véritable exode de capitaux, qui ne peut que nuire à la prospérité économique de la Confédération », et que servir à l'enrichissement de l'Empire voisin [1].

Il ne faut évidemment pas vouloir expliquer par la seule organisation des banques le tout de l'expansion allemande. « Ce ne sont pas les banques, mais des raisons économiques élémentaires qui ont amené avec une force irrésistible l'industrialisation de l'Allemagne [2]. » Si cette transformation s'est produite trop brusquement — *zu rasch* — les banques sont en grande partie responsables de cette allure fébrile.

L'historien des banques allemandes, Riesser, n'hésite pas, malgré son admiration pour l'œuvre accomplie, à leur adresser ce reproche. Il estime qu'il leur a manqué d'avoir une doctrine cohérente en matière de crédit. Elles n'ont pas toujours accordé au bon moment des crédits à long terme, et par contre elles

---

[1] *Gazette de Lausanne,* 10 septembre 1914. Sur 1 milliard 275 millions de capitaux, 713 sont assurés à des sociétés étrangères. Le total des primes payées à l'étranger est de 28 millions. Les compagnies françaises possèdent « un portefeuille suisse fort important », tandis que les fonds des sociétés allemandes « sont actuellement convertis en emprunts de guerre ». — Depuis la publication de cet article, les autorités fédérales se sont préoccupées de la question et ont élaboré un projet de loi.

[2] Riesser, p. 197-206.

en ont quelquefois consenti quand déjà des symptômes
d'une crise prochaine auraient dû leur imposer la prudence. En particulier, avant la crise de 1901, les
banques ont accru, loin de chercher à la calmer, la
fièvre de construction, d'agrandissements d'usines,
de création d'entreprises nouvelles qui a failli mener
l'industrie allemande à la ruine. Elles n'ont pas appliqué
le principe de la division des risques, elles ont accordé
trop de crédit à une industrie ou à une branche d'industries : c'est ainsi que la *Leipziger Bank*, engagée
d'une façon quasi exclusive dans la Société de séchage
des drèches, devait être entraînée avec elle, et entraîner
aussi dans la débâcle les banques avec lesquelles elle
était liée.

Cette absence de division des risques était d'autant
plus grave que ces banques étaient à la fois, nous
l'avons dit, banques de dépôt et banques d'affaires.

C'est l'épargne allemande, en définitive, qui était
versée par les banques dans le torrent de la circulation industrielle. C'est l'épargne allemande qui risquait
de faire les frais de ces colossales et parfois désas-
treuses entreprises.

On peut même se demander comment les banques
allemandes auraient réussi à surmonter certaines crises,
si la politique financière des établissements de crédit
français n'était intervenue, juste à temps, pour leur
permettre de faire face à l'orage. C'est l'épargne française qui, plus d'une fois, sauva l'épargne allemande
en péril.

Cette situation, si brillante en apparence, pouvait
devenir extrêmement dangereuse. Le grand organe de
la bourgeoisie commerçante d'outre-Rhin, la *Gazette
de Francfort,* était d'accord avec Riesser pour dénon-

cer les imprudences commises par les banques. C'est, disait-il, à leurs **crédits** excessifs « à leur habitude d'accorder du crédit à pleines mains sans s'enquérir toujours suffisamment s'il était justifié, qu'il faut attribuer l'essor à quelques égards malsain de notre industrie [1] ».

Toujours est-il que, malsaine ou non, et par cela même qu'elle était excessive, la politique d'industrialisation à outrance pratiquée par les banques forçait l'Allemagne à exporter, et qu'à cette exportation les mêmes banques fournissaient d'efficaces moyens d'action [2].

[1] *Gazette de Francfort*, 1901 (citée par Depitre, p. 109).

[2] M. Revelli, consul de France à Porto, écrit en 1913 : « La guerre à outrance à laquelle se livrent les nations productrices, et par conséquent exportatrices, a transformé en l'élargissant la mission des banques pour faciliter les relations économiques des peuples ». Elles ne se bornent plus à faire l'escompte, à ouvrir des comptes à leurs clients; le banquier est devenu « leur collaborateur actif, fournissant des renseignements sur les acheteurs, choisissant des placeurs, signalant même de nouvelles affaires, commanditant des entreprises ». On a là un raccourci de l'activité bancaire allemande. Voy. aussi les rapports justement fameux de notre excellent attaché commercial à Londres, **M. Périer.**

CHAPITRE II

LES CARTELS ET LE DUMPING

Ce que sont les cartels allemands. — Conditions de la formation
des cartels. — Les cartels et le marché intérieur. — Les cartels et la politique d'exportation. — Le *dumping*. — La lutte
contre les cartels. — L'enquête de 1903. — Les primes d'exportation. — La systématisation du *dumping*. — Les effets du
dumping. — Le *dumping* agricole. — **La défense contre le**
dumping. — Cartels internationaux.

On considère généralement l'organisation syndicale
des industries allemandes comme l'une des causes les
plus puissantes du développement de l'exportation
allemande[1]. « C'est évidemment aux cartels, écrit
Fritz-Diepenhorst, que l'Allemagne doit en grande
partie la conquête des marchés étrangers[2]. »

Nous croyons cette vue justifiée. Mais nous nous
demandons si l'on se rend parfaitement compte, en
France, de ce que sont les cartels allemands, des conditions dans lesquelles ils sont nés, des causes qui les
ont transformés en instruments d'expansion, enfin du
prix de revient du système.

[1] En principe, nous nous bornerons à examiner ici les cartels
en tant qu'ils sont des instruments d'exportation. Pour l'organisation intérieure de ces syndicats, nous renverrons aux nombreux ouvrages cités.

[2] *Revue économique internat.*, 1914, II, p. 259.

Ce que sont les cartels allemands. — Dire que le cartel est une forme de la concentration industrielle, c'est ne rien dire de précis ; le trust aussi est une forme de la concentration. Mais tandis que le trust est l'absorption de toute une série d'entreprises par l'entreprise la plus forte, application brutale de la lutte pour la vie, le cartel est une organisation fédérative qui laisse subsister les entreprises individuelles. Ces entreprises renoncent simplement, en entrant dans le syndicat ou cartel, à une part déterminée de leur autonomie industrielle ou commerciale. Juridiquement, le cartel se présente sous l'aspect d'une société par actions entre divers producteurs, pour la vente en commun de la généralité ou de certaines catégories de leurs produits [1].

Conditions de la formation des cartels. — Le cartel n'absorbe donc, ni en théorie, ni en fait, la totalité de la production industrielle du pays. Toutes les industries et, dans une même industrie, tous les produits ne sont pas également susceptibles d'être soumis à la règle syndicale. Les conditions les plus favorables à l'organisation d'un

---

[1] Paul de Rousiers, *Les syndicats industriels de producteurs,* 2ᵉ éd., 1912 (1ʳᵉ éd., 1901). — Voy. Robert Liefmann, *Die Unternehmerverbande,* Fribourg, en Br., 1897. — Id., *Die kontradiktorischen Verhandlungen über deutsche Kartelle* (dans *Conrad's Jahrbuch,* 1903, t. XXV, p. 638. — Et. Martin Saint-Léon, *Cartels et trusts.* 1903. — *Bulletin d'informations du Comité des Forges.* passim. — J. Chastin. *Les trusts et les syndicats des producteurs,* 1909. — En réalité l'organisation juridique est souvent plus compliquée. Dans le syndicat rhénan coexistent : 1ᵒ une collectivité des propriétaires de mines ; 2ᵒ une société de vente des charbons. Par contrat, les premiers s'engagent à n'exécuter que les commandes transmises par la seconde.

cartel sont l'uniformité du produit, une certaine égalité dans le prix de revient et les conditions de fabrication, l'absence d'un succédané facile à substituer à ce produit. C'est seulement à ce prix que l'on peut espérer l'adhésion de la grande majorité des producteurs, condition hors de laquelle le cartel n'est pas viable [1].

Le type du produit « syndical », c'est la houille. C'est pourquoi le syndicat houiller rhénan-westphalien absorbait en 1903 les 98,7 p. 100 de la production totale du bassin et, malgré des résistances croissantes, en retenait encore en 1913 les 88,9 p. 100. Les matières premières et les produits semi-ouvrés sont également objets de cartel [2]. Si des produits finis, poutrelles, rails, tuyaux de chauffage, conduites de gaz, etc., ont pu subir le même sort, c'est parce qu'ils sont en réalité traités comme matières premières par les industries qui les consomment, par les entrepreneurs et les architectes, et parce que l'on peut établir pour ces produits des types bien déterminés et des prix de série. Il existe un cartel des filés de coton ; au contraire les tisseurs de coton n'ont jamais pu se syndiquer, à cause

---

[1] *Bulletin du Comité des Forges*, 1912, p. 198 et ss. ; les marchandises qui se vendent par grandes quantités et pour lesquelles les différences de qualité sont peu appréciables se prêtent mieux que les autres à l'organisation en cartel. — Voy. P. de Rousiers, p. 122-123, à qui nous prenons les exemples cités dans le texte.

[2] On sait que le *Stahlwerksverband* a fini par distinguer les produits A (acier brut, demi-ouvrés, matériel) et les produits B (fils de fer, tôles, tuyaux, essieux), et que ces derniers sont de moins en moins considérés comme « syndiqués ». La production en est contrôlée, mais la vente libre. Il existe pour ces produits B un syndicat spécial pour la Haute-Silésie, tandis que pour les produits A les usines silésiennes adhèrent au grand *Verband*. Nous retrouvons là l'opposition entre les usines mixtes (ou combinées) et les usines simples (ou pures).

de la fluctuation des prix, de la variété trop grande des produits, des caprices de la mode. Le produit « de luxe ou de fantaisie » échappe au cartel. Les fabricants de papier peuvent se syndiquer pour les qualités courantes, non pour les articles spéciaux. Les briques réfractaires ordinaires sont syndiquées, les briques vernissées ne le sont pas.

Il ne dépend donc pas d'une industrie de s'organiser ou de ne pas s'organiser en cartel, d'engager dans le cartel la totalité ou seulement une partie de sa production. L'existence d'un obstacle législatif, comme celui qu'opposent à la formation des cartels certains articles de nos codes, n'est donc qu'un des éléments de la question. La formation des cartels est essentiellement liée à la production en série.

Cette organisation présuppose également un état psychologique déterminé, à savoir l'esprit d'association joint à l'habitude de la soumission à une autorité. Ceux de nos industriels qui réclament le plus vivement de nos pouvoirs publics le droit au cartel se rendent-ils compte des conditions réelles dans lesquelles fonctionnent les cartels allemands, de la discipline de fer qui y règne — et consentiraient-ils à s'y soumettre [1] ? L'industriel qui entre dans un cartel perd le droit, pour la catégorie de ses produits qui est syndiquée, de vendre directement et librement au consommateur. Tantôt, toute sa production est mise à la disposition du Bureau de vente (*Verkaufsbureau*), qui la vend au mieux des intérêts syndicaux, et à des prix dont il est le seul juge. Tantôt, en l'absence d'un bureau de vente, le Comité laisse l'industriel faire ses affaires

[1] P. de Rousiers, p. 134, 137-138.

lui-même, mais il fixe souverainement les prix de vente et le contingent de production de chaque usine. Il peut également délimiter l'aire géographique à l'intérieur de laquelle cette usine pourra vendre.

Ce système ne peut évidemment fonctionner que si, à tout moment, chaque contractant est assuré qu'il n'est pas dupe de sa bonne foi, que les limitations à lui imposées sont scrupuleusement observées par ses co-associés. De là tout un système de surveillance que nous qualifierions en France d'inquisitorial, toute une armée d'inspecteurs « actifs, intelligents et suffisamment féroces »[1], qui agissent en dehors et à côté des inspecteurs de l'État, qui arrivent inopinément, qui vérifient tout, comptabilité, correspondance, magasins. « Le fabricant n'est plus maître chez lui », et le secret des affaires s'évapore.

De là aussi toute une sorte de législation pénale très dure et très compliquée. L'inspecteur peut imposer des amendes pour chaque tonne livrée en trop — parfois pour chaque tonne livrée en moins — pour chaque tonne livrée hors de la zone délimitée, pour contraventions non prévues. Quand le taux de l'amende apparaît inférieur au bénéfice que peut procurer la contravention, on élève l'amende, on la quadruple, on la centuple. De 1882 à 1890 la pénalité par tonne de houille, dans le syndicat de Dortmund, a passé de 50 pfennig à 50 marks. Ces amendes sont, d'office, portées par le Bureau de vente au débit de la mine, prélevées sur le produit de ses ventes. Dans les syndicats sans bureau de vente, tout associé est tenu de remettre entre les mains du Comité des traites acceptées par lui, et que

---

[1] Ces épithètes sont de M. P. de Rousiers.

le comité met en circulation si l'amende est impayée. M. Paul de Rousiers, commentant cette législation draconienne, n'exagère pas en disant que le cartel « mène les associés à la baguette ». Or, répétons-le, c'est à ce prix seulement, au prix de cette abdication de l'individualité des entreprises, que le cartel peut fonctionner.

L'esprit d'association et de discipline rendent ce fonctionnement possible. « L'entreprise individuelle, dit un observateur américain, a cessé, dans une large mesure, d'être l'unité dans l'industrie allemande. L'unité allemande est le cartel[1]. »

Les seuls correctifs à cette médiatisation des entreprises sont les suivants :

1° Même dans les industries les plus nettement désignées pour la « cartellisation », toutes les entreprises n'entrent pas dans le cartel; et souvent ce sont les plus grosses qui échappent à ses prises[2]. Elles n'ont pas besoin de lui, et elles tendent de plus en plus à s'affranchir de son autorité[3]. Pour ne pas subir les conditions du cartel des combustibles, de celui des matières ou des produits semi-ouvrés, la grande entreprise tend à extraire son combustible et ses matières

---

[1] Francis Walker, *The German steel syndicate* (*Quarterly Journal of Economics*, 1906).

[2] Les grandes compagnies de navigation échappent au cartel des houilles à cause de la possibilité de trouver du charbon à l'étranger. D'ailleurs le *Norddeutscher Lloyd* a acquis une houillère, en commun avec les Krupp, pour assurer son indépendance.

[3] Il y a parfois concentration contre le syndicat. Les *Mannesmann Röhrenwerke* (Düsseldorf) fusionnèrent en avril 1914 avec la *Blechwalzwerk Schulz Knaud A.-G.* (Hückingen), parce que le syndicat leur refusait des concessions sur le prix des fontes nécessaires à leur fabrication : « Il ne nous restait plus qu'à nous rendre indépendants en ce qui concerne les achats de fonte ».

de son propre sol, à faire elle-même ses produits semi-ouvrés, à réaliser chez elle le procès entier de la production. A côté des mines et des usines se dresse un type nouveau, l'usine-mine [1]; à côté de l'usine simple, par exemple du « laminoir simple » qui doit subir les conditions des métallurgistes, apparaît l'usine mixte. Les laminoirs simples ont eu leur heure, en 1886, lorsque leur cartel, n'ayant pas en face de lui un syndicat fortement organisé des produits bruts, profitait de la surproduction et de la baisse des prix. Aujourd'hui que le laminoir doit acheter l'acier à un puissant cartel, la situation est renversée. A la concentration, plutôt commerciale que vraiment industrielle du cartel, s'oppose alors l'*intégration* des grands établissements, des Krupp, des Thyssen, des Mannesmann. Posséder à la fois des charbonnages, des hauts-fourneaux, des aciéries et des laminoirs, c'est le moyen d'échapper à la domination des cartels. A force de vouloir tout absorber, ils se sont créé à eux-mêmes de redoutables adversaires. Ces grosses entreprises n'entrent plus dans les cartels que si on leur offre, comme contingent de production, de vente, etc., des conditions avantageuses.

2° En second lieu, le cartel n'est pas une institution permanente créée pour des fins permanentes [2]. De même

---

[1] Et aussi celui de la mine-usine. Que l'usine acquière une mine ou que la mine se double d'une usine, le résultat est le même : tout le processus de la production se trouve soumis à une direction unique. Les usines mixtes ont une grosse avance sur les usines simples puisqu'elles n'ont pas à subir les prix du syndicat soit pour leur combustible et leur minerai, soit pour les produits semi-ouvrés. — Voy. Henry-Gréard, p. 90.

[2] Il faut suivre dans le *Bulletin du Comité des Forges* l'histoire de ces cartels qui se font, se défont, se reforment.

que l'usine n'engage pas dans le contrat syndical la totalité de sa production[1], elle n'y engage pas davantage son existence future. Les conventions sont conclues pour des périodes déterminées, assez courtes, avec délai de préavis. Elles ne se renouvellent qu'au prix de négociations, parfois délicates, entre les participants ou les groupes de participants. Si les pourparlers échouent, la dissolution s'ensuit. Beaucoup de cartels disparaissent, renaissent, disparaissent encore, pour renaître sous des formes différentes. Le cartel n'est pas un cadre rigide, c'est un instrument très souple d'adaptation aux conditions changeantes du marché.

Ces considérations générales — qui semblent d'abord extérieures à notre sujet — n'étaient peut-être pas inutiles pour montrer à quel point le cartel, du moins tel qu'il fonctionne en Allemagne, est une institution spécifiquement allemande. Il y a des cartels ailleurs, et chez nous aussi. Ils ne ressemblent guère à ceux d'Allemagne[2].

Les cartels et le marché intérieur. Cette institution a-t-elle été conçue, d'abord, pour favoriser l'exportation ? Pas le moins du monde[3]. Les premiers cartels n'ont pas eu d'autre objet

---

[1] Il y a environ, dans l'industrie chimique, cent produits syndiqués. Certaines usines font partie à la fois d'une vingtaine de cartels différents.

[2] Aftalion, *Les cartels dans la région du Nord de la France* (*Revue économique internationale*, janvier 1908 et mai 1911).

[3] R. Liefmann, *ouvrages cités*. On mit assez longtemps, à l'étranger, à s'apercevoir que le cartel était destiné à devenir un instrument d'exportation. Encore en 1908, **M.** Vouters (*Les procédés d'exportation du commerce allemand*, p. 109) écrivait à

que de limiter la concurrence et de s'opposer à la surproduction et à l'avilissement des prix *sur le marché intérieur*. Ces premiers cartels sont antérieurs à la date vers laquelle l'industrie allemande devint exportatrice. Le cartel des fabricants rhénans de fer-blanc (*Weissblechsyndikat*) de 1862, le cartel des rails (*Deutsche Schienengesellschaft*) de 1863, le cartel des salines (*Neckar Salinenverein*) de 1868, le premier syndicat des potasses (*Kalisyndikat*) de 1870 avaient ce caractère[1]. Le besoin de lutter contre la surproduction apparut encore plus urgent lorsque l'essor désordonné du lendemain de la victoire aboutit à la dépression de 1873[2].

De nombreuses usines disparurent.

La concurrence reprit, acharnée, **entre** les usines qui avaient résisté à la débâcle, et souvent les prix de vente baissèrent au-dessous du prix de revient. *Phœnix* réduisit son capital de 18 millions de marks à 1.800.000, les *Rheinische Stahlwerke* de 4 millions à 400.000. Par des réductions successives, la *Dortmunder Union* perdit 73 millions. Le chiffre de ses ouvriers tomba

propos des cartels ces phrases qui retardaient déjà singulièrement sur la réalité : « Les cartels *visent essentiellement le marché intérieur*. La plupart exportent irrégulièrement, ne se préoccupent vraiment du débouché extérieur que pour vendre à tout prix, en temps de crise, lorsqu'il faut décongestionner le marché national. » Erreur d'autant plus étrange que l'auteur lui-même citait, d'après Bourguin, un passage significatif de Morgenroth sur les primes à l'exportation.

[1] Voy. Riesser, p. 146. La plupart des syndicats furent « enfants de la nécessité », *Kinder der Not*.

[2] Liefmann, *Die Unternehmerverbände*, p. 140. — Schuster, Rapport du *Verein der Montan-Eisen und Maschinen Industriellen in OEsterreich* (trad. dans *Bulletin du Comité des Forges*, 3 janvier 1913)

de 12.000 à 6.000, et le salaire annuel moyen de 1.400 marks en 1876 à 794 en 1877.

La baisse des prix n'amenait même pas un relèvement de la consommation. La crise était, réellement, une crise de sous-consommation. C'est pour y parer que dès 1876-1877 une première convention réduisit de 10 p. 100 la production rhénane-westphalienne. A l'exemple des houillères, les industries sidérurgiques, et d'abord celle du matériel de chemins de fer, substituèrent à la libre concurrence la politique plus profitable des ententes. Ces premiers cartels n'étaient que de simples conventions de prix, que la difficulté du contrôle rendait d'une efficacité douteuse. Comme la crise était aggravée par la concurrence étrangère et la politique libre-échangiste, ces ententes firent appel à la protection douanière, qui commença à jouer en 1879. La protection n'est donc pas la cause du cartel; elle n'en est pas la compagne indispensable, puisqu'il existe des cartels en Angleterre et aussi des cartels internationaux. Mais, en permettant aux producteurs syndiqués de maintenir les prix sur le marché intérieur, elle favorise la formation des unions nationales[1]. C'est entre 1880 et 1885 que se produit l'essor des cartels; c'est alors aussi qu'ils commencent à avoir une politique d'exportation.

Les cartels et la politique d'exportation. Comme le cartel lui-même, cette politique est « un enfant de la nécessité ». L'usine allemande, nous l'avons vu, est montée pour la

---

[1] W. Morgenroth, *Die Exportpolitik der Kartelle*, Leipzig, 1907: « Les droits de douane forment autour du cartel la digue sur laquelle vient se briser le flot des marchandises étrangères à bon marché. » Cf. Fr. Walker, *art. cité*.

surproduction. Il semble qu'il y ait contradiction entre ces deux termes : surproduction croissante et stabilité des prix. Le seul moyen de les concilier, c'est d'exporter la tranche de production qui n'est pas absorbable par la consommation intérieure ; et, la surproduction continuant à jouer, cette tranche est destinée à devenir chaque jour plus épaisse. Or le marché extérieur est défendu par une double barrière : la distance, et la protection douanière, laquelle répond à la protection allemande. Pour franchir ces deux obstacles, il faut que le produit allemand soit allégé d'une part de sa charge. Il faut que le prix en soit ramené à un niveau tel que, même grevé des frais de transport et des taxes douanières, il reste tout au plus égal et, si possible, inférieur au prix courant sur le marché à conquérir. Le prix réel d'exportation, calculé sur le carreau de la mine ou à l'usine, peut se trouver de très peu supérieur au prix de revient, égal ou même inférieur à celui-ci : il n'importe. Car on ne peut arrêter l'usine ; on ne peut même en ralentir la production que dans une certaine mesure, une usine outillée pour produire 200.000 tonnes ne pouvant travailler dans de bonnes conditions à 100.000. De même on hésite à licencier une main-d'œuvre qu'on aurait du mal à recruter à nouveau, et qui est souvent en grande partie étrangère au pays. Une perte sur les prix d'exportation apparaît donc comme compensée par l'économie qui résulte de la continuation du fonctionnement de l'usine en pleine marche[1].

---

[1] Réflexions présentées très judicieusement par Morgenroth, *ouvr. cité*, et H. Grandet, *Monographie d'un établissement métallurgique sis à la fois en France et en Allemagne*, Chartres, 1909. — Le 27 février 1902 le *Moniteur du Ministère du Commerce* montrait que les prix intérieurs de la métallurgie s'étaient main-

Cette perte, au reste, ne serait une perte absolue que si l'usine, sur le marché intérieur comme sur le marché international, se trouvait en conflit avec d'autres usines également intéressées à faire descendre leurs prix jusqu'au plus bas niveau possible. Mais, grâce au **cartel**, combiné avec la protection douanière, les usines sont maîtresses des prix sur le marché national — du moins dans la mesure où le cartel englobe la grosse majorité des producteurs. En ce cas, elles récupèrent sur le marché intérieur les pertes qu'elles subissent au dehors.

Le dumping. C'est ainsi que les cartels sont amenés à pratiquer cette politique de prix que l'on appelle le *dumping,* et qui consiste à établir pour le même produit deux prix ou deux échelles de prix : un prix relativement élevé sur le marché intérieur, des prix plus bas, **variables suivant les cas,** sur les marchés extérieurs.

Le *dumping* n'est pas, au reste, une invention allemande. Son nom seul l'indique [1]. Nos grands magasins font du *dumping* lorsqu'un jour d'exposition ils vendent certains articles à perte pour attirer la clientèle. Les petits boutiquiers font du *dumping* lorsque, pour tuer une coopérative, ils abaissent momentanément, quitte à les relever ensuite, le prix du pain ou ceux de l'épicerie. Les compagnies de navigation font du *dumping* pour absorber une rivale naissante. Les Anglais

tenus, quoique la consommation eût diminué. Outillées pour produire beaucoup plus que les besoins locaux, les usines doivent, sous peine de fermer, livrer à l'étranger au-dessous du prix de revient.

[1] Etymologiquement, le *dumping* consiste à « se décharger » du surplus de la production.

ont fait du *dumping* bien longtemps avant les Allemands. Ils en ont même, il y a cent ans, établi la théorie, alors qu'au lendemain de l'application du système continental, le retour de la paix les menaçait d'ajouter à une crise de surproduction en Angleterre une crise de sous-consommation sur le continent[1]. Les trusts américains ont souvent eu recours au *dumping*[2].

Nos propres sociétés métallurgiques n'hésitent pas, quand il y a trop de poutrelles sur le marché français, à baisser leurs prix d'exportation. Notre industrie sucrière, jusqu'à la conférence de Bruxelles, a vécu officiellement sous le régime du *dumping*. Mais de ce qui n'est, en général, qu'un expédient temporaire, un moyen de dégorger le marché momentanément encombré, les Allemands ont fait un usage permanent, une méthode, une politique.

L'exemple anglais prouve que le *dumping* n'est lié nécessairement ni au cartel, ni au régime protecteur à hauts tarifs. Mais c'est la combinaison de ces trois éléments qui a donné au système allemand une rigidité inconnue jusqu'alors, qui en a fait une formidable machine d'expansion. S'il est historiquement exact de dire : « il ne semble pas que la politique du *dumping* ait eu pour *but* de créer des débouchés permanents,

---

[1] Brougham (cité par Morgenroth) disait en 1815 : « Il valait la peine de subir une perte à l'exportation des marchandises anglaises afin d'étouffer au berceau les manufactures étrangères ». Smart, en 1904, appelle les libre-échangistes anglais « the champion dumpers of the world ».

[2] Schwab, dans l'enquête de 1901, fait la théorie du *dumping* d'exportation, comme moyen d'assurer un travail constant au personnel et à l'outillage nationaux (voy. Mény, *Le Dumping*, 1909).

mais plutôt qu'elle a été un expédient ruineux, la *con-séquence* d'une situation économique embarrassée »[1] — de bonne heure l'expédient devint un but.

La lutte contre les cartels. Cela ne s'est pas fait en un jour, ni sans soulever des résistances. Lorsqu'on s'aperçut, vers 1880, que les nombreuses fabriques de matériel de chemins de fer s'entendaient pour soumissionner en commun et pour maintenir leurs prix à l'abri des droits de douane tandis qu'elles soumissionnaient à bien meilleur marché à l'étranger, l'opinion allemande s'émut. On constata bientôt que ce cas n'était pas une exception, mais que sur tous les terrains les concurrents s'accordaient aux dépens du consommateur allemand. La question fut posée devant le public par le livre de Kleinwächter, *Die Kartelle*, en 1883.

Ce que vit d'abord le public, c'est qu'il payait cher sous le régime du cartel, plus cher qu'il n'aurait payé sous le régime de la concurrence illimitée. Il est vrai que la substitution du régime de la production régularisée au régime de la production anarchique le garantissait dans une certaine mesure pendant les périodes de hausse, mais l'empêchait de profiter des périodes de baisse. En tout temps le consommateur est plus sensible à cet inconvénient qu'à cet avantage. Il trouve qu'on lui fait payer cher l'assurance que le cartel lui donne contre les variations brusques et les prix de famine ; et le cartel ne l'assure pas contre un autre danger, l'insuffisance de production.

Ces inconvénients sont d'autant plus graves que,

---

[1] Voûters, *ouvr. cité*.

nous l'avons vu, dans aucune industrie le cartel n'embrasse le procès entier de la production. Or, ne l'oublions pas, dans le régime actuel de la division du travail, les tâches sont réparties de telle façon qu'un même produit est produit ouvré par rapport aux produits ou matières qui le précèdent sur l'échelle de la production, matière première par rapport au produit dans lequel il doit s'intégrer à son tour. Une industrie donnée est à la fois débitrice et créditrice, selon la façon dont on envisage sa place dans la hiérarchie industrielle. A chacun des étages de cette hiérarchie est installé un cartel, qui est dans la position de consommateur vis-à-vis du cartel situé immédiatement au-dessous, et qui a lui-même pour consommateur le cartel immédiatement supérieur. « Le syndicat des charbons poursuit sa politique de prix (d'ailleurs modérée) sans égard au syndicat des cokes, et celui-ci sa propre politique de prix, moins modérée, sans égard au syndicat des fontes, etc. »[1]. Le dommage subi est d'autant plus grand que l'industrie considérée est plus loin du point du départ, plus haut placée sur l'échelle de la production. Dans la sidérurgie par exemple, la hausse du coke ou du minerai se répercute sur le stade suivant (semi-ouvrés), lequel reporte le dommage éprouvé sur ses propres consommateurs, les lamineurs et les fabricants de produits finis, et ceux-ci à leur tour sur les entreprises de construction. Or ces stades supérieurs représentent essentiellement des industries d'exportation. En élevant les prix intérieurs de la matière première, du produit brut ou semi-brut, le cartel permettait de vendre à bas prix à l'étranger ces ma-

---

[1] Riesser, p. 151. Voy. aussi Morgenroth.

tières et ces produits. Mais en grevant de frais indus les industries des stades supérieurs, il affaiblissait d'autant leur capacité d'exportation. Le cartel se retournait ainsi contre lui-même. Imaginé pour dégager le marché intérieur, il mettait les industries de produits finis hors d'état de soutenir, sur le marché mondial, la concurrence étrangère, laquelle, au contraire, bénéficiait des bas prix des houilles, des cokes, des fers allemands. C'était **du *dumping*** à rebours.

L'enquête de 1903. C'est de cette situation que sortit la grande enquête impériale de 1903 sur les cartels[1].

On accusa d'abord les cartels d'avoir abusé de leur situation pour provoquer la famine des matières premières. — Au printemps de 1899, par exemple, le syndicat des fontes de Dusseldorf réduisait de 45 à 70 p. 100 les livraisons qu'il aurait dû effectuer. Il offrait de signer des traités pour le premier trimestre de 1900, mais avec faculté de hausse des prix en cas de hausse du minerai. Cette hausse se produisit, mais applicable seulement le 1er avril, ce qui n'empêcha pas le syndicat de relever sans délai ses prix et d'aviser ses clients, dès l'automne de 1899, qu'il leur assurerait les livraisons du second semestre s'ils acceptaient immé-

---

[1] Voy. cette enquête (publiée in-extenso dans des suppléments du *Reichsanzeiger*) résumée dans les circulaires de la chambre syndicale (française) des fabricants et constructeurs, circ. 397, 421, 474. — *Bulletin comité des Forges*, 1912, p. 198. — R. Liefmann, *Die kontradiktorischen Verhandlungen über deutsche Kartelle.* — Voy. aussi *Das Verhältniss der Kartelle zum Staate mit Referaten von* G. Schmoller *und* E. Kirdorf (dans *Verhandl. des Vereins für Socialpolitik,* Leipzig, 1906). — *Abstract of the Proceedings of the German commission on Kartells,* 1903 (*Memoranda… prepared* **in the Board of trade,** second series, 1904, p. 409 et suiv.).

diatement ses offres. La plupart se soumirent à ces conditions vraiment iniques, ce qui n'empêcha pas le syndicat, sous prétexte de manque de combustibles, de réduire à nouveau ses livraisons. — Au dedans, l'abolition de la concurrence ne garantissait donc pas le consommateur contre l'anarchie[1].

On reprochait au cartel des écarts vraiment excessifs entre les prix syndicaux, imposés au consommateur allemand, et les prix d'exportation, non soumis au contrat syndical. M. Gothein, le grand adversaire des cartels, s'indigna de voir le syndicat des cokes vendre en Bohême la tonne 8 marks 17, quand il la vendait 17 marks en Allemagne. On put établir que la tôle allemande valait 140 à 145 marks sur le marché allemand, et de 100 à 120 à l'étranger. Pour les poutrelles, les prix étaient respectivement de 112 et 75, pour les fils laminés de 150 et 135. Si l'écart entre le prix des cokes en Allemagne (10,45) et hors d'Allemagne (9,84) n'était en 1902 que de 5,8 p. 100, l'alcool valait en Allemagne 59 marks 1/2, tandis que le cours d'exportation à Hambourg était de 20 1/2 ; malgré une taxe de remboursement de 24 marks et le fret, Londres bénéficiait encore de 14 à 17 marks. En décembre 1900, le cartel des clous offrait de livrer à 11 marks en Hollande, le prix étant pour l'Allemagne de 15,50.

L'écart était parfois tel qu'il y avait intérêt à réimporter les produits allemands après les avoir achetés à l'étranger, c'est-à-dire que le cartel favorisait la concurrence commerciale de l'étranger. En 1902 les chan-

---

[1] Steinberg, *Die Wirtschafskrisis, 1901*. La guerre contre les cartels fut surtout menée avec vigueur par un organe du centre, la *Kœlnische Volkszeitung*. Elle eut pour protagoniste, sur le terrain scientifique, Gothein, auquel s'associa Schmoller.

tiers maritimes payaient les tôles 200 marks à Essen, 185 marks en Hollande. Même avec les frais de douane et de transport, ils avaient intérêt à se fournir en Hollande. Le cartel favorisait même la concurrence industrielle[1]. « Faites du *dumping* tant que vous pourrez », disait un constructeur anglais des chantiers de la Tyne, avec cette admirable imprévoyance qui est l'une des caractéristiques de l'esprit anglais. En 1903, le président de la *Palmer Shipbuilding and Iron Cy* déclarait que la grosse augmentation de son exportation vers l'Amérique et l'Allemagne même venait de ce qu'il achetait acier et fer en Allemagne, à 30 p. 100 au dessous du prix anglais. Aussi la moitié de l'exportation allemande des demi-produits était-elle absorbée par l'Angleterre, sans compter qu'une partie de l'exportation vers les Pays-Bas et la Belgique était en réalité destinée à la même Angleterre. Et dès 1902, quatre *surveyors* du *Lloyd* étaient en permanence à Dusseldorf pour expertiser les matériaux avant leur exportation en Angleterre[2]. L'Anglais libre-échangiste en arrivait à considérer le *dumping* comme une cause permanente d'appauvrissement pour le *dumper*, d'enrichissement pour le *dumped*.

En même temps qu'il fortifiait l'industrie anglaise

[1] Chastin, *Les trusts :* le *dumping* sur l'alcool fait perdre aux maisons d'eau de Cologne une partie du marché des Indes.

[2] Voy. sur ces faits, Morgenroth, *Die Exportpolitik*, et Mény, *Le Dumping*, p. 99-103. Les commerçants français, du moins les commerçants parisiens, partageaient sur ce point l'aveuglement des Anglais. Plusieurs disaient à M. Mény « que le *dumping* était excellent pour eux », parce qu'il leur permettait d'exporter même dans les pays *dumpers*. L'un d'eux disait : « Il appauvrit l'industrie étrangère exportatrice, et nous permet d'augmenter notre production, *nous n'avons qu'à laisser faire* ». Cf. Fr. Walker, *The German steel syndicate*, art. cité.

des constructions navales, le *dumping* allemand créait cette même industrie en Hollande, y faisait émigrer en partie la construction des bateaux destinés à la navigation du Rhin. Nous voyons donc ici, comme dans le cas de la *Palmer*, des produits fabriqués à l'étranger avec des produits semi-ouvrés allemands venir concurrencer jusqu'en Allemagne le produit allemand. Mais l'exemple le plus typique est celui de l'industrie hollandaise et belge des clouteries. Elle est vraiment fille du *dumping* allemand. 125 marks la tonne de fils de fer en Allemagne, 98 seulement en Hollande, un prix moins élevé de la main-d'œuvre, c'était un écart final de 30 p. 100 qui permettait aux pointes hollandaises d'arriver dans la région de Dusseldorf, ci-devant fournisseuse de la Hollande. Victime du *dumping* du cartel des fils de fer[1], le cartel des pointes, pour se défendre, devait faire du *dumping* à son tour, vendre au dehors 14 marks le quintal, contre 25 au dedans.

Malgré tout l'enquête conclut en faveur du cartel. On admit que, dans l'ensemble, la politique des syndicats — et particulièrement du plus important d'entre eux, le syndicat rhénan-westphalien des houilles — avait été relativement modérée[2].

---

[1] Dans le deuxième semestre de 1900, le syndicat vend à l'intérieur 22 millions de kilogrammes au prix de 25 marks le quintal, à l'étranger 19, au prix de 14. Le syndicat réalise au dehors une perte de 859.000 marks, mais à l'intérieur un bénéfice de 1.477.000. L'opération se solde donc, pour lui-même, par un résultat positif. Mais, pour les industries allemandes clientes du syndicat, les conséquences sont déplorables.

[2] On en voulait davantage au syndicat des cokes et à celui de la fonte.

Les primes d'exportation. Ce qui contribuait d'ailleurs à rendre l'opinion indulgente, c'est que les cartels avaient déjà, d'eux-mêmes, commencé à se corriger du principal défaut qu'on leur reprochait, à savoir du manque de solidarité entre les diverses industries, de l'égoïsme des industries de produits bruts à l'égard des industries de transformation. Peu à peu naissait cette théorie que le prix syndical intérieur du produit brut doit être abaissé quand ce produit doit être intégré dans un produit destiné non à la consommation intérieure, mais au marché extérieur. Si la houille westphalienne doit se vendre, sous forme de houille ou de coke, moins cher que la houille anglaise sur le marché suisse, il est naturel et avantageux que cette houille conserve son bas prix lorsqu'elle apparaît sur le même marché comme un élément constitutif des fontes de la Ruhr. De là, sans attendre l'enquête de 1903, l'idée de prix spéciaux d'exportation et, parallèle à la hiérarchie des industries et des cartels, toute une hiérarchie de primes ou de réductions, proportionnelles au degré de fini des produits exportés.

C'est le 1ᵉʳ février 1902 que, dans une réunion tenue à Cologne, en présence de l'atonie du marché intérieur et de l'accroissement irrésistible de la capacité productrice des usines, le président du syndicat des houilles, Kirdorf, proposa aux syndicats métallurgiques une entente. On se plaignait des hauts prix du charbon : les charbonniers répondirent qu'ils voulaient bien entendre parler d'une réduction, mais d'une réduction « limitée aux combustibles servant à produire des fers destinés à l'exportation ».

Telle est l'origine du système[1]. Il s'agissait de concéder des faveurs non aux usiniers pris individuellement, mais plutôt aux syndicats. C'est-à-dire que chaque syndicat accorderait à ceux de ses clients qui désireraient faire de l'exportation une prime sensiblement égale à la différence entre le prix intérieur et le prix extérieur[2]. La compensation entre les primes s'effectuait ensuite de syndicat à syndicat. Une chambre de compensation pour l'exportation (*Abrechnungstelle für die Ausfuhr*[3]) tranchait les contestations, préparait les propositions relatives au montant et à la durée des primes, revisait ces propositions de trimestre en trimestre, sur la base des ventes effectuées dans le trimestre écoulé. Le point de départ était la consommation des matières premières, pour laquelle on dressa des barêmes : par tonne de lingots Bessemer, 150 kilogrammes de houille ; par tonne de fonte, 1.100 kilogrammes de coke ; par tonne de rails, 1.200 kilogrammes de fonte, etc.

----

[1] *Moniteur officiel du Commerce*, 27 février 1902, rapport d'un chargé de mission à Berlin. — *Chambre syndicale des fabricants de matériel...*, circulaire 235. — Rapport de M. Aulagnon sur le commerce français en Russie, 1915. — Les grands syndicats de matières ou de produits bruts remettent des primes d'exportation ou concèdent des réductions de prix (primes négatives, soit à leurs propres adhérents, soit aux syndicats de transformation, soit même, par exception, à des exportateurs non syndiqués. En 1905, le syndicat houiller donne 1 mark 50 par tonne de charbon exporté, 4,86 par tonne de fonte, 15 par tonne de semi-ouvrés, 20 par tonne de fer marchand. Voy. Mény, le *Dumping*, p. 112.

[2] *Abstract...* cité du *Board of Trade*. Le cartel du papier déclare que les prix d'exportation doivent être égaux aux prix courants dans les pays d'importation.

[3] Ou *für Ausfuhrvergütung*, pour bonification d'exportation.

La systématisation du dumping. — Voilà désormais forgé l'outil de la conquête économique. Grâce à cette combinaison du cartel et du *dumping*, non seulement on évite le danger du *dumping* à rebours dont l'histoire des clouteries hollandaises était l'éclatante illustration. Mais, par ce système des primes directes ou indirectes — ristournes effectivement versées ou prix spéciaux consentis aux exportateurs — le *dumping* généralisé va conférer à toutes les industries allemandes, aussi bien aux industries de transformation qu'aux autres une supériorité incontestable.

Après l'enquête de 1903 surtout, c'en est fait de la politique « égoïste » des cartels. La création, le 30 mars 1904, du grand syndicat de l'acier, le *Stahlwerksverband* de Dusseldorf, réunit dans une organisation fédérale les cartels des semi-ouvrés, des poutrelles, des rails, des traverses. Le *Verband* prend en mains la direction de l'exportation, et cherche à la régler d'après les intérêts communs des divers syndicats adhérents. Cette puissante collectivité peut traiter avec le syndicat rhénan-westphalien des houilles et avec la convention charbonnière silésienne, avec le syndicat des cokes et celui des fers. Elle peut créer une *Abrechnungstelle* pour l'exportation. Elle peut, pour distribuer ses primes, constituer un fonds spécial, véritable « trésor de guerre », en prélevant sur ses adhérents une taxe de 20 pfennigs par tonne, ce qui lui donne près d'un million de francs par an.

Nous le répétons, car ce point doit être bien compris, il ne s'agit plus maintenant de manœuvres isolées, tentées par chaque cartel à ses risques et périls, mais bien d'une « politique » d'exportation commune à tous les cartels et, nous le verrons, ouvertement encouragée par l'État. Entre les cartels la solidarité est désormais complète. Toute baisse du prix des demi-produits ou toute hausse des primes amène tout de suite, presque automatiquement, les syndicats placés immédiatement au-dessus sur l'échelle de la production à suivre le mouvement. En mai 1913 le syndicat des aciéries élève-t-il sa prime de 10 à 15 marks? A son tour le syndicat de la machine abaisse les prix d'exportation. En juin, le syndicat des houilles rétablit ses primes d'exportation ; celui des fontes en fait autant. Le 1er janvier 1914, la prime des cokes et des charbons à coke est ramenée à 1 mark 50, conséquence d'une baisse de 1 mark et 1 mark 50 dans les prix ; le syndicat des fontes suit ce mouvement inverse. Pour assurer le fonctionnement régulier de cette organisation intersyndicale, un bureau de décompte (*Vermittelungsteile für Kartelldifferenzen*), formé par les délégués des grands syndicats, établit les primes, détermine leur sphère d'application, règle les litiges... L'individu exportateur disparaît dans le cartel, et le cartel lui-même est absorbé dans cette espèce de cartel des cartels que finit par constituer l'industrie allemande. Même les grosses firmes autonomes, souvent membres de plusieurs cartels pour telles ou telles parts de leur production, traitent avec ces groupements, ajoutent à leur formidable puissance. A une guerilla économique se substitue l'action par masses, une véritable stratégie. Le temps est passé où les industriels des pays libre-échangistes pouvaient se féliciter de recevoir des produits bruts à vil prix et dire aux *dumpers* allemands : « *Dumpez*, tant que vous voudrez ». Le syndicat des tréfileries par exemple, continue bien de vendre à la généralité des fabricants allemands le fer-machine à 127 marks 50, tandis que le même fer, rendu à Anvers, coûte seulement 102,50. Mais si l'usine allemande veut travailler pour l'étranger, le syndicat lui verse — preuve faite de sa commande — une prime à peu près égale à l'écart des prix, primes plus fortes en temps de crise, plus basses en période prospère. Le *dumping* arrive ainsi à corriger ses propres excès[1].

Les effets du dumping. Ainsi armés, les cartels vont d'abord se donner comme objectif l'éviction, sur les marchés d'exportation, de la concurrence des autres nations productrices. Aussi les prix d'exportation varient-ils suivant la situation spéciale à chaque marché. Les mêmes poutrelles allemandes, dont le prix de revient oscille entre 85 et 95 marks la tonne, et qui valent 130 en Allemagne, se vendent de 120 à 125 en Suisse, de 103 à 110 en Angleterre, 75 seulement en Italie. Les exportateurs se contentent d'un très petit bénéfice, ou s'imposent au besoin « le sacrifice de tout bénéfice pour s'implanter sur un marché et continuer ce sacrifice jusqu'à ce qu'ils aient

[1] C'est ce que n'ont pas très bien vu tous les auteurs, même ceux qui ont écrit après 1903. Nous avons déjà cité M. Vouters. Mais M. Mény lui-même, l'auteur d'une des meilleures études sur la question, parle encore du préjudice que le *dumping* cause aux industries d'exportation et des services qu'il rend aux pays importateurs. Cela était vrai *avant* la généralisation des prix d'exportation et des primes, cela n'était déjà plus vrai à l'époque où M. Mény écrivait. Ce qui restait juste, c'est cette observation de M. Mény : la politique des syndicats nuit aux industries qui ne forment pas elles-mêmes de syndicat (exemple des fabricants de petits fers du pays de Berg). Par suite le *dumping* mène, en fait, au syndicat obligatoire pour toutes les industries d'exportation.

évincé leurs concurrents [1] ». Les relations économiques
sont conçues comme des opérations de guerre, et les
marchés deviennent des champs de bataille où il s'agit
de battre l'ennemi. Comment celui-ci résisterait-il,
lorsqu'en 1912, par tonne consommée pour l'exportation, on voit le syndicat westphalien des houilles
payer à ses clients une prime de 2 marks 50, celui de
la fonte 6 marks 25 (y compris la prime de la houille),
celui de l'acier 15 marks, celui des fers-machine
11 marks 50 pour les fils, 16.50 pour les pointes ?
Comment s'étonner, après cela, que, de 1895 à 1913,
l'Allemagne ait presque complètement enlevé aux Américains le marché français des machines-outils et des
machines, plus complètement encore les marchés
suisse et italien [2] ?

Il ne suffit pas à l'exportateur allemand de battre,
par le dumping, son concurrent sur un marché tiers.
Ses ambitions vont plus loin. Il lui faut, sur ce marché,
tuer l'industrie nationale elle-même si elle existe,
l'étouffer d'avance si elle veut naître. Dans le cas des
machines-outils, non seulement les prix doivent décourager, en France, la concurrence américaine, mais
« ils sont en général établis en sorte qu'une machine
puisse être vendue sur le marché français, après paiement des droits, transport, etc., à un prix non supérieur
et en général inférieur à celui du producteur français ».

---

[1] De Ribes-Christofle, rapport sur le commerce de l'Argentine
(*Bulletin de la Chambre de commerce de Paris*, 13 mars 1915).

[2] *American Chamber of commerce* de Paris, janvier 1914. De
1895 à 1913, les ventes américaines de machines-outils en France
oscillent autour de 5 millions de francs par an ; les Allemands
passent de 10 à plus de 40. Pour les machines, l'Amérique passe
bien de 5 à moins de 45 (baisse en 1913), mais l'Allemagne de
plus 15 à 140 !

Que peuvent faire les usines belges ou anglaises
contre les usines rhénanes qui reçoivent des primes
spéciales [1], à peu près égales au prix du transport à
Rotterdam, Amsterdam, Anvers ? En 1913, la fonte
Cleveland baissant à Glasgow de 10 pence par tonne,
des lots d'essai allemands sont offerts à des prix inférieurs *de plusieurs shillings* aux cours locaux prati-
qués quelques semaines auparavant. La vente de ces
lots est suivie d'importantes livraisons, et l' « on éteint
plusieurs hauts fourneaux locaux [2] ». Voilà où l'imprudente politique des émules de la *Palmer* avait mené la
métallurgie écossaise.

L'exemple est typique. Ni la distance, ni les taxes
ne défendent l'industrie contre ce qu'un publiciste
italien [3] appelle fort justement cette « contrebande
légale », puisque la prime syndicale pourra toujours
être relevée jusqu'au niveau du fret et des taxes,
puisque le cartel est résolu à subir des pertes jusqu'à
ce qu'il ait, comme disent les stratèges, « brisé la
volonté de l'ennemi ». A « l'ennemi », c'est-à-dire à
nous tous, de tenir compte de ces nouvelles méthodes
introduites par l'Allemagne dans la lutte économique.
De même que, dans la guerre allemande, ce serait une
duperie de respecter les lois de la guerre en présence
d'un adversaire qui fait de la violation de ces lois un
système, de même c'est une duperie que de rester
fidèle, en présence de cette généralisation du *dum-*

---

[1] 2 à 4 marks par tonne.

[2] *Financial news*, 8 nov. 1913, p. 295.

[3] Dans *Il Sole* du 5 novembre 1913, cité par *Bulletin du Comité
des Forges*, 1913, p. 315. Voy. aussi Broglio d'Ajano, art. de l'*Industria*, trad. dans *Bulletin de la Chambre de commerce française de Milan*, 5 avril 1913.

ping, aux règles de la liberté des échanges. Duperie d'autant plus complète que, nous aurons l'occasion de le voir, l'intervention de l'Etat allemand, soit directement par des concessions fiscales, soit indirectement par l'organisation des transports, aggrave encore l'inégalité entre l'industrie allemande et ses concurrentes. Sur la table internationale, les dés que jettent les Allemands sont pipés. Il est fou, dans ces conditions, de faire du *fair play* avec un joueur qui triche.

C'est pourtant ce que font, avec un aveuglement étrange, les autres nations. Grâce à leur entente avec les Etats confédérés, les deux cartels allemands des locomotives se réservent le marché de l'Empire, rigoureusement fermé aux locomotives étrangères. Mais, en retour des prix élevés qui leur sont garantis, respectivement, en Prusse et dans l'Allemagne du Sud, ces cartels peuvent abaisser leurs prix au dehors. Comme, sur presque tous les marchés étrangers, le matériel des chemins de fer est soumis à la règle des adjudications publiques, le cartel allemand soumissionne à des prix qui découragent ses concurrents. En Espagne, où la plupart des compagnies de chemins de fer sont françaises, les machines venaient autrefois de France ; les membres du cartel ont paru dans les adjudications, ont soumissionné au-dessous du prix de revient, et nous ont chassés.

Ils ont pratiqué cette politique en France même. Ni pour son propre réseau, ni pour les compagnies subventionnées, l'Etat français n'a compris que la procédure des adjudications publiques, adaptée à un régime de libre et loyale concurrence, était constamment faussée par l'intervention du *dumping.* Séduites par les bas prix, les délais plus courts de livraison, etc., nos administrations ont porté le plus grave préjudice à notre industrie du matériel des chemins de fer. Sous prétexte de rester fidèles, en présence d'une véritable piraterie commerciale, aux « sains principes » de l'orthodoxie économique, elles ont fait du protectionnisme à rebours, du contre-dumping.

C'est ainsi qu' « à la suite de la crise de 1906, les compagnies françaises en étaient arrivées à absorber à elles seules *le tiers de l'exportation* allemande ». Les prix allemands sur le marché français, après acquittement des droits de douane et des frais de transport, restaient inférieurs aux prix français de 0 fr. 30 le kilogramme-locomotive[1]. Et c'étaient les administrations d'Etat des chemins de fer allemands qui faisaie n les frais de la différence !

Autre exemple, et plus digne encore d'être médité. Pourquoi, au début de la guerre, avons-nous manqué, pour la fabrication de nos explosifs, de produits essentiels comme l'acide phénique ? Parce qu'en temps de paix, dans les adjudications du ministère français de

---

[1] Pinot, *Rapport au Conseil d'administration de la chambre syndicale des fabricants et constructeurs*, 12 juin 1911. La mauvaise répartition des commandes en France aggrave l'infériorité de nos constructeurs. Devant leur commission officielle, ils avaient fait valoir « que les prix étrangers qui leur étaient opposés étaient des prix anormaux : que, le marché allemand étant fermé à l'importation étrangère du matériel roulant, leurs concurrents étrangers avaient beau jeu, assurés qu'ils étaient du monopole de leur marché national, pour pratiquer des prix de *dumping* sur le marché français ». Le président de la commission, M. Colson, tout attaché qu'il soit aux idées libre-échangistes, « constate que les sacrifices consentis par les étrangers paraissent dépasser la mesure qui est partout de règle en matière d'exportation ». — Je dois beaucoup, pour ces pages, non seulement au *Bulletin du Comité des Forges* et aux circulaires de la Chambre syndicale des constructeurs. mais aux renseignements que M. Pinot a bien voulu me donner de vive voix.

la Guerre, les Allemands offraient toujours des rabais énormes, descendaient au-dessous du prix de revient en France, et par suite emportaient les commandes. Découragés, nos industriels renonçaient à faire les frais d'installations coûteuses de récupération — et voilà comment l'industrie de l'acide phénique avait disparu en France [1].

L'administration de la Marine a suivi les mêmes errements que celles de la Guerre et des Chemins de fer. Alléchée par les conditions que lui offrait la *Maschinen Fabrik* d'Augsbourg, elle a rendu très difficile la fabrication en France des moteurs Diesel, utilisés pour la navigation sous-marine. L'histoire assez obscure des agissements augsbourgeois et du cartel correspondant (*Verein deutscher Maschinenbau Anstalten*) semble recouvrir une forme particulièrement habile et raffinée du dumping.

Mais certaines nations ont été plus directement visées que la France, à savoir celles qui, nées récemment à la vie industrielle, aspiraient à se donner à elles-mêmes une industrie autonome. Pour celles-là, il fallait à tout prix les briser et, comme on eût dit jadis, les « énerver », afin de les maintenir éternellement dans leur situation de clientes obligées de l'usine allemande. C'est ainsi que « l'Italie est le champ d'expériences que l'Allemagne a choisi pour appliquer ses peu légitimes systèmes de concurrence [2] ». Grâce à

---

[1] Toutes nos industries chimiques, matières colorantes, produits pharmaceutiques, etc., ont été atteintes par le *dumping*. Chaque fois qu'une usine se montait en France, l'Allemagne baissait le prix du produit correspondant.

[2] *Il Sole*, art. cité. Millioud, p. 87-90 et Gray, p. 148. Les poutrelles, dont le prix de revient est de 85 à 95 marks, sont jetées à 75 sur le marché italien. Les fils de fer se vendent de 15 à

une très habile politique de chemins de fer, à l'application en grand du *dumping*, et à un troisième moyen (la transplantation industrielle) que nous étudierons plus loin, l'Allemagne rendait absolument illusoire toute défense douanière italienne.

Le dumping agricole. — Aux formes classiques, industrielles et commerciales, du *dumping*, les Allemands en ont ajouté une nouvelle, le *dumping* agricole[1]. Ils n'ont pu le faire, d'ailleurs, que grâce à la collaboration active de l'Etat, qui joue ici le rôle dévolu aux cartels dans l'industrie. Il s'agissait, pour l'Etat, de rétablir l'équilibre à la fois entre les facteurs de la production et les partis politiques, et, après avoir tant favorisé les industriels rhénans et silésiens, de faire aussi quelque chose pour les agrariens de l'Est. Il s'agissait de réaliser ce paradoxe : l'Allemagne industrialisée devenant exportatrice de céréales, exportant du seigle même dans un pays producteur comme la Russie.

Le système est simple. L'exportateur de céréales ou de farines peut obtenir à la sortie un bon (*Einfuhrschein*) qui lui permettra, quatre mois après sa délivrance et dans les six mois suivants, d'importer en

20 francs de moins qu'en Allemagne. Les rails sont maintenus systématiquement à 40 francs au-dessous des prix établis pour d'autres pays. Les essieux pour wagons (*Chambre de commerce française de Milan*, 5 janvier 1913) se paient en Italie 40 à 41 lire les 100 kilogs, *frais de port et de douane* (13 l. 25) *compris*, tandis que l'Etat prussien les paie 37 ou 48 marks.

[1] R. Cruse, *L'évolution de la politique douanière de l'Allemagne contemporaine*, Bordeaux, 1905. — *Bulletin de la Chambre de commerce russo-française de Petrograd*, mars 1914. — Max Hoschiller, art. du *Temps*, 24 février 1915, et *Journal des Economistes*, avril 1914. — Millioud, *ouvr. cité*, p. 94.

franchise de douane une quantité correspondante de céréales ou de farines. Dans la forme, la mesure semble destinée à favoriser l'importation. Mais : 1° l'importateur peut compenser une céréale ou une farine par une autre, du seigle, par exemple, contre du froment, dont l'Allemagne a un croissant besoin ; 2° il peut également utiliser le bon pour importer, conformément à un barème spécial, certaines denrées ou marchandises autres que les céréales, bois de construction, fruits du Midi, racines, riz, thé, café, cacao, olives et huiles d'olive, huiles animales et minérales, gélatines, harengs salés, homards, caviar ; 3° l'exportateur et l'importateur ne sont pas nécessairement une seule et même personne. Le bon d'importation est une valeur au porteur, négociable en Bourse [1].

De là l'économie du système. Supposons que le prix du seigle, de 110 marks la tonne sur le marché mondial, soit de 150 en Allemagne, c'est-à-dire que le cours allemand soit inférieur au cours mondial augmenté du droit de douane allemand qui est de 50 marks ; il y a, dès lors, avantage à exporter. En effet l'Allemand vendra son seigle 110 marks et recevra un bon qu'il revendra en Bourse pour 50 marks ; il aura donc touché

---

[1] En 1911, le commerce des *Einfuhrscheine* atteignait 123 millions de marks à la Bourse de Hambourg (M. Millioud, p. 94). — Le système a été créé à la suite du traité Caprivi de 1894, considéré comme ruineux par les agrariens. La loi de 1894 a été perfectionnée par le règlement d'administration du Bundesrat, et le traité de 1905 est venu assurer le triomphe des agrariens. — La Chambre de commerce russo-française constate que le régime actuel met la Russie dans la « dépendance économique » de l'Allemagne, « lui permettant de fermer complètement ses portes aux produits de notre élevage et constituant un système protecteur en sa faveur pour l'exportation de Russie des bois et produits connexes à l'état brut ».

au total 160 marks, soit 10 marks de plus que s'il avait vendu en Allemagne. Supposons que l'écart entre les deux prix devienne inférieur au montant du droit de douane, le *Gutsbesitzer* d'Outre-Elbe pourra, tout comme un métallurgiste westphalien, abaisser son prix de vente à l'extérieur au-dessous du prix du marché mondial, et cependant encaisser des bénéfices.

MM. Cruse et Hoschiller ont décrit les effets du système : depuis 1908, l'exportation du seigle excède l'importation, laquelle a diminué en cinq ans de 39 p. 100. La Pologne et les provinces baltiques sont devenues, chose étrange, les clientes du seigle allemand; elles ont vu surgir, tout le long de la frontière, des minoteries allemandes qui broient du seigle allemand et renvoient aux fermes allemandes le son, que l'Allemagne reçoit en franchise. Le résultat, c'est que l'Allemagne se partage dès à présent avec la Russie l'approvisionnement en seigle de la Finlande, enlève à la Russie le marché finlandais des farines. En Norvège, depuis 1906, l'importation russe de seigle et farine de seigle baisse de 48 p. 100; l'importation allemande hausse de 330 p. 100 pour le grain, de 105 pour la farine. En Suède, en dix ans, le seigle russe tombe de 41 p. 100 à 22, le seigle allemand passe de 52 à 70 p. 100, et 96 p. 100 des farines importées viennent d'Allemagne.

L'exportation des farines est encore favorisée par ce fait que les rendements officiels (75 kilogrammes de farine par 100 de blé, 65 par 100 de seigle, 75 à 78 kilogrammes de malt pour 100 de blé ou d'orge) sont inférieurs au rendement réel. Il y a là un *overdumping* dont l'État, en tant que puissance douanière, consent à faire les frais. Aussi, en dix ans, a-t-on vu l'exportation des farines de blé passer de 206 tonnes à plus de 205 000, celle des farines de seigle de 119 tonnes à près de 77 000. On aboutit à cette conséquence, singulièrement profitable à la minoterie allemande, que les Allemands transportent en Finlande de la farine de froment faite en Allemagne avec du grain russe !

La défense contre le dumping. Sous ces diverses formes, le *dumping*, qu'on a si bien nommé un « forçage économique[1], est devenu un danger permanent pour tous les États en relations avec l'Allemagne. Pendant un temps, il apparaît comme avantageux pour les pays qui en sont l'objet, puisqu'il leur procure à des prix très bas les produits bruts ou semi-ouvrés dont leurs industries de transformation ont besoin. Les esprits superficiels peuvent alors s'en réjouir. Mais le *dumping* allemand est un système cohérent. Il tue d'abord, dans le pays où il s'installe, les industries préparatives. Grâce au système des primes, il peut ensuite s'attaquer aux industries de transformation elles-mêmes. L'industrie allemande brise ainsi toutes les forces qui peuvent lui faire concurrence, de façon à régner ensuite sur des ruines. Encore une fois, le *dumping* allemand n'est pas un procédé d'action économique ; c'est, en pleine paix et sous les aspects trompeurs de la paix, une mesure de guerre. Il apporte le trouble dans la vie intérieure des concurrents de l'Allemagne, il fausse le jeu normal de leur système douanier[2], il rend absolument menteuses toutes les formules de liberté commerciale, d'égalité de

[1] L'expression est de M. Aulagnon.

[2] Rapport Arbel : « Le jeu normal et régulier des traités de commerce et des droits de douane est nettement faussé par ces

traitement ou de réciprocité inscrites dans les traités.

Aussi quelques nations ont-elles cru devoir recourir à des mesures de défense. Le tarif canadien stipule, en cas de vente à un importateur canadien à un prix plus bas que le prix courant du pays d'origine, la double perception : 1° du droit régulier, calculé non sur le montant de la facture, mais sur le prix normal ; 2° d'un droit spécial égal à la différence entre le prix de la facture et le prix normal[1]. Des agents spéciaux, établis dans les pays d'exportation, renseignent le ministère canadien des douanes sur les prix du marché local. La nouvelle législation néo-zélandaise s'inspire de la législation canadienne[2]. L'Afrique du Sud veut suivre l'exemple du Canada.

Cartels internationaux. Des mesures analogues seraient sans doute plus efficaces que celles auxquelles les métallurgistes anglais, belges, français avaient cru devoir recourir en 1904, en négociant avec le *Stahlwerksverband* une entente internationale, entente qui a provoqué la formation du cartel belge et du comptoir français des poutrelles.

combinaisons ingénieuses, mais intolérables ; et ce ne devra pas être une des moindres préoccupations du futur traité de paix qui d'y porter remède ».

[1] Mény, p. 198, ou plus exactement Adam Shortt, *The anti-dumping feature of the Canadian tariff* (*Quarterly Journal of Economics*, 1906, p. 250), que Mény ne fait que résumer. On tolère une variation de 5 p. 100 entre les deux prix. Le droit spécial n'excédera jamais la moitié du droit régulier. Il n'excède pas les 15 p. 100 de la valeur pour fers en gueuse, lingots d'acier, poutrelles, etc., articles ordinairement francs de droits. En cas d'insuffisance de la production indigène, les autorités peuvent exempter certaines marchandises du droit spécial.

[2] Le tarif américain, en faisant porter la taxe sur le prix intérieur du pays exportateur, frappe indirectement le *dumping*.

On avait salué dans cet accord « un premier mouvement dans une direction nouvelle, la répudiation de cette méthode de *dumping* à outrance des cartels allemands[1] ». Précisément, tout ce que nous savons de l'histoire des cartels allemands et de leurs méthodes ne nous permet guère d'avoir confiance en ces « chiffons de papier ».

Des ententes de ce genre sont des ententes à très court terme, et les syndicats allemands pourront les rompre dès qu'ils en auront profité pour conquérir pacifiquement des positions nouvelles. Ces ententes se concluent avec des syndicats juridiquement constitués, mais il faut compter aussi avec les syndicats secrets[2], comme il faut compter non seulement avec

---

[1] Mény, p. 218 ; Riesser, p. 153. L'entente pour les rails fut même étendue à l'Amérique par l'adhésion de l'*U. S. Steel Cy.* En 1907, s'est créé un syndicat international des bouteilles (pour l'exploitation des brevets Owen, avec siège à Berlin ; fabrication totale : 1.428.500.000 bouteilles, dont 530 millions pour le contingent allemand, 305 pour l'anglais, 295 pour le français, etc. Chaque adhérent écoule lui-même sa production dans la zone qui lui est attribuée, mais à des prix fixés par le bureau. On peut citer également l'entente germano-russe des pétroles contre la *Standard*. En 1909, une union fut conclue entre les mines de zinc. — La convention de Bruxelles sur les sucres est le type d'une entente internationale contre le *dumping*, mais entente entre États et non entre cartels.

[2] Par exemple, pas de cartels proprement dits dans l'industrie électrotechnique. Mais (Buddens. *La concentration dans les industries électriques. Revue économique internationale*, 1904. III, p. 168) dans cette industrie qui « se développe par poussées violentes et par à coups », sans « harmonie constante entre la faculté d'absorption des consommateurs et l'augmentation de la production », la « tension imprudente et sans limites de la production a fait naître la nécessité d'une entente ». En raison de la variété des innombrables catégories de produits, divers de construction et de valeur, en raison de ce fait que le client est ici non pas une industrie transformatrice mais le consommateur lui-même,

les primes officielles, mais avec les primes clan-
destines [1]. C'est ce que fait très sagement la législation
canadienne. Ajoutons que ces tentatives de règlemen-
tation internationale de la production et des ventes
apparaissent singulièrement dangereuses à qui sait la
part léonine que l'Allemagne entend se réserver dans
« l'organisation » du monde.

Nous avons dû négliger dans ce chapitre tout ce qui
n'avait pas trait à la « politique extérieure » des cartels,
négliger les luttes des gros syndicats contre les petits,

un cartel n'était pas possible. Mais, sous la forme d'une « communauté d'intérêts », la coalition s'est faite entre les *S. S. W.*
(Siemens-Schukert Werke, résultat de la fusion préalable de
Schukert et de Siemens und Halske), qui représentent 358 millions de capital, l'*A. E. G.*, la *Brown-Boveri* et les *Fellen und
Guilleaume-Lahmeyer*. Véritable cartel secret qui absorbe les
trois quarts de l'industrie allemande des hautes tensions et dont
l'histoire nous est contée par une de ses victimes (E. H. Geist,
*Der Konkurrenzkampf in der Elektrotechnik und das Geheim-
kartell*, Leipzig, 1911). En pleine guerre (fin août 1915) l'*A. E. G.*
échange 3.000 de ses actions contre 4.000 des *Berliner Elektri-
zitätswerke*. — De même, pour les produits chimiques, l'entente
conclue en 1904 entre Lucius, Meister et Brünig et Léopold Cassella, une autre entente entre la *Badische* et l'*Agfa*, puis en 1908
le rapprochement des deux groupes par une entente pour la
fixation du prix de l'indigo entre Lucius et la *Badische*.

[1] Diepenhorst dit lui-même, *art. cité :* « C'est grâce à des primes
d'exportation *apparentes ou cachées* qu'il fut possible aux
membres du syndicat, notamment dans les périodes de dépression, de se poser en concurrents redoutables de l'étranger ». En
refusant l'adhésion de la Russie à la convention de Bruxelles,
le comte Witte faisait valoir qu'il serait disposé à traiter « si l'on
mettait à l'étude non seulement les résultats des mesures directes
gouvernementales, telles que l'établissement des primes ou la
régularisation de la production, mais aussi l'importance des différents syndicats tolérés ou protégés par le gouvernement ».
Dans le cas de la raffinerie, un *dumping* de cartel se superposait
au *dumping* d'État.

les luttes des syndicats contre leurs adhérents, des grandes usines contre les usines modestes, de la houille contre le fer, de la fonte et de l'acier contre les produits laminés, etc. Nous avons donné ainsi, de l'industrie allemande, une image plus harmonique, plus sereine que la réalité.

Déformation, après tout, peu importante puisque ces luttes elles-mêmes aboutissent, en somme, à ce résultat : accroître sans cesse la capacité de production de l'industrie allemande, et sa faculté d'invasion sur les marchés extérieurs.

CHAPITRE III

LES TRANSPORTS

Les bords du Rhin. — Le port de Hambourg. — *A. Les chemins de fer.* — Une politique d'économie nationale en matière de voies ferrées. — Les tarifs exceptionnels sont presque la règle. — Tarifs soudés de fer et mer. — *B. Les voies navigables.* — La « construction » des voies d'eau. — La « guerre des canaux ». — La légende de la coopération des voies de fer et d'eau. — Ports intérieurs. — La lutte de tarifs profite à l'exportation. — *C. La marine marchande.* — Les compagnies de navigation et la concentration. — Les ports allemands. — La question des **ports francs**. — Le recrutement des équipages. — Subventions **visibles** et primes cachées. — L'émigration « protégée ».

Fermons les yeux, et essayons de revoir en esprit les images, qui nous ont le plus frappés, de la richesse allemande.

Les bords du Rhin. Ce seront en premier lieu les bords du Rhin, la fameuse « trouée héroïque » où nos pères allaient chercher des impressions romantiques, des curiosités naturelles et des souvenirs du moyen âge qu'ils auraient trouvés, à meilleur compte et infiniment plus rares, sur l'incomparable nappe d'argent qui, entre le noir Massif central et les Alpes étincelantes, descend de Lyon à la mer, de la zone embrumée des aulnes à la zone lumineuse de l'olivier.

Nous cherchons, sur le Rhin, aujourd'hui, des impressions plus complexes. Au fond de la coupure qui fend en deux la masse schisteuse, au pied des rochers et des burgs en ruines rénovées, devant les vignes du Johannisberg et à l'ombre de la *Germania* de bronze, le long des deux rives étroites roulent, fument, sifflent sans discontinuer les trains interminables, chargés de houille ou de minerais ; ils roulent en face du *Bingerloch* et tout contre la *Lorelei*, ils franchissent en tunnels les défilés qui inspiraient à Victor Hugo une horreur sacrée, et leur fracas domine celui du fleuve. Sur le fleuve lui-même, qui n'a plus d'écueils ni de tourbillons, ce sont d'autres trains qui circulent, menés par des remorqueurs. Où le batelier remettait son âme à Dieu passent maintenant de grands chalands d'acier de 1.000, de 1.200 tonneaux, et un convoi normal de quatre de ces chalands emporte en ses flancs autant de marchandises que douze trains formés de 4.000 wagons[1]. A Ruhrort, ces chalands ont 2.000 tonneaux, et 100 mètres de long. Et sur les lignes de remorquage glissent ces vapeurs solides et légers, navires de Rhin-et-mer, *Rheinseedampfer*, qui apportent aux usines et aux ouvriers westphaliens les blés et les pétroles de la Pennsylvanie, tandis que les allèges de mer et leurs remorqueurs spéciaux, *Rheinseeschlepper*, s'en vont par Rotterdam non seulement à Brême, à Hambourg, mais dans les ports suédois et jusqu'à Pétersbourg.

Hambourg. Fermons les yeux encore... Nous sommes sur un autre grand fleuve, vrai bras de mer à 100 kilomètres de la mer, avec des flots, des embruns

---

[1] Paul Léon. *Fleuves, canaux et chemins de fer.* 1903.

et des tempêtes, qui roule des eaux lourdes et noires sous un ciel gris, rayé de grains. Une « mouche » rapide nous entraîne à travers une forêt mouvante de mâts et de cheminées, au milieu d'embarcations qui se croisent, se frôlent, se heurtent, se renvoient les unes aux autres leurs panaches de fumée. Les bassins sont encombrés de navires de toute forme et de toute taille, transatlantiques géants, immenses voiliers à cinq mâts, trains de remorquage qui montent vers le haut fleuve ; allèges chargées de caisses, de sacs, de charbons, et jusqu'à des barques nageant à la godille... Tout autour, des palais de brique, des hangars, des baraquements, où les marchandises s'entassent ; des grues électriques, hydrauliques, à vapeur, même des grues à bras, témoins encore subsistants de la vie d'autrefois. Derrière les docks, des rails et des locomotives, et, barrant les bassins à l'amont, un immense pont de chemin de fer... C'est Hambourg.

Combinons maintenant ces impressions, rapprochons l'un de l'autre ces deux spectacles, et nous en tirerons forcément cette conclusion que la puissance d'expansion de la nouvelle Allemagne est due pour une large part à l'organisation, à l'activité de ses transports. Sujet si connu, tant de fois et si bien étudié même en France, qu'il nous suffira de donner sur ce point les indications essentielles. Nous rechercherons surtout dans quelle mesure les divers instruments de transport ont favorisé l'exportation.

A . LES CHEMINS DE FER. — La politique allemande des chemins de fer ne ressemble pas à la nôtre, moins encore à celle de l'Angleterre ou des États-Unis. Elle découle de la conception que, depuis le grand Élec-

teur et surtout depuis le « despote éclairé » Frédéric II,
l'État brandebourgeois-prussien se fait de ses droits
et de ses devoirs ; conception qui est devenue celle
de l'État allemand après avoir été mise en formules par
le théoricien de l'économie nationale, Friedrich List.

Une politique d'économie nationale en matière de voies ferrées. — La possession des chemins de fer par l'État en Prusse, l'absorption dans le réseau prussien des petits États enclavés, l'établissement de relations plus ou moins étroites entre les chemins de fer prussiens et les chemins des États saxon, hessois, même de l'État bavarois, sont considérés par l'Empire comme autant de moyens de faire des voies ferrées, « entre les mains de l'État, l'instrument le plus puissant de sa politique économique »[1].

L'État transporteur agit par ses tarifs. Ceux-ci ne s'inspirent ni de la règle de l'offre et de la demande ni des nécessités de la concurrence, « mais du besoin de soutenir certains produits contre une concurrence étrangère, de concourir au développement des ports de mer nationaux, de permettre l'introduction à bas prix d'une marchandise jugée nécessaire ou utile ». Rien qui heurte plus violemment les idées anglaises, françaises ou américaines de liberté économique, de *fair play*, d'égalité entre les acheteurs de transport. C'est que l'État allemand n'est pas un marchand de transport, il est un « arbitre entre les industries et les provinces ».

[1] Marlio, *La loi de 1905 sur les nouvelles voies navigables de l'Allemagne*, 1907.

. **Les tarifs
exceptionnels**.

Les tarifs spéciaux, qu'il est toujours difficile, chez nous, de faire admettre par l'opinion sont presque la règle en Allemagne. Ils sont généralement combinés soit de façon à défendre une industrie menacée par la concurrence étrangère, soit de façon à favoriser l'exportation. Dans le premier cas, le tarif ajoute aux taxes douanières une taxe nouvelle, non inscrite dans les traités, mais souvent plus efficace. Dans le second cas, au *dumping* pratiqué par les cartels il superpose un *dumping* supplémentaire ; il aide l'industrie allemande à briser la barrière élevée par les tarifs douaniers de l'étranger.

Et il ne s'agit pas de différences insignifiantes dans le prix du transport. En 1903, M. Paul Léon évaluait le prix moyen des tarifs spéciaux des ports de Ham bourg et Brême à la Westphalie ou vice versa à 2 pf. 6 tandis que le prix normal était de 5 pf. 11 la tonne kilométrique, et il estimait que, dans l'ensemble, les tarifs exceptionnels portaient sur 63 p. 100 du tonnage kilométrique, sur 46 p. 100 de la recette. Au moment où il écrivait, le tarif spécial du pétrole venait de passer de 6 pfennigs à 2 pf. 2, celui du coton de 4 pf. 5 à 2 pf. 2. En 1914 M. Aulagnon constate que les tarifs d'exportation des blés, des alcools, des sucres, des charbons, des fontes, de l'acier, du plomb, du bois constituent en faveur des producteurs allemands des dégrèvements allant jusqu'à 30 ou 35 p. 100. Les tarifs exceptionnels sont parfois complétés par des ristournes pouvant aller jusqu'au remboursement intégral du transport en territoire allemand [1], tandis que, grâce à d'adroites

---

[1] **M.** Arbel, *rapport cité*, parle d'un pont de chemin de fer sur

conventions internationales, les chemins de 1er allemands étendent leur domination bien au delà des
frontières allemandes. C'est ainsi que la convention du
Gothard a permis l'établissement de tarifs germano-
italo-suisses qui ont achevé de mettre l'Italie du Nord
dans la dépendance de l'Allemagne.

Inversement, les tarifs intérieurs sont considérés
comme des armes défensives contre la concurrence
des transports étrangers. Pour les marchandises que
nous aurions pu être tentés d'envoyer par mer en
droiture de France en Russie, on nous offrait des tarifs
internationaux (via Belgique-Allemagne) plus avantageux kilométriquement que les tarifs allemands. Pour
d'autres marchandises, il en « coûtait plus cher de les
envoyer de France en Russie en transit direct que de
les expédier en Allemagne pour réexpédition ulté-
rieure en Russie », et l'administration des chemins
de fer prussiens s'opposait au passage de wagons
directs. De même de Russie en France, d'où intérêt
à refaire en Allemagne, par les soins d'agents allemands, le groupage des marchandises russes pour
France, ou à les expédier directement par bateaux
allemands.

le Danube, qui traversa gratuitement l'Allemagne entière. — Voy.
dans M. Millioud, *art. cité* (p. 93), cet exemple typique du jeu
des tarifs spéciaux : un wagon double de houille, de Duisburg
à Emden (260 km.) ne coûte que 57 marks (lutte contre la houille
anglaise). Pour la même distance, à l'intérieur, la houille allemande paie 64 m., la houille anglaise ou bohême 69. De Duisburg
à Hambourg (367 km.) les prix sont respectivement de 57, 86,
93 marks.

¹ Voy. les rapports Arbel et Aulagnon.

Tarifs soudés de fer et mer. — Cette intervention du bateau à côté du chemin de fer nous révèle un autre moyen de pénétration du commerce allemand, le tarif soudé. Il est assez difficile d'être exactement renseigné sur ces tarifs combinés de fer et mer, que les Allemands considèrent comme un des secrets de leur force[1]. Ce que l'on sait, c'est que, par une seule lettre de voiture, on peut expédier une marchandise de certaines gares allemandes à certaines gares de l'étranger, par un port déterminé, pour un prix unique et très réduit, comprenant le fret terrestre, le fret maritime et les frais de manutention. Quand nous pouvons saisir la part de ce prix total qui revient au rail, nous constatons que cette part est infime. De Kiel, par exemple, à un port du Levant par Hambourg, le quintal revient à 3 marks 28 ; d'Essen, à 3.79. Les 300 kilomètres environ qui représentent la différence entre le parcours Kiel-Hambourg et le parcours Essen-Hambourg se traduisent donc, dans le tarif soudé, par une insignifiante augmentation de 51 pfennigs[2]! La bière en caisses, expédiée de Breslau à Hambourg par wagons complets, coûte 3 marks 76 ; de Hambourg à Delagoa elle reviendrait, au tarif normal, à 6 marks 40, soit au total 10.16[3]. Or, de Breslau à Delagoa via Hambourg le tarif est de 7 marks 03, *tous frais compris*, ce

---

[1] **M.** Paul de Rousiers n'a jamais pu, me dit-il, obtenir sur ce point de réponses précises. Voy. Dollot, *Revue politique et parlementaire*, 10 novembre 1904 ; Dussol, *Les grandes compagnies de navigation en Allemagne*, 1909, et surtout L. Hennebicq et Gerville-Réache.

[2] Chiffres relevés par Dussol pour la *Deutsche Levante Linie* : le tarif est de 4 marks 30 de Breslau, 4,60 de Dantzig, 3,31 de Brême.

[3] De Lübeck à Delagoa 6 marks 02, moins que le fret normal de Hambourg-Delagoa !

qui représente pour le parcours sur le rail une réduction de 74 p. 100. Quelle taxe douanière tiendrait là contre ?

Ce qui révèle bien l'esprit du système, c'est qu'il ne s'agit pas de réductions d'un taux uniforme, inversement proportionnelles à la distance. Le taux varie avec les circonstances. Par exemple, pour les tarifs combinés avec la *Deutsche Levante Linie*, on a tenu compte de ce fait que le trafic de l'Allemagne du Sud pourrait être soutiré par Trieste au détriment de Hambourg. Par suite la réduction est beaucoup plus forte pour Stuttgart que pour Hanovre, qui ne saurait échapper au grand port hanséatique. Il s'agit donc à la fois de favoriser l'exportation des marchandises allemandes et les ports allemands d'exportation.

« Les chemins de fer de l'État, conclut M. Henne-bicq, en arrivent ainsi à transporter à perte, pour le plus grand profit des armements favorisés. »

B. LES VOIES NAVIGABLES. — Nous le rappelions au début de ce chapitre, les voies navigables de l'Allemagne ont provoqué l'admiration de tous ceux qui les ont vues[1]. Fleuves corrigés, rectifiés, approfondis, débarrassés de leurs obstacles, véritablement « construits » par les ingénieurs ; canaux à large section, accessibles à des péniches de 400, de 600 tonnes ; ports intérieurs dont le tonnage dépasse celui de très grands ports de mer[2], à outillage perfectionné, qui

---

[1] Voy. surtout les ouvrages cités de Paul Léon et de Marlio. Nous nous abstiendrons naturellement de prendre parti dans la controverse théorique entre voies de fer et voies d'eau. Voy. surtout, à cet égard, les « chroniques des transports » de M. Colson dans la *Revue politique et parlementaire*.

[2] Ruhrort-Duisburg, plus de 14 millions de tonnes en 1903.

font pénétrer les influences océaniques au cœur même des districts industriels, et où se réalise la jonction entre la voie de fer et la voie d'eau, ces beaux travaux ont fait de l'Allemagne la patrie de la navigation fluviale[1].

La construction des voies d'eau. — Assurément cela s'explique, par des causes en grande partie historiques et géographiques.

L'Allemagne manquait encore de canaux vers la fin du xɪxᵉ siècle : 1.700 kilomètres contre près de 5.000 en France. Elle a ici, comme pour la constitution de son outillage industriel, bénéficié de son retard ; elle n'a pas eu à résoudre ce problème : adapter aux nécessités du trafic moderne des canaux dont quelques-uns ont une existence séculaire. Elle a pu faire grand, du premier coup.

Les fleuves allemands, par leur longueur, par leurs faibles pentes, par la régularité de leur régime offraient à l'art de l'ingénieur le minimum de difficultés. Il n'y a guère que la traversée du massif schisteux rhénan qui ait été un très gros travail. Notons que ces fleuves, — tous parallèles entre eux sauf le Danube — descendent tous des montagnes à la mer. S'ils étaient par suite, de médiocres instruments de commerce intérieur, ils étaient d'excellents outils d'exportation. De bonne heure, au fil de l'eau, les marchandises glissèrent vers les villes de la Hanse, vers les ports néerlandais.

Lorsqu'on voulut établir entre ces lignes parallèles des communications transversales, il se trouva que là aussi la nature avait travaillé pour l'homme. Il faudrait

---

[1] Le tonnage du Rhin (intérieur de l'Empire) de 6 millions de tonnes en 1880, au moment de l'adoption du plan Maybach, montait à près de 30 (autant que tout le tonnage des canaux et fleuves français) en 1900.

retracer la formation géologique de l'Allemagne du Nord pour expliquer comment un sillon longitudinal traverse de bout en bout la grande plaine, unissant entre eux les coudes que les divers fleuves allemands dessinent vers l'Ouest. Dans ce sillon, un canal aura le minimum d'écluses. Rien de comparable ici à ces plans d'eau étagés, à ces véritables échelles hydrauliques que sont, chez nous, les canaux de jonction.

La guerre des canaux. La nature avait donc préparé le travail de l'homme. C'est l'homme qui s'est révolté contre la nature. Il n'entre pas dans notre plan de conter l'histoire de cette « guerre des canaux »[1], guerre de vingt-trois ans, où l'on vit le tout-puissant Kaiser ramasser une idée napoléonienne, pour venir se briser contre la résistance formidable des agrariens. Le projet de *Mittellandkanal* de 1899 n'avait pas pour objet l'exportation, mais bien l'ouverture à l'industrie westphalienne des marchés de l'Est : les magnats de la houille et du fer avaient encore, en ces temps lointains, la préoccupation du débouché intérieur. Mais les agrariens protestèrent contre cette rupture d'équilibre entre les deux pôles de l'Allemagne, entre les deux grandes influences sociales qui dominent l'Empire ; ils s'aperçurent tout de suite que le canal serait une voie d'entrée pour les céréales étrangères. Guillaume II menaça, tempêta, lança d'innombrables *Quos ego...*, et se contenta finalement de deux systèmes distincts, Est et Ouest, sans liaison entre eux. De Magdebourg à Hanovre, une lacune dans le réseau navigable atteste depuis 1905 la victoire agrarienne.

[1] Voy. L. Marlio, *ouvrage cité*.

A cette lutte, l'État a cependant gagné quelque chose : le monopole de la traction. Ce monopole a fait du canal un instrument analogue au chemin de fer. « En fixant, disait le rapporteur de la loi à la Chambre des seigneurs de Prusse, les tarifs de traction d'après les besoins de la vie industrielle », l'État-canal devient un arbitre comme l'État-chemin de fer. Le comité consultatif des voies d'eau (*Wasserstrassenbeirat*) et ses sous-comités régionaux, où les représentants de l'agriculture, de l'industrie, du commerce, de la navigation siègent à côté de ceux de l'État, peuvent doser les faveurs nécessaires à chaque région et à chaque branche de l'industrie nationale.

La légende de la coopération des voies ferrées et des voies d'eau. N'exagérons rien, et n'allons pas croire, même après cette loi de 1905, qu'une harmonie parfaite règne en Allemagne entre les diverses administrations de chemins de fer et la navigation. M. Paul Léon a réduit à néant la « singulière légende... de la coopération des voies de fer et des voies d'eau en Allemagne[1] ». En Allemagne, hélas! comme ailleurs, les administrations, qu'elles soient publiques ou privées, ressemblent à l'Être de Spinoza : elles tendent à persévérer dans leur être, à élargir leur sphère, à empiéter sur celle du voisin. Les chemins de fer de l'État allemand ne sont pas seulement un instrument de transport, mais une machine fiscale, et qui produit beaucoup. Pour le chemin de fer de l'État comme pour une compagnie, la voie d'eau est une concurrence. Malgré le peu de difficultés

---

[1] *Ouvrage cité*, p. 197. Dès 1884-86 la navigation rhénane a été menacée pour le coton, le pétrole, le bois, etc.

techniques de la canalisation Moselle-Sarre, projetée depuis 1905, le gouvernement s'y est opposé en avril 1910, en mars 1912, en partie pour cette raison[1] que le canal ferait baisser les recettes des chemins prussiens-hessois et alsaciens-lorrains. Il aime mieux abaisser les tarifs pour les minerais, le coke et le fer que de creuser le canal.

Et pourtant, il y a des faits qui semblent dire le contraire, notamment en ce qui concerne les gares d'eau. Ces faits ne sont contradictoires qu'en apparence. Si Mannheim, si Gustavsbourg ont pu réaliser la jonction du chaland et du rail, c'est que là des « réseaux régionaux (Hesse et Bade) aboutissent à une voie fluviale qui ne les concurrence pas »[2]. Au contraire, elle leur fournit du trafic.

Il reste que, par le développement de ses voies d'eau, l'Allemagne s'est trouvée dotée d'un nouveau moyen d'expansion. Si l'on n'a pas plus réussi en Allemagne qu'ailleurs à opérer entre les deux moyens de transport une répartition rationnelle des marchandises, il n'en est pas moins vrai que Hambourg doit en grande partie sa prospérité à ce fait que les matières pondéreuses lui arrivent, non seulement de la Silésie et de la Saxe, mais même de la Bohême, par la magni-

---

[1] L'autre raison c'est que ce canal favoriserait les usines lorraines (même de la Lorraine française) et luxembourgeoises. Plusieurs usines de la Ruhr auraient avantage à se déplacer, à s'éloigner de la houille pour se rapprocher du minerai. — En mars 1912, « le gouvernement estime toujours qu'à l'heure actuelle la canalisation de la Sarre et de la Moselle n'est pas désirable ».

[2] Mais (Paul Léon, p. 203) les chemins de fer prussiens, tout comme nos grandes compagnies, ferment le marché westphalien aux ports rhénans en élevant les tarifs de jonction.

fique voie de l'Elbe, le long d'une chaîne de touage qui mesure plus de 700 kilomètres. Inversement, si Rotterdam est devenu, hors frontières, un port allemand, c'est que l'échange des marchandises peut s'y faire, en pleine rade, entre les navires de haute mer et les trains de chalands qui descendent de Mannheim ou de Ruhrort-Duisburg.

Ports intérieurs. Que les ports intérieurs soient nés ici parce que les réseaux ferrés locaux trouvaient intérêt à créer en ce point un arrêt du trafic, qu'ils aient été créés ailleurs, complètement en dehors des administrations de chemins de fer et souvent malgré elles, par l'initiative des municipalités ou même par celle des industriels[1], il n'importe. Ces ports existent ; ils ont tendance, sur le Rhin du moins, à pénétrer chaque jour plus avant dans l'intérieur du pays, à reporter de Mannheim à Strasbourg ou à Kehl, puis de Strasbourg à Bâle, de Bâle à Constance — ne parlait-on pas de le reculer de Bâle à Genève ?[2] — le terminus

[1] Paul Léon, p. 177-179. Sauf à Mannheim, création de l'État badois, le rôle de l'État s'est généralement borné à la régularisation du fleuve, et au raccord avec la voie ferrée. A Dusseldorf, ville type de la municipalisation (gaz, électricité, tramways, bains municipaux, etc.), « l'aménagement des ports n'a été qu'une des faces de cette politique municipale ». Ce qui montre bien la hardiesse des conceptions allemandes, c'est qu'à mesure que les sections du fleuve étaient régularisées, les villes construisaient les bassins. « Elles n'ont pas hésité à engager des sommes considérables pour arrêter à leurs portes le courant commercial du Rhin. » — Ruhrort doit tout à l'initiative privée, aux sociétés industrielles intéressées.

[2] Le *Journal de Genève* du 15 octobre 1915 nous apprend que la guerre n'a nullement arrêté les études du projet du « Rhône au Rhin ». Une réunion s'est tenue à cet effet le 16 octobre à Neuchâtel. Que devient cependant le projet français, complé-

.de la navigation rhénane. De même l'Elbe a ses ports intérieurs de Magdebourg , de Dresde et de Schandau, l'Oder celui de Breslau. Grâce à ces ports intérieurs, c'est pour ainsi dire la clientèle elle-même qui vient aspirer, sucer, pomper jusque dans les districts usiniers le produit allemand.

Même la lutte entre le rail et l'eau a servi l'exportation puisque, pour combattre les canaux, le chemin de fer a constamment abaissé les tarifs des matières pondéreuses. En se défendant contre la batellerie, il a protégé les ports allemands contre les ports étrangers. De la guerre entre les deux modes de transport intérieur, Hambourg et Brême ont recueilli les bénéfices sous forme de tarifs différentiels. Et l'industrie allemande n'en a **pas moins** profité.

C. LA MARINE MARCHANDE. — *Unsere Zukunft liegt auf dem Wasser !* On sait combien cette hypnose de la mer a exercé d'action sur l'imagination de l'empereur actuel, des financiers, des industriels allemands, combien elle a contribué à les jeter dans les voies de la politique mondiale, à leur montrer dans l'Angleterre l'ennemie dont il fallait à tout prix briser la puissance.

Nous retrouvons là cette rapidité dans la croissance qui est l'un des caractères les plus frappants de l'évolution allemande. En 1856 s'ouvrait la première ligne régulière d'Allemagne aux États-Unis, avec *un seul* vapeur. En 1870 la flotte marchande dépassait à peine

mentaire plutôt que rival du premier, « Marseille-Léman »? Arriverons toujours et partout en retard ? Le « Rhône au Rhin » se faisant tout seul, c'est la Suisse livrée à l'emprise allemande. Le « Rhône au Rhin » complété par le « Marseille-Léman », c'est Marseille devenant l'une des principales portes méditerranéennes de l'Europe centrale.

640.000 tonneaux ; en 1914, elle mesurait près de 5 millions de tonneaux de jauge brute. En 1901, il sortait des ports allemands, sous pavillon allemand, 52.000 navires jaugeant près de 9 millions de tonneaux ; en 1909, déjà près de 65.000 navires et plus de 13 millions de tonneaux, si bien que, malgré la triple frontière terrestre qui borne l'Empire, les 70 p. 100 du commerce allemand **se font par mer.**

Les compagnies de navigation et la concentration. Les compagnies allemandes ont été les premières à construire des paquebots géants, de 20 à 25.000 tonnes — dépassés depuis. Ces monstres marins ont été les premiers à réaliser les grandes vitesses — le *Deutschland*, 5 jours 6 heures de Sandy Hook au cap Lizard ; le *Kaiser Wilhelm der Grosse*, 5 jours 19 heures de Cherbourg à New-York, il y a plus de douze ans. Et pour fournir des équipages à cette flotte de commerce, dans ce pays qui a peu de côtes et pas 75.000 hommes de population maritime, il faut 70.000 marins, plus les 65.000 que réclame, en temps de paix, la marine de guerre. Les effectifs de la marine de commerce ont triplé en vingt-cinq ans[1]. — Nous avons donc bien ici l'exemple d'une nation terrienne qui, par un effort volontaire, est devenue une nation maritime.

L'industrie des transports maritimes a crû de la même façon que les autres industries allemandes. D'abord par la concentration. Là aussi, la surproduction avait engendré la concurrence excessive, et l'avilisse-

[1] Biart d'Aunet, *Le recrutement du personnel des flottes de guerre et de commerce (Revue économique internationale,* 1913, **II, p. 532).**

ment des prix. Là aussi, là surtout — puisqu'il s'agissait essentiellement d'un terrain de concurrence internationale — les Allemands ont essayé d'imposer à leurs rivaux une entente internationale [1]. S'ils ont médiocrement réussi à créer un « trust de l'Océan », du moins ont-ils opéré la concentration à l'intérieur. En 1914, deux compagnies, la *Hamburg-Amerika* et le *Norddeutscher Lloyd*, absorbaient à elles seules les 40 p. 100 de la flotte commerciale allemande. Réunies toutes deux sous la main puissante de M. Ballin, elles font graviter dans leur orbite des compagnies secondaires, *Hamburg-Südamerikanische*, *Kosmos*, etc. Elles constituent un cartel clandestin.

Une seule d'entre elles, la *Hamburg-Amerika*, « type parfait du service mondial » [2], a aujourd'hui 68 lignes, atteignant tous les ports américains, traversant le Pacifique de Hongkong à Manzanillo et du Japon à Puget Sund. De là économie des frais généraux, de là aussi la possibilité de négliger les pertes locales de trafic [3], d'organiser des plans d'action commune, d'envoyer des missions collectives d'études vers les débouchés qui s'ouvrent. De là le moyen d'agir sur l'industrie des constructions navales, de lui assurer des commandes régulières. De là, dans cette industrie, l'in-

---

[1] Voy., sur ces « conférences » ou *rings*, la *Revue économique internationale* de mars 1911, p. 598.

[2] Russel Smith, *Transports océaniques* (*Revue économique internationale*, mars 1911, p. 464).

[3] *Ibid.* « Une perte de trafic due au chômage commercial dans une région peut être compensée par la prospérité dans une autre, de sorte que les navires aussi bien que le trafic peuvent être transférés de ligne en ligne, et que la flotte peut être employée constamment. »

troduction des méthodes scientifiques. J'ai dit ailleurs[1] ce qu'était la station d'essais des navires de Bremerhafen, la *Schiffsversuchstation* du *Lloyd*, et essayé d'expliquer comment cette méthode permettait d'éviter des essais coûteux, d'apporter dans le travail une précision, une sûreté, une rapidité remarquables.

C'est aussi la concentration qui rend possible le rapide amortissement du capital et par conséquent la mise au rancart des vaisseaux vieillis, le perpétuel rajeunissement de l'outillage flottant. Ce n'est pas dans la marine marchande allemande que l'on trouvera de vieux bateaux de trente ou quarante ans[2].

Ce que les industries proprement dites — métallurgie, électrotechnique, etc. — obtiennent grâce à la production en série, la marine marchande allemande le réalise par la fréquence et la régularité des départs. L'Allemagne n'eut pas, d'emblée, des relations maritimes comparables à celles de l'Angleterre, des clientèles éparses sur tous les points du monde. Aussi le navire vagabond qui s'en va cueillir le fret de place en place, le *tramp,* ce type essentiellement britannique, est-il rare en Allemagne. Les lignes régulières absorbent à elles seules 80 p. 100 du tonnage. Et ces lignes ont des départs à des dates rapprochées et fixes. Cette fréquence des services réguliers attire les marchandises sur Hambourg, même à des prix supérieurs, parce qu'elle permet en bien des cas d'économiser des semaines ; elle vaut de la vitesse[3].

[1] *Les ports de commerce de l'Allemagne contemporaine*, 1903 (et *Bulletin Société des Amis de l'Université de Dijon*, même date).

[2] **Voy.** H. Hauser, *Les relations maritimes entre la France et l'Algérie (Revue politique et parlementaire*, février 1913).

[3] P. de Rousiers, *Hambourg*, p. 218.

De même que l'usine allemande produit en grand, non pour une clientèle donnée, mais pour une clientèle future possible, quitte à rechercher ensuite et à faire naître cette clientèle, de même la marine marchande n'attend pas, pour créer de nouvelles lignes, que le besoin s'en fasse sentir ; elle crée le besoin en s'organisant pour le satisfaire. « Chez les Allemands, écrit M. de Ribes-Christofle, la création des lignes de navigation ne suit pas le commerce, elle le précède [1]. » Et en le précédant, elle le fait naître. Déjà Lamprecht l'avait remarqué [2] : l'expansion allemande en Extrême-Orient et en Australie n'a commencé qu'après la création, vers 1886, des lignes postales. Dès le début de la décade suivante, le trafic prend un certain volume. Sur la ligne maîtresse Bremerhafen-Changhaï se greffent une branche Colombo-Sydney, une branche Singapour-Polynésie. A la ligne postale s'ajoutent des compagnies secondaires. Et voilà un trafic créé.

Nous avons un exemple de cette méthode prévoyante et hardie tout ensemble dans les mesures prises en raison de l'ouverture de la route interocéanique de Panama [3]. Dès 1912 la compagnie *Kosmos* commandait cinq nouveaux navires de 12.000 tonnes pour la côte ouest de l'Amérique du Sud, et la *Hamburg-Amerika* décidait d'en construire trois. Unies par une communauté d'intérêts, ces deux compagnies créaient à Val-

---

Rapport cité. Cf. P. de Rousiers (*Société d'encouragement,* 1915, I, p. 39) : les compagnies « ont toujours été en avance sur les besoins de la population ».

[2] *Zur deutschen jüngsten Vergangenheit,* t. II², p. 570.

[3] G. Fermé, Rapport à la chambre de commerce de Paris, 7 mai 1915. — M. Rondet-Saint, *L'organisation des services maritimes français vers le Pacifique américain.* 1915.

paraiso l'*Agencia maritima Kosmos*, au capital d'un million de marks qui, d'accord avec la *Bank für Chile und Deutschland*, se préparait à exploiter les mines de fer et de cuivre chiliennes, et poussait aux travaux d'agrandissement du port de Valparaiso : les matériaux devant être transportés par la *Kosmos*, c'était le fret assuré pour les premiers voyages. La *Hamburg-Amerika* envoyait une mission d'études à San Francisco et Vancouver. Bien plus, avant la guerre, *elle vendait d'avance, pour la future ligne du Far West, des billets d'émigration payables par mensualités.* Moyennant un versement mensuel d'un dollar, les émigrants, non seulement payaient le prix du voyage, mais se constituaient le pécule exigé par les autorités américaines des nouveaux venus « désirables ». Tandis que leurs rivales attendent, les compagnies allemandes vont au-devant du trafic. Elles restent fidèles à la vieille devise brêmoise : « *wagen und gewinnen* » — oser et gagner.

Cette multiplicité des lignes, cette fréquence des voyages permet l'abaissement du prix du fret. « Est-il admissible, s'écrient nos industriels, que l'expéditeur français ait souvent intérêt à diriger ses marchandises sur Hambourg, où elles sont embarquées sur un navire allemand à destination d'un port quelconque d'Amérique, au lieu d'être embarquées au Havre ou à Bordeaux sur un navire français ?[1] » Cela est malheureusement si admissible que la marine allemande est en

---

[1] *Rapports commerciaux*, Australie, 1914 : « L'importation allemande bénéficie des facilités de transports que lui procurent, à des frets très bas, les vapeurs de fort tonnage qui se rendent d'un bout de l'année à l'autre des ports du Nord de l'Europe en Australie et vice versa ».

MÉTHODES ALLEMANDES.   11

partie maîtresse du trafic dans nos propres colonies[1].

Ce bon marché du fret allemand, qui a pour condition l'abondance et la régularité des charges transportées, a en partie pour cause l'activité des agents de navigation. Installés sur place, de façon permanente, connaissant le pays, ces agents sont à la fois de merveilleux cueilleurs de fret pour leurs compagnies, et des serviteurs dévoués de l'exportation allemande. « Si par aventure, et cela n'arrive que trop souvent, un commerçant ou industriel de pays non allemand... confie à la compagnie de navigation allemande le transport d'une marchandise, l'agent qui la reçoit au lieu de destination ne manque pas de mettre à profit cette indication[2] ». Il va voir le destinataire et lui offre une marchandise allemande similaire. — Par un constant échange de services, l'industrie allemande fait vivre l'armement allemand en lui réservant ses transports, et celui-ci à son tour crée à celle-là des clientèles.

Parmi les clientèles, il en est qui coûtent cher, c'est la clientèle voyageurs, surtout dans l'Atlantique Nord. En inaugurant la course à la vitesse, en offrant aux passagers des navires de plus en plus luxueux, véritables « palaces » flottants, les lignes allemandes sont

---

[1] Exemple signalé par les *Annales coloniales* du 3 avril 1905. En 1907, un colon d'Indochine fait des envois de rotin au Havre, mais le fret élevé (60 francs le mètre cube, environ 450 kilogrammes) l'arrête. Ses confrères expédient à Hongkong ou Singapour, où les vapeurs allemands (et aussi anglais ou japonais) prennent les paquets de rotin *comme garnissage des cales,* au prix de 15 à 17 francs *la tonne.* Voilà pourquoi le rotin d'Indochine a été accaparé par les maisons allemandes.

[2] Rapport Ribes-Christofle, et de Rousiers, (*Société d'encouragement.* 1915, t. I, p. 39. Cf. Niclausse, *Bulletin du syndicat des mécaniciens...,* avril 1915.

entrées dans une voie dangereuse. C'est même pour
mettre un frein à ces dépenses somptuaires qu'elles
songèrent à imposer à leurs concurrents« le trust de
l'Océan ». Mais, si dures qu'elles aient été, les pertes
qui leur ont été imposées par l'accroissement exagéré
du tonnage, de la vitesse, du luxe et par l'excessive
fréquence des départs sur les lignes d'Amérique n'ont
pas été des pertes absolument sèches : elles ont constitué pour les compagnies allemandes la plus puissante
des réclames [1]. Ces réclames leur permettaient de rat-
traper sur leurs cargos ou sur leurs paquebots à marche
moyenne ce qu'elles perdaient, en vertu de la loi du
rendement non proportionnel, sur leurs léviathans.

Les ports.   Quelles sont les causes générales qui ont
favorisé cette croissance ? Là encore, l'Allemagne s'est trouvée entrer dans l'histoire économique à
une date où les conditions ambiantes lui devenaient favorables. A l'époque des petits et moyens tonnages et des
transports en ordre dispersé, l'avantage était aux pays à
rivages très articulés, à ports naturels nombreux. Avec
les tonnages modernes, qui dépassaient 20.000 tonneaux à la fin du siècle dernier et qui s'acheminent
maintenant vers les 50.000, le petit port est inutile et
les ports nombreux deviennent une impossibilité économique [2]. A la concentration des lignes de transport
correspond la concentration des points d'entrée et de
sortie, l'accumulation sur un très petit nombre d'en-

---

[1] *Rapports commerciaux*, Brésil, 1914 : « Ces bateaux modernes
et luxueux ont accaparé une bonne partie de la clientèle riche ».

[2] On trouvera d'amples renseignements sur cette évolution
dans les articles et chroniques que, durant dix ans, M. L. Hennebicq a multipliés dans la *Revue économique internationale*.

droits bien choisis de capitaux énormes, sous forme
de bassins immenses, de docks, d'écluses gigantes-
ques, d'outillage perfectionné. Un port moderne, avec
ses voies ferrées, ses grues géantes, ses docks flottants, ses élévateurs, ses installations électriques ou
hydrauliques est un appareil si coûteux, et d'un entretien si écrasant, qu'aucun État ne saurait en multiplier
indéfiniment les exemplaires. L'essentiel est de donner
à chacun d'eux le maximum de capacité et de puissance.

Les deux côtes allemandes, rectilignes et basses,
étaient pauvres en ports naturels. Elles ne pouvaient
avoir que des ports d'estuaire, dont le nombre était
nécessairement limité par celui des grands fleuves.
L'agrandissement croissant du tonnage a contraint à
doubler ces ports d'estuaire par des avant-ports de
haute mer, nouvelles installations onéreuses que l'on
ne pouvait prodiguer. Ajoutez que, malgré le canal de
Kiel, seule la côte de la mer du Nord pouvait s'ouvrir
au grand trafic océanique. En fait la navigation d'exportation s'est trouvée concentrée en deux seuls ports,
et l'on a presque une idée suffisante de l'expansion
maritime allemande en étudiant uniquement le premier d'entre eux.

Ce port, l'Allemagne impériale n'a pas eu à le créer.
Il préexistait à l'Empire, et sa prospérité moderne
datait du milieu du xixe siècle. M. Paul de Rousiers a
rappelé comment l'Acte de Cromwell et les lois simi-
laires des autres États européens avaient consommé
la ruine des Hanséates en les condamnant au cabotage.
L'abolition de l'Acte de navigation en 1850 et la législa-
lation française de 1867 rouvrirent aux Hambourgeois
les horizons illimités de la navigation au long cours. Il

est vrai que Hambourg, ce n'était pas l'Allemagne,
c'était — ce fut jusqu'en 1888 — un îlot économique,
quelque chose comme un de ces *emporia* indépendants
que les Phéniciens, et après eux les Grecs, installaient
sur un rocher à proximité du rivage. Mais, dans sa
ceinture de ville libre, à l'abri des douanes allemandes,
garanti par son isolement contre les fluctuations de la
politique économique allemande, l'entrepôt hambourgeois se développait en toute liberté, sur le type britannique. C'est ainsi que Hambourg « s'est trouvé
prêt avant l'Allemagne, il a tiré l'Allemagne en avant[1] ».
Lorsqu'il a consenti à entrer dans le Zollverein, c'est
une puissance qui s'est mise au service d'une autre
puissance ; du jour au lendemain, les industries allemandes d'exportation ont trouvé en lui leur instrument.

Cette histoire a imprimé à l'activité hambourgeoise
et aussi — toutes proportions gardées — à l'activité
brêmoise des caractères de hardiesse, d'audace confiante que l'on trouverait difficilement ailleurs. L'outillage dont ces ports sont munis fait souvent paraître vieil-
lots et routiniers les ports historiques les plus actifs.
Lorsqu'il s'agit de les agrandir, on ne procède pas par
remaniements successifs et timides, mais par de vastes
opérations d'ensemble auxquelles il faut bien appliquer
l'épithète de colossales. C'est tout d'un coup à Hambourg que l'on dépensa 140 millions de marks, et que
l'on déplaça un quartier de 30.000 âmes. C'est trois
mois avant la guerre qu'ajoutant à son port de haute
mer un port de plus haute mer, l'État brêmois allait
achever le port commencé à l'extrémité nord de Bre-

---

[1] Expression de M. de Rousiers dans une conversation.
Mêmes idées dans son livre sur *Hambourg*.

merhafen[1]. Il y engageait 66 millions, dont les intérêts lui étaient garantis par le *Norddeutscher Lloyd*. Ce port aura une profondeur de plus de 11 mètres, pouvant être portée à 13 m. 30; la célèbre écluse de 222 mètres devenant insuffisante, l'écluse neuve mesurera 350 mètres de longueur; la presse annonçait que ce port pourrait recevoir la *Lusitania*, que l'on n'avait pas encore projeté d'envoyer au fond de l'Océan, la *Mauretania*, l'*Aquitania*, l'*Imperator*. — C'est par de pareils travaux que les Allemands avaient réussi à reculer jusqu'aux bouches de la Weser et de l'Elbe les têtes de lignes de la navigation atlantique, autrefois localisées dans l'Europe occidentale. Ils étaient même en train de faire des ports occidentaux, comme de Cherbourg, de simples escales, pour voyageurs en mal de mer, sur la route Hambourg-New York. Pour les marchandises, l'arrière-pays des ports allemands s'élargissait au détriment des ports hollandais, belges, français, même des ports anglais.

Les ports francs. Faut-il, pour expliquer la puissance exportatrice des ports allemands, attacher une importance capitale à leur situation de ports francs?[2] Commençons par écarter une équivoque entretenue souvent par le terme même

---

[1] *Frankfurter Zeitung*, 5 mai 1914. — De même que le principe de la concentration des ports était favorable à l'Allemagne, de même elle a profité de la substitution du fer et de l'acier au bois dans les constructions navales, et de la concentration des chantiers qui en fut la conséquence (Neumann, dans *Revue économique internationale* de mars 1911).

[2] P. de Rousiers, *Hambourg*, p. 211. — H. Hauser, *Ports de commerce*. — P. Masson, *Ports francs d'autrefois et d'aujourd'hui*, 1904. — G. Musset, *Les ports francs*, 1904. — G. Bossuet, *Ports francs et zones franches*, 1904.

de *Freihafen*. En réalité, depuis l'entrée des villes hanséatiques dans le Zollverein, il n'y a plus, en Allemagne, de *ports francs* au sens plein du mot, mais seulement des *zones franches* dans quelques ports. Une grille, entourant quelques milliers de mètres carrés de bassins et de docks (à Hambourg, plus d'un millier d'hectares), et voilà un port franc ; — une grille dont on peut librement franchir les portes pour entrer, mais d'où l'on ne peut sortir qu'en subissant la visite douanière, comme si l'on venait de l'étranger — bref un morceau du sol national, un volume des eaux nationales qui sont mis en dehors du système économique national, qui sont traités, pour employer une expression de notre vieux droit public, « à l'instar de l'étranger ».

Va-t-on, dans ce fragment extériorisé du pays, créer des industries qui recevraient leurs matières en franchise ? L'expérience répond : non. Il est rare qu'une industrie se crée exclusivement pour l'exportation, qu'elle renonce de propos délibéré à vendre ses produits à ses propres nationaux. Les seules industries qui se créent à l'abri de la grille du port franc sont des industries de transformation simple et rapide. Par exemple si Hambourg est devenu une usine pour la « fabrication » des vins ou eaux-de-vie de toute dénomination, c'est que le régime du port franc est encore plus propice que celui de l'entrepôt aux opérations de coupage. En somme les industries du port franc sont surtout des industries de manutention, de manipulation, de réassortiment, de mélanges. L'avantage que l'on trouve à pratiquer ces opérations en zone franche, c'est moins encore de ne pas payer de droits (le système de l'admission temporaire ou des acquits à caution aboutirait au même résultat) que d'être exonéré des formalités douanières, avec toute la dépense de temps et, par suite, d'argent, avec toutes les possibilités de litiges qu'elles entraînent. Le régime de la franchise sert puissamment Hambourg dans son rôle de port de distribution : il permet, en plein bassin du *Freihafen*, de déverser directement les cafés qu'un transatlantique amène de Santos dans un chaland de mer qui part pour Riga. Il permet, grâce aux opérations d'assortiment, de faire passer pour allemands des produits étrangers. Il permet d'attirer à Hambourg le marché de certaines denrées originaires, par exemple, de colonies françaises ou mêmes anglaises. Mais si le port franc est un puissant organe de concentration commerciale, il ne joue qu'un rôle secondaire dans le développement des industries d'exportation.

Le recrutement des équipages. Est-ce une législation des gens de mer plus souple que la nôtre qui explique l'essor des compagnies allemandes ? Les personnes les plus autorisées n'estiment pas que notre armement soit réellement gêné par le régime de l'inscription, institution d'ordre purement militaire [1]. En réalité, quoique la législation allemande laisse le recrutement des gens de mer « s'effectuer sous la loi de l'offre et de la demande » [2], les armateurs allemands emploient surtout des marins allemands. L'Empire ne tolèrerait pas qu'ils fissent large-

[1] Résumé d'un entretien avec M. P. de Rousiers. Du même, *Réglementation du travail maritime* (*Revue économique internationale*, mars 1911).

[2] Biart d'Aunet, *article cité* : Ils « ne sont ni soumis aux exigences ni gratifiés des privilèges qui les placent en France hors du droit commun ».

ment appel à d'autres Européens, et la main-d'œuvre noire ou jaune, moins chère, est de qualité inférieure et doit être en quantité plus considérable. Si la discipline est meilleure dans la marine marchande allemande que dans la nôtre, cela tient moins à l'état de la législation qu'à des raisons psychologiques générales.

Subventions visibles et primes cachées. Après avoir dit que les compagnies allemandes devaient beaucoup à la législation douanière ou maritime, on les a vantées de savoir se passer des secours de l'Etat. Elles s'en sont vantées elles-mêmes. Pas de primes, pas de subventions ! Voyons ce qu'il y a de vrai sous ces prestigieuses apparences.

Il est exact que les subventions postales sont rares et modiques. Bismarck, en 1885, avait obtenu un crédit de 4.400.000 marks pour les lignes d'Extrême-Orient et d'Australie, alors concédées au *Norddeutscher Lloyd*. En 1890, c'est la *Deutsch-Ostafrikalinie* qui reçoit une subvention de 900.000 marks, élevée en 1900 à 1.350.000. Les lignes d'Amérique de la *Hamburg-Amerika* ne touchent pas de subvention ; la *Deutsche Levante Linie*, pas davantage. Aussi Riesser avait-il beau jeu d'écrire qu'en 1909 les diverses lignes subventionnées ne touchaient qu'une somme globale inférieure à 8 millions de marks, soit 1.85 par tonne de registre ; moins que la Cunard (1.95), un rien en regard des grosses subventions japonaises (24,70), austro-hongroises (27.70), françaises (24.70) [1]. On comprend moins qu'un auteur français, après avoir célébré « le principe irréductible de diminuer le plus possible l'as-

---

[1] Riesser, *Grossbanken*, p. 121.

sistance donnée par l'Etat à la navigation sous la forme de subventions directes », ait pu ajouter que l'Etat allemand a par là « développé l'énergie et la compétence des armateurs allemands en les habituant à ne compter que sur eux-mêmes »[1]. A défaut de subventions « directes », les compagnies allemandes sont comblées par l'Etat de subventions indirectes, et il est « faux de prétendre que leurs concurrents sont protégés tandis qu'elles ne le sont pas »[2].

Nous connaissons déjà la première forme de ces subventions dissimulées, à savoir les tarifs soudés, par lesquels les chemins de fer de l'Etat font aux compagnies de navigation cadeau partiel ou total du transport par terre des marchandises qu'elles embarquent. La *Deutsche Levante Linie* n'a nul besoin de subvention, puisqu'elle est assurée, *sans cahier des charges*, d'un fret abondant à tarif spécial[3]. Aussi peut-elle augmenter dans des proportions énormes le nombre de ses vapeurs, de ses voyages, le chiffre de son trafic. Ses directeurs n'ont pas la peine de « ne compter que sur eux-mêmes ».

[1] Dollot (*Revue politique et parlem.*, nov. 1904). De même Dussol, *Les grandes compagnies de navigation en Allemagne*, 1908, et Gerville-Réache, *Les subventions et les primes dans la marine marchande*, 1908. — Fontana-Russo (*Progrès de la marine marchande*, dans *Revue économique internationale*, mai 1909) vante l'indépendance de ces compagnies à l'égard de l'Etat.

[2] Hennebicq, Chronique maritime de la *Revue économique internationale*, mai 1909.

[3] Dussol, et après lui Gerville-Réache, doivent en convenir : « La *D. L. L.* reçoit du gouvernement une véritable subvention mais sous une forme détournée ».

L'émigration protégée.   Mais l'Empire sert encore les compagnies — surtout les deux grandes — d'une façon plus détournée et plus efficace.

Dans le développement de ces deux compagnies, le fret humain — l'émigration — a joué un rôle capital. Historiquement, la marine marchande allemande a été servie par la misère de l'Allemagne.

A l'époque où Hambourg reprenait contact avec la vie océanique, Brême s'enrichissait en exportant le seul produit que l'Allemagne d'après 48 pouvait fournir en grand au dehors, les milliers de paysans qui s'en allaient coloniser le Centre-Ouest américain et le Sud-Brésil. Les bateaux brêmois partaient chargés d'hommes et revenaient chargés de coton. Vers 1880-1883, ce flot allemand déversé sur le monde s'élevait en certaines années au chiffre de 200.000 personnes.

Depuis que l'Allemagne s'est industrialisée, ce flot s'est arrêté, l'émigration allemande n'est plus guère que le dixième de ce qu'elle était. Et cependant le fret humain est loin d'avoir diminué sur les paquebots du *Lloyd* et de la *Hamburg-Amerika*. En 1907, c'est 400.000 émigrants qui partirent des deux ports allemands. Si la crise américaine fit tomber ce chiffre à 55.000 pour le premier semestre de 1908, il oscillait, en ces dernières années, autour de 3 à 400.000. Seulement, ils ne venaient plus d'Allemagne.

Actuellement, exception faite de l'Italie, le grand réservoir de l'émigration européenne, c'est l'Europe orientale : Russie, Galicie, Roumanie, Balkans. Or le gouvernement allemand rend aux compagnies brêmoise et hambourgeoise le service de pousser vers elles, artificiellement et administrativement, cet immense troupeau humain. D'abord aux frontières prus-

siennes du Nord-Est et de l'Est, plus tard même aux
frontières méridionales de l'Allemagne, l'État a autorisé
les compagnies de navigation à établir des stations de
contrôle des émigrants [1]. Elles doivent les examiner au
double point de vue des maladies contagieuses et de
la « désirabilité », et les émigrants ne peuvent continuer leur voyage à travers l'Allemagne que munis du
certificat de visite et de désinfection [2]. « Mais, dans la
pratique, les compagnies allemandes se refusent à
désinfecter le passager et à lui délivrer le certificat s'il
n'a pas pris son billet de passage par leurs propres
lignes ou l'une des lignes alliées. » Les porteurs de
billets pour les lignes anglaises, françaises, etc., sont
arrêtés — comme des bestiaux chez qui un douanier
sévère diagnostique subitement la fièvre aphteuse ou
la trichine, — et, s'ils ne peuvent prendre un nouveau
billet valable sur les lignes allemandes, renvoyés chez
eux. L'enquête admirablement menée par la *Cunard* [3] a

[1] Voy. dans la circulaire 161 du Comité des Armateurs de France
(1904) la traduction d'une lettre de lord Inverclyde, président de
la *Cunard*, au *Times*. M. P. de Rousiers m'a confirmé tout ceci
verbalement. — Pour échapper aux stations prussiennes, les
émigrants russes et austro-hongrois porteurs de billets non allemands prenaient la route de fer la plus coûteuse, qui franchit
la frontière saxonne à Bodenbach. Mais, à la requête des compagnies, le gouvernement saxon établit aussi chez lui des stations de contrôle.

[2] Aucun passager autre que ceux de la *H.-A.* ou du *N. D. Ll.*
n'est admis à traverser la Saxe s'il n'est porteur de 20 livres
sterling pour chacun des membres adultes de sa famille, de 5
pour chacun des membres de moins de 10 ans.

[3] Voy., en annexe à la lettre de lord Inverclyde, la déposition
notariée de Joseph Garozinski. Porteur d'un billet de bateau,
payé d'avance, à lui envoyé par son beau-frère de Pensylvanie,
il prend un billet de chemin de fer Cracovie-Brème. A Ratibor,
un agent du *N. D. Ll.* lui dit, « en présence d'un gendarme »,
que son billet Cunard n'est pas bon, et, sur son refus d'en prendre

montré comment les compagnies, pour se venger du contrat signé par le gouvernement magyar avec leur concurrente anglaise, se sont arrangées pour renvoyer deux fois de suite, avec le concours de la police, de la frontière à Cracovie le porteur d'un billet pour l'Amérique *via* Liverpool. Et pourtant la *Cunard* avait une licence d'établissement en Allemagne d'une agence d'émigration, et avait déposé à ce titre une caution de 5.000 livres. En apparence, elle était donc placée sur le pied d'égalité avec ses rivales allemandes [1].

Que vaut le cadeau gracieusement fait aux deux compagnies par le gouvernement impérial ? Il ne serait pas exact de dire que chaque émigrant, au prix moyen de 150 francs, leur rapporte 100 francs par voyage, mais il diminue de 100 francs les charges de l'armement. C'est donc de 30 *à* 40 *millions par an* que l'Etat, par le monopole de l'émigration orientale, assure aux deux compagnies. Comme leur capital global est d'environ 300 millions, on peut dire que ce capital est rémunéré par cette subvention déguisée. Et si l'on veut la contre-épreuve, nous dirons qu'à la suite de la crise améri-

un autre, le renvoie à Cracovie. Là il prend un billet Cracovie-Prague, et à Prague un billet pour Leipzig. Un agent de la compagnie et un gendarme le réexpédient encore de la Saxe sur Prague et Cracovie, et viennent s'assurer qu'il est dans le train. Alors il réussit à franchir la frontière silésienne en voiture, arrive en tramway à Breslau, y prend un billet direct pour Brême. Mais à la gare de Berlin, un agent du Lloyd et un *inspecteur de la police* le mènent à la salle des émigrants. Il proteste, demande à être conduit à son consulat. Après avoir téléphoné, l'inspecteur finit par le laisser aller.

[1] Fraissingea, *Le problème de la marine marchande*, 1909 : « La prospérité du service allemand sur New York dépend en grande partie des mesures de police au moyen desquelles le gouvernement impérial lui réserve une clientèle d'émigrants ». — Cf. Paul de Rousiers (*Société d'encouragement*, 1915, t. I, p. 40).

caine de 1907, qui réduisit les départs, les dividendes des deux lignes tombèrent brusquement de 8 et 10 p. 100 à 0[1]. Tant il est vrai que l'émigration est un élément essentiel de leur prospérité et que la véritable « garantie d'intérêts » — à 10 p. 100 — qui leur est assurée par l'Empire est une des raisons qui leur permettent d'abaisser leurs frets et par conséquent de fournir à l'industrie allemande des transports à bon marché.

[1] Hennebicq, *Chronique citée*. La *H.-A.* désarme 136.000 tonnes. Pas de dividende en mars 1909. Le *N. D. Ll.*, en avril, accuse un déficit de plus de 17 millions et 1/2, malgré des économies et des désarmements nombreux. Les recettes d'exploitation, de 33 millions en 1907, tombent à un peu plus de 9 en 1908.

CHAPITRE IV

LE ROLE DE L'ÉTAT

Ce qu'est l'Etat prussien-allemand. — La dictature économique
de l'Etat tentaculaire. — L'Etat industriel. — L'Etat et les
cartels : période de lutte, période de pénétration, période de
domination. — Le syndicat des potasses. — Vers le syndicat
obligatoire. — **La politique impérialiste** au service de l'expansion économique. — La politique douanière et l'art. 11 du traité
de Francfort.

C'est surtout pour étudier le rôle de l'État comme
auxiliaire de l'exportation allemande qu'il faut nous
défaire de nos conceptions habituelles et ne pas chercher à comparer des choses qui ne sont pas comparables entre elles. Un industriel français ou anglais
peut regretter, à certaines heures, de ne pas jouir
d'une protection aussi efficace que son concurrent silé-
sien, rhénan ou saxon. Mais il ne supporterait pas
cinq minutes la tutelle administrative, la véritable
domestication qui est la rançon de ces faveurs.

Ce qu'est l'État prussien-allemand. L'État, la puissance de l'État —
deux termes synonymes, puisque
l'État est puissance — est partout en
Allemagne [1]. Nous l'avons déjà rencontrée, cette puis-

[1] Voir en particulier la brochure, si pleine en sa concision,
de M. Durkheim, *L'Allemagne au-dessus de tout*, 1915.

sance, au sommet de l'organisation des banques. Nous avons déjà dû la montrer tenant la balance entre les industries et entre les cartels, facilitant le *dumping*, créant même une forme spéciale de *dumping*, le *dumping* agricole. Nous avons vu l'État entrepreneur de transports qui, par ses tarifs différentiels, aide artificiellement au développement de certaines régions ou à la croissance de certaines usines. Nous avons signalé le puissant concours qu'il apporte à l'industrie des transports par mer.

L'Allemagne moderne est essentiellement un État.

Il importe de rappeler sans cesse le point de départ historique et logique de cette conception.

Dans les autres pays d'Europe, la nation — ou, comme Treitschke dit après Guizot : la société civile — a préexisté à l'État. Peu à peu, dans la nation, s'est distingué et développé un organe de centralisation et de commandement; il a fini par absorber quelques-unes des fonctions que la société civile ne réussissait plus à remplir. Cela revient à dire que l'État possède toutes les attributions, et celles-là seulement, que la société civile n'a pas retenues pour elle-même et qu'elle a nommément, par une concession explicite ou tacite, conférées à la puissance publique. L'antiquité même de l'État, dans les vieilles nations, est la cause et l'explication des limites de sa puissance.

Toute autre a été, depuis trois siècles, l'histoire de l'Allemagne. Cette expression géographique ne recouvrait pas une nation, et les Allemagnes, malgré de vagues aspirations, n'arrivaient pas à se condenser dans un État. La poussière d'États répandue à travers l'Allemagne n'était qu'un obstacle à l'unité. Treitschke

avait raison de s'écrier : « Nous, Allemands sans État,
wir staatlosen Deutschen ! »

Mais, parmi les États allemands, il y en avait un qui
était vraiment un État, qui n'était même que cela. Il
ne pourrait venir à personne l'idée de parler, historiquement, d'une « nation brandebourgeoise - prussienne ». L'État brandebourgeois-prussien, qui s'est
modelé artificiellement sur les États nationaux de l'Europe occidentale, est une forme pure, vide de tout
contenu national, qui s'est imposée à des populations
dispersées et dissemblables, qui leur a seule donné
l'unité. Elle s'est ensuite, par des procédés analogues,
imposée à l'Allemagne entière. Ailleurs c'est la nation
qui, par une différenciation organique, a créé l'État ;
ici l'État a créé la nation. Et par une réaction toute
naturelle contre cette absence d'État, cette *Staatlosig-
keit* dont ils avaient tant souffert, par suite aussi de
leur amour inné de l'ordre et de la discipline, les Alle_
mands en sont arrivés à vénérer la toute-puissance de
l'État.

La dictature économique de l'État tentaculaire. — Cette toute-puissance s'exerce
dans tous les domaines. A la
domination militaire et politique
s'ajoute la dictature économique.

L'État prussien-allemand en est encore, nous l'avons
dit, à la conception du paternalisme, du colbertisme.
Ou plutôt cette conception, rénovée au contact de la
grande industrie moderne, est devenue sous la plume
de List celle de l'économie nationale. Mais qu'on se
figure la doctrine de l'économie nationale introduite
chez un peuple, le peuple prussien, dont la guerre a
été et reste l'industrie essentielle et préférée, et cette

doctrine imposée par ce peuple à tout un groupe
d'hommes qu'il soumet en même temps à une discipline toute militaire : on aura une idée de ce que
peuvent être, dans l'Allemagne prussianisée, les rapports de l'industrie et de l'État. Ce n'est pas pour le
simple plaisir d'étonner les philistins et les Welsches
que les 93 établissent entre le militarisme et l'industrialisme allemands un lien logique.

Entre l'État impérial et l'industrie allemande se
noue de bonne heure une alliance. De bonne heure
l'équilibre se rompt entre la vieille Prusse d'outre-Elbe,
le pays des hobereaux, et les pays rhénans. Bismarck,
sorti de la classe des hobereaux, est déjà obligé de se
défendre contre l'accusation de trop faire pour l'industrie ; il doit invoquer pour sa défense la nécessité
de faire vivre la classe ouvrière[1]. Mais si les agrariens
protestent, s'ils essaient de s'opposer au creusement
des canaux, même à la construction des chemins de fer
à voie large, le parti industriel est là qui, de son côté,
gourmande le gouvernement, l'accuse d'être l'esclave
du « féodalisme de la grande propriété, du clérica-
lisme, de la bureaucratie », et lui rappelle les services
rendus à l'Empire par l'industrie[2]. Lorsque, dans la
« guerre des canaux », Guillaume II essayait de mettre
son sceptre dans l'un des plateaux de la balance, il

---

[1] Il dit au Reichstag, le 2 avril 1881 : « Je ne sais pas pourquoi
vous supposez au gouvernement une aveugle partialité en faveur
de l'industrie »

[2] H. Böttger, *Die Industrie und der Staat*, Tubingue, 1910,
p. 57 : « C'est à notre industrie que l'Empire allemand d'aujour-
d'hui doit en partie sa naissance, en tous cas son maintien. Car
c'est elle en première ligne qui réussit à nourrir l'excédent annuel
de population ». P. 85 il se plaint que l'industrie n'ait pas encore
la place à laquelle elle a droit, que l'État remplisse très insuffi-
samment ses devoirs envers elle.

acquittait une dette. Malgré les politesses obligatoires que le pouvoir fait au parti *junker*, parti conservateur par excellence, parti *plus royaliste que le roi*, l'Empire est avant tout, et devient de plus en plus industriel et commercial [1]. Lamprecht l'a dit : industrialisme et impérialisme vont de pair.

Dans ces conditions, il peut sembler oiseux de consacrer un chapitre spécial au rôle de l'État dans l'expansion allemande. C'est dans toutes les manifestations de l'expansion que nous pouvons saisir l'action de l'État tentaculaire. Cependant il n'est pas superflu de ramasser et de condenser les détails déjà donnés, d'en dégager une vue d'ensemble, d'y ajouter d'autres détails. C'est peut-être en ces détails que des États très différents de l'État allemand pourront trouver encore quelques exemples à suivre.

Parmi ces exemples, nous ne trouverons pas celui d'une fiscalité moins lourde. L'Allemagne n'est pas plus un pays d'impôts légers que de faibles salaires. L'État y protège l'industrie, mais il entend qu'elle lui rapporte [2]. Il lui impose en outre, sous forme d'assurances obligatoires, des charges sociales d'un poids énorme et croissant.

Le premier caractère économique de l'État — surtout si nous confondons en un seul être de raison l'Empire, la Prusse et les principaux États allemands — c'est d'être une personnalité économique considérable. Comme propriétaire et exploitant des chemins de fer,

---

[1] Haller, *Rapport... 1900*, p. xxi.

[2] Delloye (*art. cité* de la *Société d'encouragement*, 1915, t. III, p. 441) : « Les charges fiscales élevées que supporte notre industrie sont encore plus lourdes en Allemagne ». Dans certaines villes de la région rhénane les revenus industriels sont grevés d'impôts (États et communes) qui absorbent de 15 à 20 p. 100 du revenu net.

il est le plus grand employeur de l'Allemagne [1], le plus gros consommateur de houille, l'acheteur à peu près unique du matériel roulant. A la fois comme entrepreneur de transports, comme puissance militaire, comme puissance navale, l'État est un des principaux clients de la **métallurgie**. Le monopole et la transformation du **halage** sur les canaux viennent de lui conférer une emprise directe sur l'industrie électrique. Cette puissance de consommation lui permet de rendre à l'industrie un premier service : pendant les périodes de crise, par exemple en 1900-1901, il atténue la crise en maintenant ses commandes de canons, de rails et de wagons, de navires. Il n'attend pas, pour distribuer du travail aux usines nationales, les périodes de suractivité où elles sont déjà hors d'haleine. Il leur assure le pain des mauvais jours. Consommateur, l'État est aussi un producteur : il exploite lui-même des mines qui lui appartiennent en propre, des mines fiscales. L'État n'est pas seulement un client de l'industrie, il est un industriel.

L'État industriel.   Cet industriel est en face d'autres industriels, dont nous avons étudié le groupement en syndicats. Quelle attitude va-t-il prendre à l'égard de ces syndicats ? Sera-t-il dedans ou dehors ? Se tournera-t-il vers eux ou contre eux ?

Sur ce point, la doctrine de l'État a évolué. Nous avons déjà vu que l'État, comme protecteur-né des consommateurs, c'est-à-dire de l'ensemble des citoyens, avait d'abord été assez défavorable aux cartels, du temps où les cartels étaient presque exclu-

[1] Böttger dit : « Le plus gros employeur **du monde** ».

sivement destinés à lutter contre la baisse des prix. Même après l'enquête de 1903, Schmoller demandait encore, et d'un ton qui préjugeait la réponse : si c'est l'Etat ou les intérêts coalisés qui doivent dominer la vie de la nation? Mais déjà, en bon Allemand discipliné, il proposait une réforme des cartels qui les placerait sous une sorte de contrôle de l'Etat, avec partage des bénéfices au-dessus d'un certain tantième. Au fond ses idées firent si bien leur chemin qu'en 1912 on parlait d'une loi d'Empire sur les cartels, déjà en préparation : projet de création d'un office impérial des cartels, analogue à l'office des assurances; examen des statuts, surveillance du fonctionnement, assistance aux séances de délégués de l'Etat, bref tout un système d'« étatisation » des cartels [1].

L'État et les cartels. En somme, on pourrait résumer ainsi, en trois temps, l'histoire des rapports entre l'Etat et les cartels : l'Etat, puissance publique et personnalité industrielle, combat les cartels; l'Etat pénètre dans les cartels; l'Etat prend la direction des cartels, les protège et tend à les absorber. Lutte, accord, domination, telles sont les étapes. Mais, en traçant ce schème, il ne faut pas oublier que l'évolution n'a pas affecté la même allure dans toutes les industries.

Période de lutte. La période de lutte, il faut l'étudier sur le terrain houiller [2]. Lorsqu'en 1902 l'Etat avait brusquement acheté dans le bassin de la

[1] *Bulletin du Comité des Forges*, 1912, p. 198.

[2] Henry-Gréard, *L'exploitation des mines par l'Etat dans le royaume de Prusse*, 1912. Chastin, *Les trusts*, en 1909, croyait à une lutte durable entre l'Etat et les cartels.

Sarre des concessions déjà existantes pour grossir son domaine minier, c'était pour défendre le public et lui-même contre la puissance des syndicats. Les chemins de fer étaient à la merci des compagnies syndiquées, qui leur avaient livré en 1900 près de 2.700.000 tonnes, contre 350.000 fournies par les mines fiscales. En opposant au syndicat la concurrence des exploitations d'Etat, on espérait exercer sur les prix une action régulatrice. Mais les mines fiscales, même agrandies, ne représentaient pas le dixième de la production totale. C'est alors que l'Etat résolut, en 1904, d'acheter la mine *Hibernia*, qui fournissait à elle seule les 7 ⅆ. 100 du tonnage westphalien.

L'Etat procéda comme une banque ou une société qui absorbe une rivale par la « fusion » : il échangea des actions de la mine contre des titres de rente.

Ce fut une lutte épique et grandiose entre le roi de Prusse, marchand de charbon, et les rois du charbon coalisés. La *Dresdner Bank* marchait avec l'Etat, Bleich-rœder et la *Disconto* avec le syndicat. Formation d'un consortium, procès, discussions aux chambres prussiennes, achat par le fisc du paquet d'actions de la *Dresdner* : après ces péripéties émouvantes, l'Etat n'en restait pas moins en minorité dans l'assemblée générale de la société ; il ne réussissait pas encore à jouer, dans ces unions qu'il proclamait dangereuses, le rôle de « conseiller écouté » qu'avait rêvé pour lui le ministre Moeller.

Période de pénétration. On put croire que l'Etat continuerait à lutter contre le syndicat. Il préféra y entrer, comme exploitant. Les rapports entre les deux puissances ne sont, d'ailleurs, pas toujours faciles. En 1912, l'administration des mines fiscales de la Ruhr décidait de ne pas renouveler pour l'exercice prochainement venant sa convention avec le syndicat rhénan-westphalien, en raison de la majoration des prix décidée par le syndicat malgré les objections des représentants de l'Etat. En particulier la hausse des charbons domestiques et les protestations qu'elle soulevait mettaient en évidence la contradiction entre les intérêts de l'Etat industriel et les devoirs de l'Etat, puissance publique[1]. Le cartel résistait, et déclarait même qu'il était difficile de s'entendre avec un partenaire aussi mauvais commerçant[2]...

Le syndicat des potasses. Toute autre fut l'attitude de l'Etat dans l'histoire du cartel des potasses[3]. Ici l'Allemagne se trouvait investie d' « un véritable monopole géologique » et les principales mines étaient précisément des mines fiscales : celles de Stassfurt, appartenant à la Prusse, et celles qui appartenaient au duché d'Anhalt. La surproduction et la chute des prix amenèrent dès 1879 l'Etat prussien, malgré la résistance du duché voisin, à provoquer une entente entre quatre mines : limitation de l'extraction, détermination des fabriques auxquelles le produit

[1] *Bulletin d'informations*, 31 octobre 1912.

[2] Kirdorf affirma que cette sécession des mines fiscales serait sans influence sur les prix. « Avec les représentants de l'Etat, ajoute-t-il, il est difficile, d'ailleurs, de discuter. Dès qu'il s'agit d'une décision importante, ils doivent en référer au Ministre qui, à son tour, saisit le Landtag. Il est difficile au syndicat de faire œuvre utile avec un contractant qui dépend d'un vote parlementaire. »

[3] Henry-Gréard, *ouv. cité*, p. 110 et suiv. — P. de Rousiers, *Syndicats*, p. 121. H. R. Tosdal, *The Kartell movement in the German potash industry* (*Quart. Journ.*, nov. 1913.)

brut peut être vendu, fixation de prix minima, c'est
toute la politique des cartels qui est appliquée, ici, sur
l'initiative même de l'Etat. C'est lui qui renouvelle,
modifie, élargit la convention primitive, crée en 1884
un comptoir de vente obligatoire, préside le comité de
direction et la commission arbitrale. Seulement le *dumping*
est ici un *dumping* à rebours, car l'Etat doit
défendre les intérêts agricoles, réserver autant que
possible à l'Allemagne les engrais dont elle a besoin,
hausser les prix d'exportation.

Cette politique des hauts prix se heurtait aux faits :
de nouveaux sondages provoquaient le développement
de la concurrence privée ; la découverte en Alsace de
l'énorme gisement du Nonnenbruch était plus menaçante encore pour l'avenir. Et voilà que le 30 juin 1909,
échéance de la convention, deux usines passaient un
contrat avec le *North trust* américain à des prix inférieurs de 37 p. 100 aux prix syndicaux ; une autre usine,
dont le capital appartenait pour les 3/4 au *South trust*,
refusait aussi son adhésion. Des capitaux anglais,
belges pénétraient également dans les usines, et le
syndicat ne se renouvelait que provisoirement. L'Allemagne allait en venir « à payer plus cher que tous ses
concurrents un produit dont elle a le monopole ».

**Période
de domination**. C'est alors qu'on soumit au Bundesrat un projet de loi d'Empire : main-
tien de l'ancien syndicat, qui devient
obligatoire ; mesures contre la surproduction ; interdic-
tion d'ouverture de mines nouvelles. Ces mesures
draconiennes furent quelque peu atténuées dans la loi
votée en 1910. Il y resta le syndicat obligatoire pour
quinze années, un comité de répartition où l'Etat a

3 représentants (dont le président) sur 7 et qui arrête chaque année le total de l'extraction, le chiffre de la consommation intérieure, le contingent de chaque mine ; plus toute une série de mesures décourageantes à l'égard des mines nouvelles.

Entre la lutte contre le *Kohlensyndikat* et l'organisation du *Kalisyndikat* en établissement public, il y a place pour bien des nuances. En général l'Etat se considère comme le protecteur des cartels, il leur fournit « un appui formel ou tacite ». L'action de l'Etat prussien, par exemple, a été décisive sur la constitution du cartel des fabricants de locomotives de l'Allemagne du Nord [1]. Il consent à payer des prix intérieurs plus élevés que les prix des exportations, il s'engage à ne rien acheter à l'étranger, et la répartition des commandes se fait au ministère même. Par suite l'Etat apporte dans ces commandes une régularité qui assure aux usines un travail à peu près constant. Avec moins d'esprit de suite et moins de rigueur administrative, les Etats du Sud réservent leurs commandes au cartel du Sud, et de préférence aux usines situées sur leur territoire. Ce fut un scandale lorsqu'en 1899, dans un moment d'activité intense, la Bavière commanda en Belgique quelques machines. Un scandale tel que le retour en est moralement impossible.

L'alliance de l'Etat et des cartels tend à constituer en faveur de ceux-ci un monopole de fait, et à son tour le monopole tend à se transformer en monopole d'Etat.

---

[1] Paul de Rousiers, *Syndicats*, p. 109. Tout ceci m'a été confirmé par M. Pinot. Voy. aussi le rapport Arbel.

Vers le syndicat obligatoire. Cette dernière transformation a failli se produire, pour les pétroles, en 1912, et si le projet gouvernemental a échoué, ce n'est pas qu'on ait contesté, même du côté des libéraux, le principe de la loi ; on n'y a opposé que des arguments de fait[1]. De même la guerre a maintenant pour effet de remettre à l'ordre du jour le syndicat obligatoire[2]. Devant les craintes de rupture du *Kohlensyndikat*, un arrêté du conseil fédéral du 12 juillet dernier a autorisé les Etats confédérés à former pour l'extraction houillère des syndicats obligatoires. Le 16 juillet, une ordonnance du ministère prussien menaçait d'exercer ce droit pour les districts de Dortmund et Krefeld si, à la date du 15 septembre, les propriétaires de mines ne s'étaient pas mis d'accord pour former volontairement un syndicat. Tous les propriétaires de mines deviendraient *ipso facto* membres d'une nouvelle *Syndikatsgesellschaft*, dont l'organisation serait déterminée par des statuts octroyés. Le conseil de cette société ne serait pas une libre émanation du syndicat, mais un organe de l'autorité administrative. C'est l'autorité qui dira si et dans quelle mesure les mines-usines pourront utiliser leur propre production, qui ratifiera les prix intérieurs et extérieurs, etc. — C'est le régime (encore renforcé) des potasses appliqué à la plus considérable des industries extractives. La menace d'un pareil asservissement a suffi à convertir

---

[1] Müffelmann. *Revue écon. internat.*, avril 1914. « Il est probable que le développement économique obligera le gouvernement allemand à transformer peu à peu certains monopoles privés en monopoles d'État. »

[2] Prof. Flechtheim, *Zum Zwangsyndikatgesetz* (*Frankfurter Zeitung*. 28 juillet 1915).

les récalcitrants. Mais la menace subsiste, comme un signe de la façon dont l'Etat envisage ses droits sur les cartels. Que d'espace parcouru depuis le temps où les mines fiscales essayaient humblement de se faire une place à côté des mines syndiquées ?

La politique impérialiste au service de l'expansion. Ce n'est pas simplement en favorisant les forces productives que l'Etat pousse à l'exportation, c'est plus directement encore. La politique impérialiste, la *Weltpolitik*, est une politique d'affaires en même temps que de puissance, *Handels und Machtpolitik*[1]. Au service de l'exportation allemande, l'Empire allemand met cet impondérable : le prestige.

On a crayonné plus d'une fois l'impérial commis-voyageur parcourant l'Orient, en costume de croisé, pour y placer des canons et des locomotives. Mais ce que fit en 1898 Guillaume II, la diplomatie allemande, le corps consulaire allemand le faisaient tous les jours. La flotte de guerre était surtout, en temps de paix, un moyen de promener, en des croisières fructueuses, le pavillon impérial sur des mers où naissaient des intérêts allemands. « Ardente, inlassable », toujours aux aguets, la diplomatie impériale ne laisse pas échapper une occasion de servir ces intérêts. Toute modification aux conditions économiques internes ou externes d'un pays étranger lui est un prétexte à intervenir, à se dire lésée, à réclamer des concessions compensatrices. Plaît-il à la Confédération suisse de racheter, par un acte de libre souveraineté, le chemin de fer du Gothard ?

[1] Ashley, *The economical side of the European conflagration* (*Scientia*, 1915, I).

L'Allemagne **prétend** que ses droits sont atteints, elle invente une théorie des plus audacieuses... et demande un pourboire pour se faire. Double pourboire : non seulement elle se garantit, à tout jamais, le tarif de la nation la plus favorisée pour les transports à travers les Alpes, mais elle oblige les Chemins de fer fédéraux à rendre accessible aux entrepreneurs de tous pays l'adjudication des fournitures pour l'électrification de la ligne. **Pour** qui connaît les procédés de *dumping* des Allemands, autant vaut dire que l'adjudication est d'avance accordée au cartel secret dirigé par les Siemens. Déjà une **maison** de Berlin n'a-t-elle pas obtenu le percement du Hauenstein, parce qu'elle offrait des prix inférieurs de 3 millions à ceux de ses concurrents suisses ? Déjà, sans un soulèvement de l'opinion et une intervention du Conseil fédéral, les Chemins de fer fédéraux traitaient avec une maison de Mannheim pour le percement du second tunnel du Simplon.

Lorsque la diplomatie impériale concédait des emprunts — emprunts dont l'argent était souvent fourni aux banques allemandes par les banques étrangères, — c'était contre des commandes. Cette même diplomatie profitait des embarras passagers de ses adversaires (la Russie en 1905) pour leur imposer des clauses commerciales qui ouvraient toutes grandes à l'Allemagne les portes du pays. Qu'on se rappelle la politique de Kiderlen-Waechter au Maroc et au Congo, « l'âpreté, la ténacité, la brutalité » avec lesquelles il voulait nous imposer des ententes économiques toutes au bénéfice de l'Allemagne [1]. Le ministre du puissant Empire se faisait le **porte-parole** du *Kohlensyndikat* et du *Stahl-*

---

[1] Voir Bourdon, l'*Énigme allemande*.

werksverband, et c'est dans la *Rheinisch-westfälische Zeitung* qu'il fallait chercher alors la vraie pensée du gouvernement allemand. Parmi les causes de la guerre actuelle, l'une des moindres n'est pas l'intention prêtée à la Russie de ne pas renouveler en 1917 le néfaste traité de commerce de 1905. Une autre est le désir allemand de réparer, dans le district des minettes, l'erreur bismarckienne de 1871. La cause capitale est l'ambition passionnée d'enlever à l'Angleterre la domination économique de la mer.

La finance, l'industrie, la politique, ces trois forces sont dans l'Empire indissolublement liées et se rendent des services réciproques[1]. Aussi faut-il voir de quel ton les diverses ligues économiques dictent leurs conditions au chancelier dans le fameux mémoire du 20 mai dernier : Briey et le district des minettes, les charbonnages du Nord et du Pas-de-Calais, une colonie en Russie et des colonies outre-mer. La guerre doit être une affaire, une bonne affaire.

---

[1] Voy. Riesser, p. 434. Feiler (déjà cité ci-dessus, p. 100) insiste sur l'avance de 10 millions faite par un consortium allemand au Maroc, et la cession opportune de la moitié de cette part à un groupe français ; — sur les 500 millions prêtés à la Russie au moment de la signature du traité de commerce. Nous pouvons ajouter à ces exemples ceux des emprunts turc et bulgare. Il s'agit presque toujours dans ces opérations d'argent français, remis par nos compatriotes à nos établissements de crédit contre un taux infime, prêté par ces mêmes établissements aux banques allemandes moyennant un taux plus rémunérateur, et finalement repassé par celles-ci aux États faméliques contre des intérêts très élevés, des commandes de matériel et des garanties politiques.

La politique douanière et l'article 11 du traité de Francfort. La guerre, les négociations qui peuvent mener à la guerre restent un fait exceptionnel, mais la guerre douanière est le pain quotidien. Est-ce qu'en Allemagne l'Empire douanier n'a pas précédé l'Empire politique ? Il est donc tout naturel que les industries d'exportation exigent de l'État une politique douanière efficace.

Cette politique, de 1871 à 1914, a été dominée par un grand fait, l'existence du traité de Francfort[1].

Ce n'est pas ici le lieu de refaire l'histoire des négociations de 1871, de redire que Pouyer-Quertier et Favre considérèrent comme une victoire d'avoir imposé à Bismarck l'insertion dans le traité de la clause de la nation la plus favorisée. Bismarck aurait voulu redonner vigueur au traité entre la France et le Zollverein, qui expirait à la fin de 1877, et le prolonger jusqu'en 1881. Par l'article 11, nos plénipotentiaires préférèrent rendre perpétuelle la clause de la nation la plus favorisée, en la limitant à six nations, les seules qui se mesuraient alors dans la lice industrielle.

L'article 11 a d'abord été favorable à la France, qui profita des tarifs concédés par l'Allemagne à chacun des six autres. Mais quand, en 1879, l'Allemagne entra dans une phase protectionniste, elle se trouva bénéficier à son tour pour son importation en France de toutes les concessions que nous faisions à l'un des Six, sans nous rien accorder en échange. Si cet article nous

---

[1] L. Coquet. *La révision du tarif douanier français...* (*Revue écon. intern.*, avril 1909). — A. Mages, *Les conséquences de l'article 11 du traité de Francfort*, 1911. — A. Sayous, *La réforme du régime douanier des États de l'Europe centrale* (*Fédération des industriels*, janvier 1914).

a garanti contre la formation d'un Zollverein de l'Europe centrale, il ne nous a servi en rien sur les marchés qui ne comptaient pas en 1871, comme l'Italie ou l'Espagne, comme tous les pays extra-européens, notamment les États-Unis.

Par habitude, nous concédions à ces États la clause de la nation la plus favorisée, devenue, pour ainsi dire, une clause de style. Par là s'effaçait la distinction, dans une certaine mesure tutélaire, établie par le traité entre les Six et les autres ; la diplomatie impériale, toujours en éveil, réclamait le bénéfice de toute concession faite à des tiers, lors même que ces concessions ne portaient pas sur des tarifs douaniers[1].

Inversement l'article 11 a souvent amené une tension entre la France et d'autres États — même l'un des Six — parce que tel relèvement de tarifs dirigé par nous contre l'Allemagne lésait telle nation tierce. L'Allemagne profitait de cette tension pour se substituer à nous sur ce marché, et ensuite, à l'heure de la réconciliation, elle bénéficiait de nos concessions.

Il est vrai que la clause était réciproque. Mais l'Allemagne a trouvé les moyens, sinon de rendre cette réciprocité vaine (on a parfois exagéré sur ce point), du moins d'en restreindre singulièrement la portée. Le moyen le plus connu est la spécialisation des taxes. Il ne semble pas douteux que les spécialisations insérées dans le tarif de 1902 aient été « inspirées par le

---

[1] D. Bellet (*Revue des sciences politiques*, 15 août 1915) : il y a une dizaine d'années, le Nord, le P.-L.-M. et l'Est mettent en application des tarifs d'exportation et de transit franco-suisse-italien ; le Consul général d'Allemagne à Paris s'adresse par lettre à l'Office des transports pour demander si l'Allemagne ne peut invoquer l'article 11. — En somme c'est la politique que nous avons vue à l'œuvre dans la convention du Gothard.

désir de tourner l'article 11 ». **Les traités conclus par
de Bülow en 1904-1906, et qui ont étendu la clause de
la nation la plus favorisée à 41 Etats, ont multiplié ces
définitions strictes qui ne peuvent convenir qu'aux vins
rouges italiens ou au Marsala, au Tokay, aux chevaux
belges ou austro-hongrois, au bétail suisse, etc. Le
moyen était si efficace que l'on ne se plaignait en Allemagne que d'une chose, de son insuffisante application :
en 1914, on demandait au gouvernement d'allonger la
liste des spécialisations. C'est par là que l'Allemagne
aurait pu, tout en ayant l'air de respecter l'article 11,
réaliser tout de même, dans une certaine mesure, un
Zollverein de l'Europe centrale.**

Aux spécialisations s'ajoutaient les méthodes vexa-
toires d'analyse, particulièrement pour les vins, et
ces tarifs différentiels de transports dont nous avons
déjà parlé. Mais ce sont là mesures négatives, destinées à lutter contre l'importation. La politique fiscale
allemande comporte une partie positive, grâce à la
notion **du** *Veredelungsverkehr,* du travail de perfectionnement. Théoriquement, il n'y a rien là de plus
que notre régime de l'admission temporaire ou des
acquits à caution, mais appliqué avec bien plus de
largeur et de généralité. La « rigueur bien connue des
tarifs » s'abaisse comme par enchantement, ou même
ces tarifs disparaissent en faveur des fontes, textiles,
bois, denrées alimentaires, lorsque ces matières sont
réexportées après avoir été transformées ou avoir subi
un supplément de travail. Bois de Russie, cacaos, riz,
pétroles, cires, tabacs d'Orient, de Russie, d'Amérique ressortent ainsi d'Allemagne dans des conditions
de prix très favorables, grâce à un régime analogue à
celui que nous avons signalé pour les céréales, celui

des *Einfuhrscheine*[1]. Il y a là des combinaisons d'une souplesse infinie. En somme toute usine allemande peut devenir une sorte d'entrepôt, de « port franc ». L'exemple le plus typique est celui des teinturiers en andrinople d'Elberfeld : les fils qu'ils reçoivent de Suisse sous le couvert du drawback sont teints dans des salles spéciales sous la surveillance de douaniers que l'usine rétribue ; ces salles sont mises sous scellés chaque soir, et les fils réexpédiés une fois teints. Même régime pour l'impression des indiennes.

La maison ainsi constituée en entrepôt franc, ou *Freilager*, acquitte en bloc et périodiquement les droits afférents aux quantités livrées dans l'intérieur du pays. Mais tout ce qui sort de l'usine « cadenassée » pour être réexporté est exempt de tous droits et de toutes formalités, sous réserve du contrôle exercé inopinément par les inspecteurs des douanes.

C'est ainsi encore que l'abaissement ou la suppression des droits sur les moûts ou les vins à champagniser, sur les vins pour cognac, sur les pommes à cidre a permis de créer de toutes pièces des industries nouvelles.

Ce système peut aller jusqu'a l'organisation légale de la fraude. Par exemple l'article 7 de la loi du 7 avril 1909 stipule que le vin de coupage peut être dénommé d'après la partie dominante dans le mélange. De là un trafic très répandu en ces dernières années,

---

[1] P. de Rousiers, *Syndicats*, p. 153. — Rapport Aulagnon. — *Memoranda* cités du *Board of trade*, p. 400. A côté des produits non finis importés francs de droits pour être achevés en Allemagne et réexportés, il faut signaler les produits non finis *exportés pour être réimportés après achèvement à l'étranger* (soies grèges, gants de peau, broderies) et non soumis aux droits lors de la réimportation.

qui consistait à acheter dans les crus réputés de la Côte-d'Or des wagons entiers de vendange, à les mélanger à 49 p. 100 de raisins allemands et à baptiser le tout « bourgogne » ! De savantes réclames faisaient même savoir au public hollandais, belge ou scandinave que la chimie allemande, appliquée aux produits de la terre et du soleil bourguignons, donnait des vins très supérieurs à ceux que pouvaient leur fournir l'ignorance et la malpropreté bien connues des vignerons français. Vive donc le « bourgogne allemand [1] » !

Rendons d'ailleurs justice à la douane allemande, comme aux autres administrations allemandes. Elle n'est pas inutilement tatillonne, elle n'obéit pas aux principes d'une aveugle fiscalité, elle ne voit pas nécessairement dans ses justiciables des ennemis, et surtout elle s'efforce d'aller vite, de trancher rapidement les litiges [2]. Ce sont là des mérites rares. Sur ce terrain comme sur les autres, la consigne est de promouvoir l'essor industriel et commercial du peuple allemand.

Ce n'est pas seulement en apparence, par des démonstrations verbales, que l'Empire s'est mis au service de la politique d'expansion. Les relations per-

----

[1] Lorsque la proportion du coupage dépassait 51 p. 100, le vin était étiqueté : « *Burgunderwein, deutsche Traube* », bourgogne, raisin allemand.

[2] *Chambre de Commerce française de Milan*, février 1914. Les douanes françaises et italiennes exigent une déclaration conforme à la classification officielle ; la douane allemande établit elle-même la classification. En cas de désaccord, recours immédiat au directeur ; si besoin est, appel à la direction générale ; le conseil supérieur statue en huit ou quinze jours. Si l'importateur n'accepte pas la sentence, il peut réexporter. Les amendes ne frappent que les cas de fraude évidente, etc. — Voyez ce rapport pour le détail des facilités de réexportation.

sonnelles d'un Guillaume II avec un Stumm, un Helfferich, un Ballin sont autre chose qu'un symbole. Entre
les intérêts agrariens et les intérêts industriels, le protectionnisme allemand essaie de tenir la balance[1],
favorisant les uns et les autres, pourvu que ces diverses
branches de l'activité nationale servent les plans
impériaux de domination universelle.

[1] Sayous, *art. cité*, remarque qu'il y a partie liée entre la grosse
industrie (*Centralverband der deutschen Industriellen*) et les agrariens (*Bund der Landwirte*). Au contraire le *Bund der Industriellen* et le *Hansa Bund* protestent contre le renchérissement dû
à la protection.

TROISIÈME PARTIE

LA
CONQUÊTE DES DÉBOUCHÉS

Nous avons essayé, dans les pages qui précèdent, d'analyser et de mesurer les forces — du moins les principales d'entre les forces — qui ont assuré l'expansion économique de l'Allemagne. Il nous reste maintenant à contempler ces forces en action, à les voir non plus isolées les unes des autres mais réunies dans une œuvre commune, à étudier leurs modes d'application et les résultats de leur effort.

Cette partie descriptive de notre travail — la plus facile — sera aussi la plus brève. Car c'est la partie du sujet qui a été le mieux éclaircie par la plupart des auteurs. Comment les Allemands se préparent à la conquête économique, comment ils procèdent à l'étude des débouchés, comment ils pénètrent sur les marchés et font le siège de la clientèle, comment à cette pénétration commerciale ils joignent la pénétration industrielle, c'est ce que nous voudrions, après d'autres, esquisser.

Notre ambition sera de mettre, dans cet immense détail des faits, un peu d'ordre et de lumière.

CHAPITRE I

L'ÉTUDE SYSTÉMATIQUE DES DÉBOUCHÉS

Des services rendus à l'industrie allemande par les émigrés allemands. — Le *Deutschtum* à l'étranger. — La technique de l'exportation. — Le service des renseignements. — Consulats. — Agences. — L'espionnage commercial. — L'étude des clientèles. — L'adaptation de l'industrie **aux** désirs de la clientèle.

Des services rendus à l'industrie allemande par les émigrés allemands.

Lorsque l'Allemagne, devenant industrielle, cessa d'exporter des hommes pour exporter des marchandises, elle bénéficia tout d'un coup du fait que ses masses épaisses, essaimé au dehors enfants avaient, en masses épaisses, essaimé au dehors.

Aux sombres jours de 1849, lorsque le *Hamburger Kolonisationsverein* créait les premières colonies sud-brésiliennes, il croyait résoudre simplement une question sociale d'ordre intérieur, lutter contre le paupérisme. Il ne se doutait pas qu'une véritable société allemande, avec des villages allemands, des écoles allemandes, des journaux allemands, allait naître et prospérer dans les États de Santa-Catarina et de Rio Grande do Sul[1]. On considérait plus encore comme

[1] Voy. H. Hauser, *Colonies allemandes, impériales et sponta-*

perdus pour l'Allemagne les millions d'Allemands qui se déversaient sur le Centre-Ouest américain, à Chicago, à Milwaukee.

Grâce à cette émigration formidable, — qui reprit de 1866 à 1874, puis encore après 1880, des « dimensions énormes » — il arriva que l'Allemagne, au lendemain de son industrialisation subite, rencontra dans tous les coins du monde des clientèles toutes prêtes, parlant sa langue, habituées à ses produits, toutes disposées à les vanter autour d'elles, bref des armées de consommateurs et de commis-voyageurs. Sur les lacs américains des villes où les Allemands sont la moitié, les trois quarts de la population, au Sud-Brésil des villages dont les noms de Blumenau, Neu-Württemberg, Bismarck, disent assez la composition ethnique, au Chili, en Australie, dans l'Afrique du Sud des groupes compacts d'Allemands attendaient les marchandises allemandes. Ces colonies spontanées ont été, pour le commerce allemand, une première base d'opérations.

Le Deutschtum à l'étranger. Il est vrai, disait-on, que la conscience nationale était plutôt lâche chez ces hommes, sortis d'Allemagne pour échapper à la misère, à la servitude politique, aux tristesses de la *Kleinstaaterei*. Mais sur eux aussi agit le prestige de l'Allemagne victorieuse et unifiée. En Allemagne même une docte cohorte se donna pour tâche de redonner à ces *disjectæ membra patriæ* le sentiment de leur solidarité nationale. Les géographes de la Ligue pangermaniste, *Alldeutscher Verband*, se

nées, 1900. — **Tonnelat,** *L'expansion allemande hors d'Europe*, 1908.

livrèrent à un soigneux inventaire des essaims allemands épars à travers le monde : des cartes, des atlas — *Alldeutscher Atlas* — des livres, des Revues — *die deutsche Erde*, — relevèrent, classèrent, cataloguèrent les moindres villages, les postes, les comptoirs, les missions que l'on pourrait considérer comme des bastions du *Deutschtum*. Ces Allemands dont il s'agissait d'empêcher la dénationalisation, que souvent même il importait de renationaliser, on les aida à constituer ces sociétés où se plaît l'esprit discipliné des Germains, on leur donna des écoles. Tandis qu'en France les vaillants fondateurs de notre *Alliance française* avaient toutes les peines du monde à faire pénétrer dans le cerveau de nos industriels et de nos commerçants cette vérité élémentaire que la diffusion de notre langue est une des conditions essentielles de notre expansion commerciale, en Allemagne les œuvres analogues, *Deutscher Schulverein* et consorts, devenaient tout de suite très fortes. L'une d'elles, le « Germanisme à l'étranger », *Deutschtum in Ausland*, est une puissance. L'Etat ne lésine jamais quand on lui demande son concours financier pour une école, pour un collège [1]. Car l'Etat se considère non seulement comme le pouvoir souverain de l'Empire allemand, mais comme l'organe directeur de cette masse amorphe, flottante et envahissante qu'on appelle le *Deutsch-*

---

[1] Que l'on parcoure seulement les *Bulletins de l'Alliance française*, association nationale pour la propagation de la langue française dans les colonies et à l'étranger, et l'on pourra comparer les sacrifices insuffisants et irréguliers que fait l'Etat français à la libéralité de l'Etat allemand à Madrid, en Orient, dans les Amériques, etc. Il faut tout le naturel prestige dont jouit notre langue pour qu'elle ne soit pas étouffée sous cette pluie d'or.

tum. « L'Empire, a écrit Lamprecht, l'Empire, comme corps politique, ne s'arrête pas à ses frontières... On peut l'appeler l'*État tentaculaire germanique.* »

Cette restauration de la conscience allemande chez les millions d'Allemands du dehors a eu des conséquences commerciales incalculables. Parmi les causes de ce fait que l'Allemagne assure plus de 52 p. 100 du total de l'importation russe, figure la présence en Russie de 1.800.000 habitants de race germanique, « milieu particulièrement favorable pour l'expansion allemande ». Même s'ils ignorent le russe, les exportateurs allemands, avec leur propre langue, « arrivent... à se faire suffisamment comprendre dans les régions les plus peuplées et par cela même les plus commerçantes[1] ». Plus de 30.000 Allemands aux Pays-Bas, 70.000 en Belgique, sans parler des naturalisés[2] : or on sait ce qu'est un « naturalisé » d'après la loi Delbrück. Au reste, en cette hospitalière et imprévoyante Belgique qui devait payer si cher sa xénophilie, il suffisait de la « petite naturalisation » pour prendre part aux élections communales, provinciales, consulaires, pour faire partie de la garde civique et y recevoir des grades[3] ! Si bien que dans Anvers, où s'alignaient côte à côte le long de l'Escaut les docks du *Norddeutscher Lloyd,* de la *Hamburg-Amerika* et du *Kosmos,* dans cet Anvers où le gymnase allemand, les

---

[1] Giraud, *Le commerce extérieur de la Russie.*

[2] Chiffres et détails donnés par Andrillon en 1909. — Nous avons revu Anvers moins de douze mois avant la guerre : on ne pouvait revoir Anvers sans avoir l'impression que les progrès de la germanisation y avaient été très rapides. Elle y avait eu pour auxiliaire inconscient le flamingantisme.

[3] Les étrangers domiciliés depuis dix ans et patentés prenaient part aux élections consulaires.

innombrables sociétés allemandes, les librairies allemandes, et jusqu'au Foyer du Marin allemand (*Deutsches
Seemansheim*) maintenaient vivante la toute-puissance
du *Deutschtum ;* dans cet Anvers d'où la maison de
nouveautés Tietz rayonnait par ses succursales sur
Bruxelles, Liége, Malines — il put arriver aux envahis-
seurs d'être reçus par des officiers allemands de la garde
civique belge ! Et si demain les Allemands entraient à
Rotterdam, ils trouveraient les bords de la Meuse occupés par des firmes allemandes — comme ils ont trouvé
chez nous les abords de la voie ferrée d'Epernay.

A Paris même, en 1908, ne comptait-on pas plus de
60 sociétés allemandes — dont une filiale de la Ligue
maritime[1] ? Les statistiques officielles évaluaient le
nombre des Allemands à plus de 30.000 pour Paris,
à 90 ou 100.000 pour l'ensemble de la France. Mais
des calculs plus sérieux chiffraient à plus de 50.000
le nombre des seuls Allemands de Paris, à plus de
200.000 le nombre des Allemands en France. Des
écoles, trois paroisses protestantes et trois paroisses
catholiques à Paris, des paroisses à Lyon, Marseille,
Bordeaux, nous disent assez l'importance de cette
colonie. — Nous n'avons pas à nous occuper ici des
conséquences politiques et militaires d'un tel état de
choses. Nous constatons seulement que sur ces 200.000
personnes un grand nombre devaient nécessairement
préférer les produits allemands aux produits français,
qu'elles formaient pour les industriels allemands une
pépinière de représentants, qu'elles fournissaient aux
commis-voyageurs venus d'Allemagne des auxiliaires,
des intermédiaires de premier ordre. Les Allemands du

[1] **Andrillon**, *ouvr. cité.*

dehors étaient d'excellents « indicateurs, sinon rabatteurs d'affaires [1] ».

Ainsi, grâce aux mesures prises pour fortifier systématiquement chez les émigrés le sentiment du *Deutschtum*, « la perte » qu'avait subie l'Allemagne du fait de l'émigration, se transformait en « une augmentation de puissance et de domination, et ce au point de vue des idées, de la civilisation et aussi au point de vue économique [2] ».

Cela d'autant plus que l'émigration allemande n'a pas seulement varié en quantité, elle a totalement changé de nature. Il ne faut plus parler, nous l'avons dit, de l'émigration paysanne. Les pangermanistes les plus forcenés songent donc presque exclusivement, comme Liebert, « à la partie intellectuelle de notre émigration, à ceux qui ont suivi des écoles, aux commerçants, hommes d'affaires de tous genres, techniciens, ingénieurs des mines, planteurs qui ici ne peuvent jouer des coudes à cause de la concurrence, et qui outre-mer [ou même, dirons-nous, outre-frontières] trouvent de bons traitements ou de bons bénéfices ». Où qu'ils tombent, ces émigrants d'un nouveau genre arrivent sur un terrain déjà préparé par les masses allemandes, ils s'encadrent dans des groupements préexistants, ils ne sont pas des isolés.

---

[1] A. Haller, *Rapport sur l'Exposition de* 1900, p. xxiv. *Ibid.*, n° 2, il signale les articles qui paraissent dans la *Chemische Zeitung* sous le titre *Stimmen aus dem Auslande*, où les Allemands du dehors renseignent les Allemands du dedans sur la situation du pays où ils se trouvent, les affaires à tenter, etc.

[2] **Zahn**, *Revue écon. internat.*, 15 janvier 1906.

L'étude des débouchés. Est-ce l'ancienneté des relations avec ces groupes d'Allemands du dehors qui a poussé les Allemands à pratiquer, chez eux, l'étude systématique des débouchés? Je crois plutôt que nous touchons là, une fois de plus, à l'une des particularités essentielles de la psychologie allemande. L'Anglais pense empiriquement : c'est au cours de la vie, au contact de la réalité, que par une série d'expériences il acquiert, complète, rectifie, coordonne les notions qui lui sont utiles. Le Français pense intuitivement : armé des idées qu'a déposées en lui la culture générale, il aperçoit très vite les rapports entre les choses, se contentant parfois des rapports superficiels ; il s'adapte très vite à une situation nouvelle et, par suite, se fie très facilement à cette merveilleuse faculté d'adaptation. C'est un improvisateur ; on dirait de lui sans trop d'ironie qu'il sait tout sans avoir rien appris ; aussi n'est-il pas très persuadé qu'il soit indispensable d'avoir appris pour savoir. L'Allemand, lui, pense méthodiquement. Les problèmes pratiques sont pour lui des problèmes scientifiques, à étudier et à résoudre comme tels.

Etant donné un marché à conquérir, il procède comme l'Etat-major, comme « l'Académie de guerre » qui étudie une opération stratégique. Climat, productions, régimes politique, social, monétaire et douanier, organisation des transports ; psychologie des habitants, leurs goûts de simplicité ou de luxe, leur amour du solide ou du voyant ; leurs rapports avec leurs fournisseurs actuels et les moyens de supplanter ces fournisseurs, voilà les éléments du problème. Il faut les connaître à fond, les cataloguer, les mettre sur fiches, **les comparer aux éléments analogues de pro-**

blèmes déjà connus avant d'en essayer la solution. Le jour où l'on possèdera les données essentielles, on pourra écrire à un négociant de ce pays pour lui faire des offres : on lui écrira dans sa langue, et dans le style commercial auquel ce pays est habitué ; on lui proposera des articles conformes à ses besoins et à ses goûts, on lui demandera le paiement en espèces, en chèques ou en traites, suivant les usages auxquels il a coutume de se plier, pour des dates qui lui sont commodes, comme devra lui être commode la date de livraison des marchandises.

La technique de l'exportation. Tout cela s apprend et s'enseigne. C'est la technique de l'exportation. Les écoles commerciales, les *Höhere Handelschulen*, les *Handelsakademien*, les Universités commerciales sont là pour dispenser cette science, comme les *Polytechnika* enseignent la chimie appliquée ou l'électro-technique. Le professeur ès sciences commerciales est considéré comme un expert en la matière, comme un conseiller à écouter, tout aussi bien que le spécialiste en matières tinctoriales ou en produits pharmaceutiques. A côté de l'union entre l'usine et le laboratoire il faut signaler aussi, pour avoir une idée complète de l'organisation scientifique de l'exportation allemande, l'union entre le cabinet du directeur d'entreprise et la bibliothèque de l'économiste, du juriste, du géographe, de l'historien.

Le service des renseignements. Pour constituer cette technique de l'exportation, pour tenir constamment au courant les fiches où s'inscrit cette étude systématique des débouchés, il importe de posséder des services de renseignements perfectionnés.

Consuls et attachés commerciaux. La première démarche, en Allemagne comme partout ailleurs, est de s'adresser aux agents de l'État et surtout au corps consulaire. L'État s'entoure de conseillers commerciaux analogues à nos conseillers du commerce extérieur, des *Handelssachverständige*. Sur les instances du *Bund der Industriellen*, il a fondé un bureau pour l'accroissement de l'exportation [1]. Il a, dans les principales villes, des consuls de carrière, commerçants plus que diplomates, qui restent toujours dans le même poste, que l'on n'expédie pas de Rabat à Haïti, et d'Haïti à Téhéran. Les consuls allemands sont nombreux, bien payés, secondés par un personnel qui les décharge des besognes matérielles et des fastidieuses occupations de chancellerie : le consulat allemand de Pétersbourg avait un budget de 250.000 francs, et 17 employés; le consul français recevait 16.000 francs, avait 2 ou 3 employés. Les agents consulaires sont toujours des Allemands, et ils sont indemnisés de leurs frais [2]. — Ajoutons que tous ces agents s'occupent des intérêts allemands avec un zèle que, chez les agents de n'importe quelle autre puissance, on traiterait d'indiscret [3].

Et pourtant... Et pourtant les commerçants alle-

[1] Aulagnon, *Rapport cité*.

[2] Rapport Arbel.

[3] Et aussi avec une louable diligence. De Ribes-Christofle (rapport à la Chambre de commerce de Paris) : Malgré leurs qualités, les consuls français « n'en sont pas encore arrivés à prendre les devants de manière à avoir leurs dossiers prêts et à jour pour répondre aux demandes ».

mands se plaignent, tout comme les nôtres, de l'insuffisance du corps consulaire en tant que source de renseignements. En Allemagne comme en France, et à
l'imitation de la France, on a essayé de parer à cette
insuffisance en créant des attachés commerciaux.
M. Blondel [1] signalait, au début de 1914, la création de
13 attachés, mais il ajoutait : « Les exportateurs ne
paraissent pas, jusqu'ici, s'être beaucoup servis des
attachés. Il y en a qui vont jusqu'à prétendre que c'est
une institution nuisible ». L'activité du commerce allemand, disent-ils, est si rapide qu'elle devance toujours
celle des fonctionnaires les plus spécialisés.

Agences.
L'espionnage commercial. C'est donc par d'autres
organes, émanant plus di-
rectement d'eux - mêmes,
que les commerçants entendent se renseigner. Non
pas, comme les Français ou d'autres nations, par la
création de chambres de commerce allemandes à
l'étranger. Mais plutôt par des sociétés spéciales, qui
confondent dans leurs services à la fois l'étude théorique et pratique des débouchés et les renseignements,
au point de vue purement commercial du mot, sur la
clientèle étrangère.

C'est ainsi que l'Union des sociétés de *Credit Reform*
tient constamment à jour un système de fiches sur la
solvabilité des maisons et fournit à ses 70.000 membres,
groupés en 370 sociétés, toutes facilités pour le recou-
vrement de leurs créances. Fondée en 1881 à Mayence,
l'Union siège aujourd'hui à Leipzig ; elle avait en 1911

[1] *Fédération des industriels*, mars 1914. Ces attachés sont à
Pétersbourg, en Amérique (5), à Johannesburg, en Asie (5), à
Sydney.

380 succursales, 320 représentants. C'est une véritable mutualité-renseignements [1].

Plus directement encore l'*Export Bureau* de la *Deutsche Export Bank* s'occupe des affaires de ses clients, leur signale les débouchés, leur indique les opérations à tenter, envoie des voyageurs, organise des expositions. Moyennant un abonnement annuel de 50 marks, elle leur adresse à la fois des renseignements sur demande et des communiqués périodiques. La *Deutsche Export Revue* est une émanation de l'*Export Bureau*. A ses éditions d'outre-mer est annexé un questionnaire destiné aux maisons des pays importateurs « qui désirent développer leurs relations commerciales en Allemagne ». On prie ces maisons de renvoyer ce questionnaire rempli au bureau de la Revue, « qui les mettra en relations avec les premières maisons de la branche ». Les correspondants sont priés de joindre à leurs réponses des références, et de répandre le questionnaire parmi leurs amis. Grâce à ce procédé de boule de neige, la Revue arrive à se constituer un fichier de premier ordre.

Chaque banque, on s'en souvient, a le sien. Entre les mains de certaines d'entre elles, le fichier devient une arme terrible, qu'elles utilisent à la fois pour la défense de leurs intérêts et pour celle des maisons industrielles dont elles sont les collaboratrices. M. Preziosi [2] a expliqué comment procède à cet égard la

---

[1] Vallier, *Banques d'exportation*, p. 129 et ss. — Cf. R. C., *Le commerce d'exportation allemand* (*Bulletin de la Chambre de commerce française de Genève*, 1915, n°* 4, 5, 6).

[2] Et après lui Ezio-M. Gray, p. 130. — Notre consul à Porto : « Les exportateurs d'Outre-Rhin exigent de certains établissements financiers, chargés de leurs recouvrements, la liste de

Banca commerciale italiana : grâce à son service de renseignements, elle apprend que telle maison italienne a fait un « extratour » avec une usine non allemande. Immédiatement on fait savoir à la coupable qu'en cas de récidive les guichets de la *Commerciale* lui seront fermés. Résiste-t-elle à la menace ? Alors entrent en jeu les « bulletins d'informations réservées » de la banque : par de petites notes secrètes et perfides, la *Commerciale* fait savoir aux autres banques que la maison récalcitrante n'est pas très solide... et la malheureuse se voit bientôt refuser tout crédit. Il lui reste le choix entre la ruine ou la capitulation.

Tout cet appareil, semble-t-il, ne suffit pas, puisque des institutions privées très puissantes peuvent encore vivre de la vente des renseignements. Tout le monde, au début de la guerre, a entendu parler de l'agence Schimmelpfeng, dont la collection de fiches paraît avoir été admirablement tenue en ce qui concerne notre pays et qui aurait, au cas d'une invasion allemande à Paris ou à Lyon, renseigné sans retard le commandement allemand sur les forces contributives des notables. Un ancien ministre russe du commerce rappelait récemment qu'il avait jadis visité à Berlin le bureau Schimmelpfeng : un grand édifice, une salle d'archives à galeries, pleine de fiches sur toutes les firmes du monde. « Schimmelpfeng se vantait qu'il n'y avait pas une firme en Russie sur laquelle il ne sût tout. » Il demanda à son interlocuteur de le mettre à l'épreuve. Celui-ci lui nomma une maison médiocre-

leurs concurrents et de la clientèle de ces derniers, les chiffres des affaires traitées et les crédits accordés, etc. » En faveur des grosses maisons, les banques « s'inclinent en trahissant leurs autres correspondants ».

ment connue... En cinq minutes on apportait le dossier de la maison : solvabilité, ressources, compte en banque, etc. [1]. — Dans presque toutes les banques russes, Schimmelpfeng avait, parmi les employés, un espion. Au reste, il se procurait les premiers renseignements par des fiches qu'il envoyait en blanc aux intéressés et que ceux-ci avaient la naïveté de remplir eux-mêmes [2].

Par tous ces moyens, honnêtes et déshonnêtes, les exportateurs allemands acquièrent une connaissance précise des milieux où ils opèrent. « Les succès des constructeurs allemands [d'automobiles] en Pologne, écrit notre consul général à Varsovie, sont dus principalement à leur connaissance approfondie du marché polonais [3]. »

Que cette connaissance « scientifique », acquise au prix de démarches méthodiques, faite de renseignements, soigneusement rassemblés et collationnés, puisse toujours suppléer aux lumières que donnent seuls la connaissance intuitive, le sens psychologique — assurément non. Un bon connaisseur, M. Dernburg, le disait dernièrement aux exportateurs allemands dans l'Amérique latine [4] : « Nous n'avons pas compris la

[1] Interview de M. Timiriazeff dans le *Standard*, et dont je retrouve la traduction dans *Das Echo* du 29 juillet dernier.

[2] C'est d'ailleurs le procédé employé par les éditeurs allemands pour tenir au courant leurs annuaires scientifiques. — Pour les industriels, Ezio-M. Gray affirme qu'on leur demandait, à côté des informations à faire figurer dans l'annuaire, des « informations réservées » sur leurs confrères, moyen de « faire espionner et trahir les Français par leurs propres nationaux ».

[3] *Chambre de commerce russo-française.* mars 1914.

[4] A l'assemblée constitutive (une assemblée de ce genre en

psyché des Sud-Américains — mais pas seulement celle des Sud-Américains ». Et il analysait assez finement les erreurs de psychologie commises par les Allemands, ailleurs encore qu'à Buenos-Aires : « L'énergie et l'activité de l'Allemand sont assurément extraordinaires. Pour les peuples romans et anglo-saxons il est désagréable d'avoir sans cesse à le sentir. C'est pourquoi nous devons leur présenter **les** conquêtes de la science et de la technique d'une façon qui ne nous montre pas, par faute de tact, comme les plus savants et les plus sages. En cela nous avons maintes fois péché, et nous avons considéré l'étranger comme une « seconde « classe », qui a encore beaucoup à apprendre... Nous ne devons pas nous présenter comme des maîtres d'école, mais comme des amis ».

Les Allemands suivront-ils les conseils de M. Dernburg ? Sauront-ils acquérir « du tact », comme on acquiert des connaissances physico-chimiques ? Sauront-ils, au lendemain de la défaite, trouver le milieu entre l'arrogance triomphante et l'obséquieuse humilité ? J'en doute. Mais, cette erreur mise à part, leur connaissance des milieux leur a procuré de réels avantages.

Étude des clientèles. — Ils savent — cela est une notion susceptible d'acquisition scientifique — que toutes les clientèles ne se ressemblent pas, n'ont pas les mêmes besoins, ni les mêmes exigences, ni les mêmes ressources. Leurs succès au Brésil, ils les doivent « à leur souci de se

temps de guerre !) du *Deutscher Wirtschaftsverband für Süd- und Mittelamerika* (*Frankfurter Zeitung*, 5 septembre 1915). Tout le morceau est à lire.

renseigner sur les habitudes et les préférences de la clientèle brésilienne, de différencier leur fabrication, suivant qu'il s'agit du Brésil ou de l'Amérique du Nord, par exemple[1] ». Trop nombreux, parmi leurs concurrents, ceux pour qui Rio, Boston ou New York, c'est toujours « l'Amérique », quand même cela n'est pas tout simplement « l'exportation »! S'ils gagnent du terrain en Australie, c'est parce qu'ils sont « très au courant des habitudes du marché », etc., etc. Pas un de nos rapports consulaires qui ne répète ce refrain.

Faut-il ou ne faut-il pas faire de longs crédits ? C'est selon. Autrichiens et Allemands avaient conquis le marché serbe par leurs crédits de 9 et 12 mois, parce que « le Serbe accepte volontiers de surpayer un article pourvu qu'on n'en réclame pas le paiement immédiat ». Ils vendent en Roumanie leurs étoffes à 9 mois, leurs rhums et leurs cognacs à 12 mois, et la plupart des marchandises à 6 mois. — « *L'Équateur est un pays de crédit*. Les maisons allemandes savent vendre à long terme, 6 mois au minimum. Le voyageur allemand... a le talent de persuader au client que ce qui paraît cher est réellement bon marché, puisque les maisons qu'il peut représenter font de 6 à 9 mois au lieu de 90 jours. » Pourquoi, au Brésil, vend-on bon an mal an plus d'un millier de pianos allemands contre deux cent et quelques pianos français ? Parce que les Allemands acceptent le paiement par mensualités de 20 à 30 francs tandis que les Français obligent le dépositaire local à avancer une grosse somme... et que le

---

[1] Toutes les citations qui suivent proviennent des plus récents rapports consulaires, sauf celle sur la Serbie, qui sort d'un article de M. R. Lauret dans la *Revue politique et parlementaire*, 10 août 1915.

Brésilien, amoureux de luxe, pressé de jouir, tient à posséder son piano tout de suite, quitte à le payer longuement[1].

Ces longs crédits ne sont pas sans inconvénients. Ils peuvent, en période de crise, dans un Vénézuéla quelconque, devenir singulièrement dangereux. Ils ouvrent entre les divers producteurs une concurrence d'un nouveau genre, la course au crédit, qui peut mener loin. Il finit, quoi qu'on en dise, par ne plus se limiter aux pays neufs et jeunes, par répandre de détestables habitudes commerciales même dans les vieux pays que leur solidité financière devrait en préserver[2]... Mais, en attendant les catastrophes, c'est un moyen très sûr d'évincer des rivaux et de conquérir des débouchés.

Où il n'y a qu'à louer — et à imiter — c'est lorsqu'on voit les Allemands rédiger leurs tarifs et leurs factures en langue du pays, avec prix énoncés en monnaie locale[3]. Se figure-t-on vraiment, à Paris ou à Londres, que nos clients exotiques sont tous des philologues ou des cambistes, rompus aux mystères du système

[1] Le rapport Arbel explique comment les Allemands se sont pliés aux usages des foires de Nijni-Novgorod, où l'on avait l'habitude du règlement à foire prochaine (à 9 mois), conséquence de la liquidation de la récolte. — Voy. dans le *Bulletin de la Chambre de commerce française de Milan* (novembre 1914), le très instructif tableau des conditions offertes en France et en Allemagne, pendant la guerre, pour un même produit.

[2] *Rapports commerciaux, Danemark*, 1913. Nos concurrents allemands « tirent de grands avantages pour enlever les affaires des longs crédits qu'ils consentent », notamment pour les automobiles.

[3] On signalait récemment la difficulté que présentent, pour cet établissement des prix en monnaie locale, les fluctuations du cours du change. Les Allemands ont résolu cette difficulté.

décimal ou du système plus effarant de la livre, du shilling et du penny ? Si l'Allemand, parfois, manque de finesse psychologique, il a du moins saisi très fortement certains axiomes de psychologie élémentaire, et celui-ci par exemple que l'homme est un être naturellement paresseux, serf volontaire de la loi du moindre effort. « Ai-je besoin, me dit un commerçant français, de tel modèle de glaces, de telle dimension ? Je demande à la grande société de *** de me faire un devis. On me répond : « Voyez nos catalogues, « n^os tant et tant ; vous pourrez facilement établir vos « prix vous-même ». Une maison allemande, pour la plus petite commande, prendra la peine de m'établir un devis détaillé. De même pour les appareils photographiques. » Et si l'acheteur est à la Plata, le devis sera en espagnol, et en pesos ; en russe, et en roubles, si la demande vient de Vladivostok.

L'acheteur athénien s'adresse-t-il à une maison parisienne, ou lyonnaise ? On lui fera un prix à Paris, ou à Lyon. Heureux si on consent à lui faire un prix franco bord, *fob*, Marseille. A lui de peiner sur les tarifs douaniers, de se renseigner sur les manutentions, pour arriver, au bout d'innombrables calculs, par ne pas savoir au juste combien sa marchandise lui coûtera quand elle arrivera au Pirée. La maison allemande lui établira, en drachmes, un prix *caf* Pirée — coût, assurance, fret. « Les Allemands, dit notre Chambre de commerce en Grèce[1], ont été les premiers à comprendre l'importance de ce mode de livraison, et depuis que la *Deutsche Levante Linie* dessert l'Orient, il n'y a plus une seule

---

[1] *Bulletin*, 1er semestre 1912. On peut mesurer ici l'importance du service que rendent à l'industrie allemande les tarifs soudés.

maison allemande qui offre ses produits pris chez elle. Toutes ont établi leurs prix *caf* ports de Grèce, et il est malheureux d'avouer qu'ils ont profité de l'insistance des fabricants français à vouloir livrer pris chez eux. » A qui pensez-vous que l'Athénien fera sa commande? A celui qui lui inflige un pensum de mathématiques, ou à celui qui lui fournit un travail tout fait? Assurément au second, même si, au total, cela finit par lui coûter un peu plus cher[1]. Car le fils d'Ulysse connaît aujourd'hui le sens de cette maxime inventée par les Hyperboréens : *Time is money...*

Adaptation aux désirs de la clientèle. Du haut d'un siècle ou plus de réputation commerciale, fier de la qualité de ses produits, le notable négociant du Sentier ou de la Cité attend le voyageur exotique. Il a été habitué, son père était habitué avant lui à voir chaque année ce client méprisable, Brésilien, Argentin ou Moldave, se déranger en personne pour venir chercher, dans les magasins de Paris ou de Londres, les articles invendables sur le marché national et qu'on avait décrétés « bons pour l'exportation ». Articles solides, d'ailleurs, honorables, produits de la probité anglaise ou de l'art français, dont une sagesse supérieure avait simplement adapté au goût de populations inférieures les qualités trop éminentes pour celles-ci. — Mais le notable négociant s'étonne de ne pas voir le moindre Péruvien entrer dans son bureau. Que s'est-il donc passé?

Ceci, tout simplement. Quelqu'un est venu, qui au lieu d'imposer son goût personnel au Péruvien, au

---

[1] La même observation m'est faite par M. Knoblauch pour l'Espagne.

lieu de lui dire : « Comment peut-on être Péruvien ? » est allé lui demander : « Quel est votre goût ? *Wie schmeckt es Ihnen ?* » ou plutôt : « *Como gusta usted ?* » — On a dit cela cent fois. Mais cela encore, c'est une chose qu'il faut redire, puisqu'il n'est pire sourd qui ne veut entendre.

Nous ne reprendrons pas les historiettes trop connues des mouchoirs que les Anglais voulaient faire porter carrés aux femmes russes, et que les Allemands fournirent, au gré des Russes elles-mêmes, rectangulaires ; ni des épingles qu'il fallait piquer sur du papier de couleur, et non sur du papier noir. Il me suffira de deux faits typiques. Les tissus de laine de Roubaix avaient un gros marché en Roumanie. Les Allemands envoient des spécialistes étudier sur place le goût de la clientèle roumaine ; sur leur rapport, les fabricants n'hésitent pas à constituer des outillages spéciaux, et à fabriquer un article « genre Roubaix », meilleur marché. « Ils n'ont pas tardé à détrôner nos tissus au profit des leurs[1]. » Le contraire eût été un prodige. — Un acheteur suisse demande un certain drap à Elbeuf[2] : la maison française répond qu'elle regrette, l'article ne pouvant être exporté en raison de son poids, supérieur à 400 grammes. La maison allemande fait la même réponse, mais ajoute : « Vous trouverez ci-inclus des échantillons pesant de 370 à 390 grammes » — et elle enlève la commande. « *Au reçu de n'importe quel échantillon*, dit un de nos consuls les plus clairvoyants, les Allemands... créent une marchandise similaire, quelquefois *identique* et à des prix souvent

[1] Rapport plusieurs fois cité de M. Lefeuvre-Méaulle.
[2] *Chambre de commerce de Paris,* 27 avril 1915.

plus avantageux. » « Quoi que veuille le client, répond un membre de la Chambre de commerce de Paris, ils l'exécutent textuellement sans chercher à en discuter l'opportunité... Nous voulons, le plus souvent, imposer notre choix malgré les usages et les besoins. »

Je vous le dis en vérité : il n'y a nul miracle au fond des succès des commerçants allemands. Étudier la clientèle, s'appliquer à satisfaire, à deviner les désirs de cette clientèle, ce sont là leurs sortilèges.

CHAPITRE II

LA PÉNÉTRATION COMMERCIALE

Psychologie du commis-voyageur allemand. — **Le représentant.**
— Les maisons hambourgeoises d'exportation et leurs filiales
d'outre-mer. — La correspondance d'une de ces filiales en 1915.
— Le commerce d'intermédiaire et les commissionnaires allemands. — La foire de Leipzig. — La publicité. — Prospectus,
catalogues. — La presse allemande à l'étranger. — La Société
« pour promouvoir le prestige industriel de l'Allemagne à
l'étranger ».

Grâce à cette connaissance théorique et pratique
des milieux, l'industrie allemande va réaliser la pénétration commerciale des marchés. Dans cette opération, un rôle essentiel va être joué par le matériel
humain — et c'est alors qu'entre en scène cet être
multiple, omniprésent, insinuant et redoutable : le
commis-voyageur allemand.

Psychologie du commis-voyageur allemand. — Il est, d'abord, beaucoup plus
« nombreux » que ses rivaux des
maisons étrangères, lesquelles
n'ont pas la moitié autant
d'agents, pas le tiers[1]. Aussi peut-il une fois, deux fois

[1] Rapport Ribes-Christofle. Pour ne pas multiplier es renvois,
je dirai que je compose ces pages avec les rapports consulaires,
ceux des Chambres, et quelques conversations.

par an, visiter *tous* ses clients, même dans de petits hameaux perdus à travers la Pampa[1]. Il est presque toujours un Allemand, c'est-à-dire qu'il apporte à sa tâche mercantile une ardeur patriotique ; et comme la mollesse des concurrents étrangers fait souvent qu'il représente en même temps une maison française, américaine, etc., il a tout loisir pour offrir, à côté de l'article étranger, l'article allemand similaire[2], pour étudier l'article étranger et le faire copier par une maison allemande. Grâce à lui, « certaines maisons allemandes n'ont même plus besoin d'aller en France pour trouver des nouveautés, leur voyageur leur en fournissant avec la collection française », et « cette recopie est présentée souvent en même temps que l'original[3]. » S'il n'a pas la collection, il n'hésite pas, lui vendeur, à acheter les articles qui sont de vente courante sur la place, pour les envoyer à sa maison.

Le représentant.   Cet Allemand est souvent un de ces nombreux fils de la Germanie, que nous avons vus, naturalisés ou non, installés sur

----

[1] Wagner, Conférence à la Société de géographie, 11 juin 1915, sur « les procédés d'expansion du commerce allemand dans l'Amérique du Sud ».

[2] *American Chamber of Paris*, janvier 1914 : les machines-outils américaines sont offertes à Paris par des agents allemands, « who in many cases are handling similar machines of German manufacture ».

[3] *Chambre de Commerce française de Charleroi*, 20 février 1914. Cette pratique se combinait avec celle qui consistait soit à avoir des employés allemands dans une maison française, soit à corrompre des employés français pour se procurer les modèles avant le jour du lancement. Ce jour venu, la maison allemande avait déjà fabriqué, en série et à bon marché, une imitation de la création française.

place, parfois nés sur place, sentinelles avancées du *Deutschtum*, au courant des usages du pays. Il suffit, pour maintenir le contact, qu'un voyageur (parfois le chef de la maison, ou son fils) vienne annuellement de la métropole pour visiter ce représentant, s'enquérir de ses besoins, étudier les concurrences. Allemand brésilianisé, yankisé, africanisé, ou bien Allemand d'Allemagne, le représentant sait la langue du pays, il en connaît les idiomes ; il parle castillan à Madrid, et catalan à Barcelone. Il parle mal, avec un accent qui trahit son origine, mais il comprend et se fait comprendre. Il adresse des questionnaires à ses bons clients, les transforme en autant de limiers qui vont lui « lever » des clients nouveaux. Il est au courant de la fabrication ; il ne s'est pas mis à vendre des graines de petits pois comme il aurait vendu des montres ; il a passé par une école technique ou fait un stage à l'usine. Il est en état d'établir un devis, d'écouter les doléances du client, de les transmettre à l'usine, de suggérer à celle-ci les modifications imposées par les circonstances locales. S'il représente une maison de constructions mécaniques, d'électricité, d'automobiles, c'est un ingénieur, capable de mettre la machine en train, d'y opérer les corrections nécessaires, de dresser les ingénieurs locaux. Précaution assurément inutile dans les pays à éducation technique perfectionnée ; condition primordiale de succès en Amérique du Sud, même en Espagne, en Russie, dans des pays où l'industriel s'irrite d'avoir payé très cher une superbe machine qui, faute d'un détail à lui inconnu, refuse de fonctionner.

Le représentant allemand a souvent débuté très modestement. On l'a connu tout petit employé dans

une maison indigène. Au pair, ou très peu payé,
appliqué, utile, il y faisait la correspondance en deux
ou trois langues, la comptabilité, etc. ; il se rendait
indispensable — insupportable parfois, mais indispensable tout de même. Le soir venu, il fréquentait les
cafés, mais non pas tel ou tel café, les cafés où se
réunissent les commerçants ; tout en causant, il sortait de sa poche, comme par hasard, un échantillon,
faisait une affaire, puis plusieurs toutes petites affaires,
s'essayait à la représentation, se constituait une clientèle... Laissez-lui quelque temps encore, et il sera une
force pour la maison de Hambourg à qui il offrira ses
services.

Rien ne saurait rebuter le représentant allemand, ni
la médiocrité des premières commandes, ni les refus,
ni l'absence d'aménité des premiers accueils. Nous
l'avons vu partout, sous nos yeux, triompher à force
d'insistance, de visites répétées, de platitude. « Frappe,
mais commande », dirait-il volontiers, crayon et cale-
pin en main sous la bastonnade. Il prend commande
de tout, des articles aux couleurs de l'ennemi[1], de
ceux mêmes où sa nation est vilipendée[2]. Il emploie
tous les moyens, les honnêtes, et les autres. Dans la

[1] Notre consul à la Nouvelle-Orléans m'écrit, juillet 1915 : « Un
restaurant français de la ville a désiré un service de table avec
filet tricolore. C'est un voyageur allemand qui le lui a procuré à
bas prix. Je suis certain qu'un voyageur français n'aurait pas
eu la souplesse nécessaire pour enlever et faire exécuter une
commande de ce genre ».

[2] On connaît l'histoire, authentique, de la réclamation diploma-
tique soulevée à propos de moutardiers en forme de têtes de
cochon, coiffées du casque prussien. Renseignements pris, les
moutardiers venaient d'Allemagne ! Agacé de l'insistance d'un
voyageur, un industriel dijonnais lui avait proposé cette commande étrange, et le Teuton l'avait immédiatement cueillie !

mode ou la couture parisiennes, dans la bonneterie troyenne, il soudoie une première ou un dessinateur pour se faire livrer les modèles. Au Japon, agent des Krupp, des Vickers ou des Siemens-Schuckert, il n'hésite pas à corrompre petits fonctionnaires et gros bureaucrates, officiers supérieurs et amiraux... Il « s'agrippe à sa place comme une huître à son rocher ; s'il arrive à s'infiltrer dans une affaire privée ou une administration publique, il n'en sort plus et réussit à intéresser à ses fins propres le portier, le serviteur, l'employé et le fonctionnaire »[1].

Il se plie à toutes les exigences. Il va jusqu'à constituer des stocks entre les mains de ses clients, stocks livrés gratuitement, payables seulement au moment du réapprovisionnement, ce qui transforme immanquablement ses acheteurs en clients obligatoires et perpétuels[2]. Si sa maison ne peut livrer l'article qu'on lui demande, il indique la maison amie qui pourra le fournir[3].

[1] Preziosi, *La Banca commerciale*. p. 56, donne les pièces du procès japonais. Mais que de mystères mal éclaircis dans les affaires Krupp de Belgique et d'ailleurs ! — Gray, p. 147, cite un autre mode d'espionnage commercial : deux ouvriers allemands travaillent six mois, avec beaucoup d'habileté, dans une fabrique florentine d'outils de charpentier et forgeron, puis ils disparaissent. Six mois après, l'Allemagne jette à vil prix les mêmes outils sur le marché italien... Les deux ouvriers modèles étaient deux ingénieurs.

[2] Un éditeur parisien m'explique ainsi la raréfaction du papier de couleur. L'usine allemande établie à Lyon fournissait des couleurs à nos papeteries à ces conditions. Elle avait par là tué la concurrence française.

[3] Exemple pris à la veille de la guerre : un distillateur de Dijon demande à un papetier de cette ville des crayons avec monture-réclame en métal. Le papetier s'adresse à l'une des plus grandes et des plus vénérables maisons françaises. Réponse :

Rien ne l'arrête, pas même la guerre. A l'heure qu'il est, il continue son travail, il tisse sa toile d'araignée à travers le monde, il noircit de commandes les feuilles de son carnet. A nos portes, la Suisse est sillonnée de voyageurs allemands, « les mêmes qui avaient l'habitude d'y venir avant la guerre ». Le gouvernement impérial estime qu'ils sont à leur poste de combat, plus utiles que dans une obscure tranchée : « ils sont mobilisés civilement pour faire la lutte économique [1] ».

Les maisons hambourgeoises d'exportation. — Mais, si les affaires prennent de l'extension, le commis-voyageur, même le représentant de commerce ne suffisent plus ; surtout dans les pays d'outre-mer, la maison allemande se fonde.

Pour comprendre son rôle, il nous faut un instant revenir au point de départ, à Hambourg par exemple. Là, depuis cinquante ans au moins se sont constituées des maisons d'exportation (880 en 1905), grandes ou petites, quelques-unes logées dans des palais. Elles sont spécialisées géographiquement, c'est-à-dire que leurs filiales jalonnent les escales d'une même ligne, ou sont installées dans des pays de mêmes mœurs, de même langue, de même système monétaire. Les grandes maisons créent chez elles des « rayons géographiques » correspondant à leurs différents champs d'action. Quelques-unes sont spécialisées industriellement, ven-

---

[1] « Nous faisons des crayons, et rien d'autre ». La maison allemande, d'ailleurs installée en France, répond : « Il est vrai que nous ne faisons que des crayons. Mais si vous voulez bien traiter avec la maison X..., nous nous entendrons pour vous donner satisfaction ». Résultat : le papetier a pris au distillateur une commande de 20.000 francs.

[1] *Chambre de Commerce de Paris*, 17 avril 1915.

dent les tissus, ou le fer, ou l'alimentation ; et les plus grosses ont des rayons techniques, comme elles ont des départements géographiques. On comprend que les industriels qui veulent exporter à la Plata aient intérêt à passer par la maison hambourgeoise qui a une filiale à la Plata, qui « connaît par une série de longues années les prétentions des consommateurs argentins ». A Hambourg cette maison constitue une sorte de musée d'échantillons, où l'acheteur argentin arrive au débotté, et où il peut faire son choix [1].

Leurs filiales d'outre-mer. Mais la grosse force de la maison d'exportation, ce sont ses filiales d'outre-mer : succursales créées de toutes pièces, maisons édifiées par des jeunes gens que la firme avait envoyés là-bas, maisons indigènes que la firme s'est associées ou qu'elle a, par une « fusion », absorbées. Ces filiales lui rendent un triple service : suivant l'expression de M. Vouters, elles « observent, renseignent et vendent ».

La correspondance d'une filiale en 1915. Voyons une de ces maisons à l'œuvre. Dans une seule liste de commandes, le 28 avril 1915, une maison de Santa-Cruz de Bolivie demande des fils de coton, des tasses de porcelaine et des chaussettes pour garçonnets, des talons de caoutchouc et des biscuits, du papier pour machines à écrire et des lacets de souliers, des pilules du Dr Ross et des charnières avec leurs vis, des bas à varices et du fil de fer blanc pour chapeaux, etc., etc., bref tout ce qui se

[1] Voy. l'étude de ces maisons dans **Vouters,** *Les procédés d'exportation du commerce allemand.*

vend et s'achète. Mais que de recommandations elle ajoute à sa commande ? recommandations relatives surtout à l'emballage et à la présentation des objets : mettre les fils en caisses tapissées de papier huilé et de bonne toile goudronnée anglaise, recouvertes de toiles goudronnées et de toile d'emballage. Que les tasses à café soient dans de fortes caisses de 36 à 38 kilos brut, emballage très soigné, assez de papier, beaucoup de fibres, pas de paille. Toile goudronnée et cercles de fer pour les articles de quincaillerie, car on transporte les caisses à dos de mulet, et « le manque de cet emballage fait que les envois (des verrous) arrivent rouillés ». Les machines à écrire ont quelques avaries, des touches tordues. Il faut que les petites boîtes à ustensiles, au lieu d'être placées à même dans la boîte de la machine, soient fixées en dehors, et dans de la fibre, etc., etc.

Voilà maintenant la maison-mère documentée. Dans quelque temps, sa filiale de Santa-Cruz deviendra, toutes proportions gardées, quelque chose comme cette maison de New York, dont les 17 étages abritent une « exposition permanente de tout ce que l'Allemagne produit et vend », machines-outils, tissus, porcelaines, verreries, produits chimiques et pharmaceutiques, électricité, frigorifiques, chauffage, engrais, où le commerçant peut se faire établir ses prix de revient et ses prix de vente, selon telle ou telle région des États-Unis, avec telle marge de bénéfices[1]. C'est le triomphe de l'organisation commerciale.

[1] Alphaud, *Le Temps*, 1er juin 1915. La maison incriminée s'est, dans la suite, défendue d'être une maison purement allemande.

Le commerce d'intermédiaire et de commission

Ce triomphe a été facilité par l'apathie même des rivaux de l'Allemagne qui ont laissé trop souvent aux maisons allemandes le rôle d'intermédiaires. Nous savons déjà, nous l'avons dit à propos des agents de navigation et des voyageurs de commerce, qu'il n'y a pas de plus détestable économie que de confier à des Allemands le placement des produits non allemands[1]. Que sera-ce, quand ce soin sera remis non plus à des individus, mais à des maisons qui vivent de ce travail? A Paris surtout, les Français avaient complètement laissé accaparer par les Allemands le commerce de commission pour les pays lointains, surtout pour la Russie[2]. Au jeu déjà néfaste des tarifs de transport, nous ajoutions bénévolement la prime payée à l'intermédiaire allemand.

Le premier résultat de notre nonchalance était de fausser les statistiques du commerce franco-russe[3] : lorsqu'on voit que, sur 28.000 pouds de fleurs coupées

[1] Nous avons déjà cité (p. 18) les paroles, vieilles de quelque vingt ans, de M. Klobukowski sur la représentation commerciale au Japon.

[2] La paresse de nos exportateurs, le zèle avec lequel les commissionnaires allemands savent s'occuper des questions de douane, de change, de groupage et d'expédition sont la cause essentielle de cet état de choses.

[3] Giraud, *Commerce extérieur de la Russie*. Le désaccord entre les chiffres français et russes (importations russes en France, 461 millions de francs; exportations russes vers la France, 263 ; exportations françaises vers la Russie, 85 millions ; importations françaises en Russie, 148) s'explique en grande partie par ce rôle des intermédiaires allemands, par les transbordements en Allemagne, et aussi en Hollande et en Belgique. Également, *Chambre de commerce française de Saint-Pétersbourg*, Annuaire de 1913 : « Il est indiscutable que les expéditions françaises sont plus considérables que les chiffres ».

entrant en Russie en 1910 il y en a 16.255 inscrits au compte de l'Allemagne, 7 seulement au compte de la France et 2 à celui de l'Italie, le mensonge statistique est patent[1]. Ces fleurs, qui entrent en Allemagne par Cologne, sont dénationalisées en cours de route, comme les huiles à parfums qui passent par Genève.

Mais, diront les réalistes, peu importent après tout ces « ruptures de charge » et les chiffres qui en témoignent. L'essentiel est que les fleurs viennent bien de France et d'Italie. C'est oublier, d'abord, le bénéfice prélevé par l'intermédiaire, par les intermédiaires, agents en douane, etc.[2]. C'est oublier qu'un gros chiffre d'affaires constitue, par lui seul, une réclame, agit sur les affaires à venir comme une force d'attraction. C'est oublier que les agents en douane, non contents de « démarquer nos produits, avilissant les prix d'une part, les majorant de l'autre », profitent de leur situation pour livrer aux Allemands les secrets commerciaux, les renseigner sur les prix, qualités, clients. Rien n'est plus favorable à la contrefaçon, qui est un des procédés favoris des Allemands[3]. Contrefaçon qui s'affiche parfois même orgueilleusement, l'Allemagne se vantant de battre, sur leur propre terrain, ses con-

---

[1] Voir les deux documents cités dans la note ci-dessus.

[2] Giraud, *ouv. cité* : « Démarquant les produits [des commerçants français ou russes], déroutant les uns et les autres..., toujours là, à l'affût, prêts à s'octroyer la plus large part de bénéfices ».

[3] En voici un curieux exemple, signalé en février 1915 par notre Chambre de Pétrograd : les Allemands auraient installé en pays scandinave une fabrique d'ampoules électriques ; il les font passer en Russie en effaçant la marque allemande, et les vendent au même prix qu'avant la guerre.

currents les plus réputés[1]. Contrefaçon rendue encore plus facile par le système allemand des brevets[2].

En dehors de toute fraude, l'essor du commerce intermédiaire est très propice au développement en Allemagne des industries de transformation, et souvent le produit fini **est revendu au pays même d'où provient la matière première**[3].

La foire de Leipzig.   La manifestation la plus éclatante de ce rôle de l'Allemagne comme intermédiaire, c'est la foire de Leipzig, tant de fois décrite. Que le pays le plus industrialisé, le plus modernisé de l'Europe ait conservé cette institution médiévale, qu'il lui ait donné des développements inouïs, qu'il l'ait ordonnée suivant un plan rationnel, cela est un signe. N'en est-ce pas un aussi que cette foire ait pu se tenir en septembre 1915, plus forte que celle de printemps[4], qu'on l'ait préparée comme une ba-

---

[1] Nous avons donné (p. 190) l'exemple des vins de Bourgogne. La Chambre de Commerce américaine dit : le constructeur allemand n'hésite pas à annoncer ses machines comme une copie du dernier modèle américain. — Qui n'a pas vu, dans la *Friedrichstrasse* de Berlin ou la *Zeil* de Francfort, ces réclames tapageuses : *Echte Pariser Neuheit !* sur des produits de fabrique allemande ?

[2] Remarque de la Chambre américaine. La pratique du *Patentamt* exige la subdivision du brevet américain en une douzaine ou plus d'applications distinctes. C'est « an effective barrier against the systematic patenting of all improvements of a progressive manufacturer ».

[3] Madagascar est, avec Ceylan, un des principaux producteurs de graphite pour fours électriques. L'Allemagne est le principal acheteur de la matière et revend ensuite les creusets à la France (*Le Temps*, 27 mai 1915).

[4] Du moins à en croire les dithyrambes du *Lokalanzeiger*. Il y aurait eu 20.000 acheteurs ou exposants, des acheteurs hollandais, suisses, scandinaves, balkaniques. On croit que

taille[1] et célébrée à l'égal d'une victoire ? Le syndicat des maisons de commerce en foire[2] organise la propagande pour les foires futures et il estime que cette institution, dont la charge repose exclusivement sur la ville de Leipzig, doit devenir une affaire d'Empire.

La publicité. Prospectus et catalogues. On retrouve ici une notion sur laquelle nous avons déjà insisté, la valeur commerciale du prestige. Propagande, réclame, publicité sont pour les Allemands des éléments essentiels du succès.

Commis-voyageurs, représentants, commissionnaires, maisons d'exportation trouvent le terrain préparé par la plus intensive des réclames. Le procédé le plus courant, c'est le prospectus et le catalogue. Prospectus et catalogues en langue du pays, comme les devis et les factures, « avec poids, mesures et prix compris par tous[3] ». Catalogues répandus non seulement gratuitement, mais à profusion, avant toute demande. Catalogues illustrés, souvent avec soin et, quand il s'agit d'un peuple que la *Völkerpsychologie* classe parmi les peuples artistes, comme la Roumanie,

Copenhague a acheté pour compte anglais et russe. On achète en prévision de la paix et on considère (en septembre !) que le point mort est désormais dépassé.

[1] « Les exposants et les acheteurs ont été conduits à Leipzig moins par l'intérêt commercial que par le besoin de montrer au monde qu'au milieu de la guerre mondiale se maintient en Allemagne l'esprit d'entreprise économique. » On nous a depuis avoué qu'on avait payé le voyage aux exposants et à beaucoup d'acheteurs, notamment à des maisons belges. Toujours le bluff allemand.

[2] *Verband der Messkaufhäuser.* Les Allemands sont très inquiets des projets de foires à Londres et à Lyon.

[3] Giraud, *ouv. cité.*

catalogues luxueux, circulaires sur papier japon avec eaux-fortes[1], affiches décoratives et voyantes. Le voyageur allemand n'apparaît nulle part sans avoir été annoncé par une pluie de papiers petits et grands, envoyés à toutes les adresses qui figurent sur le répertoire de l'*Export bureau* ou sur le *Meier's Adressbuch der Exporteure*.

La presse.   A côté de cette publicité purement commerciale, la presse, « dont ils savent se servir pour exalter leur supériorité et leur degré de civilisation[2] ». Au début des hostilités on comptait *hors d'Europe* 168 journaux allemands[3]. Cette presse allemande à l'étranger vante les produits allemands, tantôt en langue allemande — par exemple dans les grosses communautés des *Deutsch-Amerikaner* — tantôt en langue du pays. A Constantinople, au temps où les Jeunes-Turcs n'avaient pas encore vendu à l'Allemagne les débris de l'Empire ottoman, c'est en français que paraissaient dans les journaux allemands les réclames allemandes.

A la presse allemande d'outre-frontières viennent se joindre les éditions hebdomadaires pour l'étranger des principaux journaux allemands, *El Heraldo de Hamburgo*, et, pour le Brésil, *Hamburger Nachrichten, edição portugueza*, etc. Puis les revues hebdomadaires, *El Correo de Alemania*, ou les publications illustrées de quelques pages comme *Welt in Bild*, en sept langues... Enfin les journaux et revues techniques, édités en plu-

---

[1] *Rapports commerciaux, Roumanie*, 1914.

[2] *Ibid.*, *Brésil*, 1914. Cf. Clerget, *La technique de l'exportation.*

[3] D'après la *Frankfurter Zeitung* (Millioud, *ouv. cité*, p. 86) Cf. G. Gaillard *Culture et Kultur*, 1915, p. 161 et suiv.

sieurs langues : *Helios*, en allemand, anglais et français ;
Export Trade, en 8 éditions ; *Deutsche Export Revue*,
en trois langues…

Et tout cela, je ne me lasserai pas de le redire, tout
cela fonctionne, à l'heure où j'écris, comme en pleine
paix. L'Allemagne est bloquée ; des maisons dont les
produits sont vantés par les revues, très peu seront en
état de faire parvenir leurs commandes à l'acheteur ;
parmi ces exemplaires de revues, combien même seront
cueillis au passage par les sentinelles de la mer? Il
n'importe, l'Allemand sème dans la tempête ; vainqueur
ou vaincu, il récoltera. Tandis que ses rivaux se taisent,
refusent de prendre des engagements, remettent au
lendemain de la paix à parler affaires, l'Allemand rappelle à tous les échos qu'il existe, que ses firmes sont
toujours puissantes, qu'elles seront prêtes, au premier
jour d'accalmie, à répondre aux appels…

Voici par exemple le numéro du 15 août 1915 de la
Revista de la exportación alemana, édition de la
Deutsche Export Revue pour les pays de langue espagnole, 10 marks par an, franco de port, dans le monde
entier. Sur la couverture, une vue de la salle des dynamos à Siemensstadt, et, dans le texte, ces deux
images symboliques se faisant vis-à-vis : Siemensstadt, la ville de l'électricité, la ville du « génial inventeur de la dynamo » ; Varsovie, la dernière conquête
allemande. Articles sur la « banqueroute de l'Angleterre », sur la philanthropie des compagnies de navigation allemande, etc. Déclarations de neutres germa-
nophiles, bilans bien choisis de sociétés allemandes,
dithyrambes de M. Hellferich, critiques même par lesquelles des Français ou des Anglais secouent l'apathie
de leurs compatriotes, tout est utilisé pour donner le

sentiment de la prééminence allemande. Et toute cette littérature encadre des réclames pour les *Instrumentos ópticos* de Zeiss, pour les lampes de l'A. E. G., *Lámparas de Alambre metálico (estirado)*, comme pour les *articulos para Carnaval* ou les modestes « passoires à thé pour tous les pays du monde », *coladores de té para todos los países del mundo*, de W. Engelhardt, de Fürth ; échantillons gratuits, *muestras gratis*... Le tout, sans négliger le bureau d'information — *Ne olvide Usted dirigirse á nuestro Departamento de informaciones* — Berlin W. 50, Tauentzienstrasse 15, où l'on vous donnera « l'adresse de toute maison allemande fabriquant les articles qui vous intéressent ».

A ces revues universelles s'ajoutent les revues géographiquement spécialisées, dont le type est la *Deutsche Levante Zeitung*[1]. D'autres revues sont spécialisées techniquement, constituant une littérature scientifique qui est en même temps un instrument de propagande[2].

L'énorme développement des associations a pour corollaire un énorme développement de ces périodiques spéciaux, dont la *Chemiker Zeitung* est l'un des types les plus réussis, périodiques où l'on ne manque jamais l'occasion d'exalter la supériorité intellectuelle

---

[1] *Chambre de commerce française de Smyrne*, 31 déc. 1913 « Les concurrents allemands, intelligents appréciateurs des choses profitables, ont créé depuis quelques années un instrument d'information et de propagande qui obtient le plus grand succès. La *Deutsche Levante Zeitung*, intéressant à la fois le fabricant, l'exportateur, le représentant de commerce et le consommateur, pénètre partout et, par un système ingénieux de réclame et de documentation, rend à l'industrie allemande d'inappréciables services ».

[2] *Giraud, ouv. cité* : deux ou trois maisons de produits pharmaceutiques inondent le marché russe, « connaissant les besoins du marché et possédant une littérature scientifique spéciale ».

et la primauté industrielle de la grande Allemagne.
Spécialisation technique et spécialisation géographique
se rejoignent lorsqu'une de ces revues spéciales possède une édition destinée à un ensemble de pays déterminés [1].

L'organisation des services de presse à l'étranger. — Il paraît que toute cette organisation n'était pas encore suffisante, surtout pas assez « organisée », puisqu'à cette guerre de tirailleurs les Allemands avaient récemment songé à substituer une stratégie méthodique. Dans « l'État-major économique » dont le lubeckois Possehl réclamait la formation, il fallait un bureau de presse.

Une curieuse note de sir Edward Goschen, de février 1914, nous a révélé le plan de « cette organisation officielle allemande pour influencer la presse des autres pays »[2]. L'affaire a été négociée entre M. Ballin[3], quelques grosses banques ou sociétés — *Norddeutscher Lloyd, Hamburg-Amerika, Disconto, Deutsche*

---

[1] Les Suisses (*Neue Zürcher Zeitung*, 6 août 1915) s'inquiètent de la propagande collective faite par les horlogers et bijoutiers en gros, allemands. La maison éditrice de la *Deutsche Goldschmiede Zeitung* et de la *Uhrmacher Woche*, envoie gratuitement aux intéressés une édition espagnole, *Joyeria y Relojeria por mayor*.

[2] *Despatches from H. M. ambassador at Berlin respecting an official German organisation for influencing the press of other countries.*

[3] Ballin avait d'abord songé à un *Weltverein* où se seraient fondues les sociétés Allemagne-Argentine, Allemagne-Canada, Allemagne-Russie, etc. Il y renonça pour « cette organisation plus délicate, et plus ou moins secrète ». Le secret fut maladroitement éventé par un article de la *D. Export Revue*, du 5 juin 1914. L'article fut jugé imprudent, et on interdit à la presse allemande d'y faire allusion.

Bank, A. E. G., Siemens, Krupp, Gruson, etc. — et le secrétaire d'État des Affaires étrangères. Les participants forment une société privée, mais subventionnée par l'Office impérial : les souscriptions annuelles des sociétés montent à 625.000 francs (à peu près le montant de ce qu'elles avaient coutume de dépenser pour annonces à l'étranger), avec minimum de 1.250 francs par société, chaque somme de 1.250 francs donnant droit à un vote. L'Office impérial, qui verse à lui seul une somme égale à 312.500 francs [1], exercera donc une « puissante et décisive influence ». D'accord avec le bureau Wolff, cette société a pour objet « de promouvoir le prestige industriel de l'Allemagne à l'étranger ». Elle fournira, gratuitement ou à peu près, aux journaux étrangers et dans leurs langues, toutes informations sur l'Allemagne et favorables à l'Allemagne. Elle supprimera le service à ceux qui se montreront indociles, car une surveillance effective sera partout exercée par les agents du syndicat. « Répondre aux nouvelles tendancieuses concernant l'Allemagne et aux attaques contre elle, répandre la connaissance de la véritable situation de l'industrie allemande », tel est le programme. Avoir partout des affidés — ordinairement choisis, « pour moins attirer l'attention », parmi les publicistes déjà en possession d'état — et par eux germaniser la presse mondiale, tel est le moyen. De Berlin, un directoire de trois membres [2] et un conseil, où figurent les grandes

---

[1] Pourvu que le total des souscriptions égale au moins cette somme. Le Syndicat était créé provisoirement pour trois ans. Il devait agir immédiatement en Sud-Amérique et Extrême-Orient, puis s'étendre à tous les pays d'outre-mer.

[2] Un *Geheimrat*, un *Landrat* et un directeur de la *Deutsche Bank*.

banques et les grandes firmes d'exportation[1], distribueront aux peuples les nouvelles et les informations, assureront une sorte de monopole aux câbles allemands[2], bref constitueront une sorte de pouvoir spirirituel de la planète pour le plus grand profit de l'exportation allemande. La guerre seule a empêché la naissance de ce cartel d'un nouveau genre.

A la propagande par la presse, l'Allemand joint une propagande plus directe encore : expositions commerciales en Allemagne ou en pays étranger, expositions flottantes, dépôts d'échantillons, et surtout ces dépôts de marchandises qui « permettent non seulement de répondre immédiatement à la demande, mais de la provoquer[3] ». C'est par ces moyens que l'Allemagne a transformé certains pays — par exemple les États centre-américains — en véritables fiefs économiques.

Qu'est-ce aujourd'hui que le Guatémala, sinon une colonie allemande sans drapeau? Le commerce des bois, nous dit un rapport de la légation allemande en date du 9 mai 1915, est centralisé par deux maisons allemandes ; celui des cafés est presque entièrement en mains allemandes, et là comme dans les petites républiques voisines, comme aussi en Bolivie, c'est au **bazar** allemand que l'on va s'approvisionner des multiples produits de l'industrie européenne.

[1] *Disconto, D. Bank, N. D. Lloyd, Hamburg-A., Bayer, Siemens-Schuckert, Maschinenfabrik* (Duisburg), *D. Waffen und Munitions fabrik*, etc.

[2] Taxes réduites pour les *Week end telegrams*.

[3] Giraud, *ouv. cité*.

CHAPITRE III

LA PÉNÉTRATION INDUSTRIELLE

Après l'exportation des produits, l'exportation des usines. — Infiltration et invasion. — Si les capitaux allemands émigrent avec les usines allemandes. — Comment les Allemands conquièrent la prépondérance industrielle. — La méthode de la chaîne. — L'exploitation des brevets. — L'utilisation des produits allemands, bruts ou semi-ouvrés. — L'accaparement des matières premières. — L'extériorisation du *dumping*.

Il semble que nous en ayons fini avec les moyens de pénétration économique employés par les Allemands.

Mais ils ont inventé — ou systématiquement employé — un autre moyen encore, plus subtil, plus dangereux, moins visible, plus inaperçu de ceux-là mêmes contre qui il est dirigé : la pénétration industrielle.

L'exportation des usines. Lorsqu'un obstacle se dresse devant l'exportation des produits allemands — barrières douanières, législation sur les marques, distances considérables — et que l'obstacle est décidément trop haut pour que les méthodes habituelles, tarifs différentiels, *dumping*, etc., permettent de le franchir, l'usine allemande elle-même passe la frontière et va s'installer dans le pays étranger.

« Devant la difficulté de l'exportation de ses produits, *l'industrie allemande s'est exportée elle-même*[1]. »

Cela n'est pas d'hier. Dès 1839, l'industrie cotonnière était créée en Russie par le brêmois Ludwig Knoop[2]. Il y introduisait des métiers anglais, il y fondait 120 filatures, si bien qu'on finit par dire : « Ni église sans pope, ni fabrique sans Knoop[3] ». Saluons en passant cet ancêtre des Thyssen, des Bayer et des Siemens. Sautons près de six décades et nous verrons, dès 1897, signalée par M. Schwob « la lente infiltration allemande en France même..., *l'usine allemande* audacieusement implantée dans notre pays[4] ». La lente infiltration est devenue invasion, si nous en croyons les articles publiés en 1913-1914 par M. Louis Bruneau, et réunis sous ce titre éloquent : l'*Allemagne en France*[5].

Les opérations du séquestre ont amplement justifié les affirmations de M. Bruneau. « Du jour au lendemain, dit M. V. Cambon, on a découvert qu'une foule de maisons, que l'on croyait françaises, étaient en réalité ou contrôlées par des Allemands, ou filiales de firmes allemandes. »

La pénétration industrielle allemande n'éveille pas,

---

[1] Vouters, *ouv. cité*, p. 120.

[2] Segre, *Storia del commercio*, t. II, p. 200.

[3] *Keine Kirche ohne Popen, Keine Fabrik ohne Knoopen.*

[4] *Le Danger allemand*, p. 180.

[5] 1914. Articles d'abord parus dans la *Grande Revue*. Voy. aussi A. Staehling, *Bulletin du Comité Michelet*, n° 3, déc. 1914. Pour l'Italie, bien avant les retentissantes brochures de Preziosi, Lamprecht avait naïvement exposé ce plan de conquête économique, lié à l'établissement de la ligne du Gothard (t. II, p. 562). Voy. R.-G. Lévy, *L'Italie économique* (*Revue des Deux Mondes*, 15 juillet 1915).

de prime abord, l'inquiétude des intéressés. N'y a-t-il pas là, en premier lieu, un procédé universellement répandu ? Français et Belges ne vont-ils pas exploiter des charbonnages, diriger des usines métallurgiques ou textiles en Russie ? N'avons-nous pas construit des chemins de fer en Espagne, en Argentine, en Turquie ? A côté des Allemands, est-ce que des Anglais ne sont pas venus s'établir en France, racheter des maisons qui périclitaient, en créer de nouvelles, même en plein Paris, même dans des industries essentiellement parisiennes ? Y a-t-il là autre chose que le jeu normal de la solidarité économique entre les grandes nations productrices ?

Et d'ailleurs, ajoute-t-on, à qui profite surtout la pénétration industrielle ? A la nation qui exporte ses usines ou à celle sur le territoire de qui les usines s'élèvent? Que se passe-t-il lorsqu'une société allemande de produits chimiques installe une filiale en France? Une partie de ses capitaux s'exporte avec l'usine, et demeure immobilisée en terre française. L'usine-mère, celle de Ludwigshafen ou de Höchst, ne nous envoie plus ses produits, son aspirine ou ses couleurs. L'usine-fille travaille chez nous, en deça de notre ligne de douane; ses produits sont francisés; après tout, ce sont des produits français, qui viennent grossir le chiffre de notre production nationale. S'ils s'exportent, ils figureront à l'actif de notre commerce extérieur. Cette usine est une contribuable ; c'est au fisc français, et non plus au fisc allemand, qu'elle paie des impôts. Cette usine est une donneuse de travail, une payeuse de salaires, et par conséquent elle améliore la situation de la main-d'œuvre indigène. — Tant pis, après tout, pour les capitalistes qui se refusaient

à exploiter les richesses nationales. Tant mieux pour
le pays qui devient le champ d'action de l'énergie
étrangère. Par leur initiative, par l'application rapide
de leurs méthodes, les Allemands créent des richesses
chez les autres. Du fer dormait aux veines des roches
normandes ; nos capitalistes dormaient aussi, restaient
sourds aux appels de nos géologues et de nos ingénieurs. Le paysan normand dormait mieux encore,
entre deux bolées de cidre et d'alcool, et refusait de se
transformer en mineur. Thyssen est venu tout réveiller.
A coups de millions, et non sans en engloutir quelques-
uns en coûteuses tentatives à Diélette et à Flaman-
ville, il a doté la France de nouveaux périmètres mi-
niers. En introduisant des ouvriers actifs dans le pays,
il a imposé à la mollesse bas-normande une activité
industrielle dont elle ne voulait pas. A qui le bénéfice ? En somme, le profit est même double pour la
nation chez qui l'usine allemande s'installe ; elle s'enrichit, l'Allemagne s'appauvrit. Et l'on est tenté de
dire, comme le constructeur écossais à qui le cartel
vend des tôles **au rabais** : Continuez, messieurs les
Allemands !

Cela, c'est l'apparence. Mais tâchons de percer à
jour ce sophisme paresseux.

<table>
<tr><td>Si les capitaux
émigrent
avec les usines.</td><td>D'abord, ce serait mal connaître
l'Allemagne que de voir dans la trans-
plantation des usines la cause d'une
importante émigration de capitaux[1].</td></tr>
</table>

A propos des banques, nous avons déjà signalé avec

---

[1] Ballin (*Lokal Anzeiger*, 14 avril 1914), un peu avant la guerre,
reprochait même aux capitaux allemands d'être trop paresseux
à s'exporter, à l'Allemagne de réserver exclusivement pour ses

quel art les Allemands savaient conquérir, dans les affaires dont ils s'occupent à l'étranger, les positions dominantes tout en engageant dans ces affaires le minimum de capitaux allemands. Posséder la majorité dans les Assemblées — et pour cela il n'est même pas indispensable que la moitié des actions plus une soit en mains allemandes, il suffit d'avoir des actionnaires disciplinés, toujours prêts au jour du vote — disposer des postes de direction, détenir des places importantes dans des Conseils où siègent toujours un certain nombre de solennelles inutilités, voilà qui ne nécessite pas un très considérable « investissement » de capitaux.

Ce n'est pas d'hier que l'on a comparé la quantité de capitaux français placés au Transvaal — près de 2 milliards en 1909 — à la quantité beaucoup plus faible de capitaux allemands. Mais les premiers, anarchiquement, sont répartis entre plusieurs mines ou trusts dans aucun desquels nous n'avons ni la majorité ni la direction ; les seconds sont groupés dans un petit nombre de mines, sous la direction de deux firmes allemandes[1].

C'est en vertu de ce principe d'organisation, en même temps que par désir des gros revenus, que les

industries l'accroissement annuel de la fortune nationale. Il vantait, à cet égard, la politique financière de la France et de l'Angleterre, dont les multiples placements au dehors servent la politique extérieure. Cet éloge étonne sous la plume d'un ennemi. Y avait-il là une partie du programme de préparation financière de la guerre?

[1] Abel Chevalley, rapport consulaire cité dans Clerget, *Technique de l'exportation*, p. 403. Le résultat, c'est que l'importation allemande au Transvaal montait à 40 millions de fr   la française à 6 seulement.

Allemands portent toute leur attention sur les actions, négligent les obligations. On note, comme deux symptômes favorables, que « la part des intérêts allemands dans le capital-actions des sociétés minières du bassin de Briey... est extrêmement loin d'avoir une prépondérance », et que le capital-obligations provient exclusivement de sources françaises [1]. Mais il suffit à Thyssen et aux *Deutsch-Luxemburgische Bergwerke* d'avoir la prépondérance sur quelques points ; et quant au placement des obligations, c'est-à-dire du papier qui ne donne aucun droit de regard sur l'affaire, dans la clientèle indigène, c'est précisément l'un des principes directeurs de la pénétration allemande. C'est le cas en Italie, c'est le cas en Suisse. Le capital-actions, dans les affaires de ces deux pays, est généralement fourni partie par l'Allemagne, partie par une ou plusieurs autres nations étrangères, partie par les indigènes. Il n'est pas nécessaire, pour que la majorité des administrateurs soit allemande, que les actions allemandes possèdent la majorité numérique ; il suffit qu'elles forment un paquet plus gros que chacun des autres paquets pris isolément, pour qu'il y ait, dans la *Société anonyme pour l'industrie de l'aluminium*, de Neuhausen, 6 administrateurs allemands contre 6 suisses[2], et dans la *Banque des chemins de fer orientaux*, de Zurich, 8 Allemands pour un Français, un Belge, un Autrichien, 5 Suisses. Les actions allemandes

---

[1] Buffet, *La Lorraine économique* (*Société d'encouragement*, 1915, t. IV, p. 95.

[2] En 1914. L'un des six Allemands n'était rien de moins que W. Rathenau. Nous nous faisons un devoir d'ajouter qu'en février 1915 le nombre des Suisses a été porté à 9, et que depuis celui des Allemands a été ramené à 5. Le président et le directeur sont Suisses.

forment une armée disciplinée ; les autres, non. Quant aux obligations, dont le taux plus modeste ne tente pas les Allemands, elles sont placées en Suisse. Ainsi, dit la *Gazette de Lausanne* « l'argent de l'obligataire suisse sert à alimenter les entreprises allemandes qui viennent concurrencer jusque dans notre pays l'industrie nationale[1] ». Et même, en quelque mesure, l'argent de l'actionnaire suisse, ou italien. Comme pour les banques filiales, un artifice de comptabilité permet de diminuer le dividende des usines filiales[2]. Double ou triple avantage : on paie moins d'impôts au fisc local, on se garantit contre un mouvement possible de l'opinion publique qui s'inquiéterait de voir passer à l'étranger les bénéfices d'une industrie dite nationale ; et on peut majorer, proportionnellement, les dividendes de l'usine-mère. Peu importe à l'actionnaire allemand de la *Società italiana Siemens-Schuckert* de Milan de se contenter d'un maigre dividende, si, grâce aux transports d'argent qui se font sous une autre rubrique d'un pays à l'autre, il voit grossir le dividende de ses actions des *Siemens-Schuckert Werke* de Berlin.

La méthode de la chaîne. Ce qui permet aux sociétés allemandes d'asseoir et d'étendre leur domination avec le moins de frais possible, c'est l'application de l'ingénieuse méthode que M. Preziosi a si bien nommée la *méthode de la chaîne*. Par le jeu d'une majorité toute relative, nous avons vu comment la société allemande mère savait se réserver la direc-

---

[1] 1er mars 1915. La *Banque pour entreprises électriques* a dans son conseil 15 Allemands et 9 Suisses, dans son comité de direction 5 Allemands et 2 Suisses. La *Société des valeurs de métaux* (Bâle), 10 Allemands et 5 Suisses.

[2] Voy. surtout les ouvrages cités de Gray et Preziosi.

tion de la société filiale créée par elle ou conquérir les fonctions directives dans une société préexistante[1]. A son tour la société filiale crée des sous-filiales, et par les mêmes procédés. Avec l'aide des banques allemandes, elle acquiert autant d'actions de ces sociétés nouvelles qu'il lui en faut pour être représentée en bonne place dans le conseil d'administration ; et ainsi de suite, à tous les degrés de l'échelle. Seule une étude minutieuse de ces conseils et du personnel de direction, la constatation du retour de mêmes noms, des mêmes familles, etc., seule cette étude onomastique et généalogique permettrait de se rendre un compte exact de la puissance de ces organismes[2].

Cette méthode, qui étend sur tout un pays un indéchirable filet d'acier, a surtout été appliquée par l'industrie électrique, le type de l'industrie qui exporte plus volontiers ses usines que ses produits[3]. L'*Elektro-Bank*, filiale zurichoise de l'*Allgemeine*, est maîtresse en Italie des grandioses *Officine elettriche genovesi* et de l'*Unione Tramways elettrichi genovesi*, de l'*Idroelettrica ligure* de la Spezzia, de la *Società adriatica di*

---

[1] La *Deutsche Waffen-und Munitionsfabrik* avait, nous dit M. Preziosi, une part directive dans des maisons françaises et se servait de son influence sur la presse parisienne pour stimuler la course franco-allemande aux armements. Un procès à la fois célèbre et mystérieux, de peu de temps antérieur à la guerre, semble indiquer que la société allemande se servait aussi de cette influence pour « saboter » nos poudres.

[2] Voy. des fragments de cette étude dans les ouvrages italiens.

[3] En dehors de Preziosi, voy. Mario Alberti, *I piu recenti aspetti del capitalismo moderno* (*Rivista delle società commerciali*, 1914, II, 2), et surtout Maffeo Pantaleoni, *Un modello nazionalista : la Società Siemens-Schuckert* (dans la *Vita italiana*, 15 août 1915), relevé très complet et très documenté de toutes les filiales et sociétés alliées.

elettricità, qui dessert depuis le Frioul jusqu'à Bari, de la *Società Apuana* de Massa-Carrare, de la *Società sviluppo per le imprese elettriche in Italia*, dont les fils courent à travers le Montferrat. La même *A. E. G.* a une filiale barcelonaise, qui a créé en Espagne sept établissements, et qui a fourni en 1910 les 60 p. 100 du matériel électrique vendu dans la péninsule. En France, elle a réussi à pénétrer dans une société existante et, en créant des filiales, elle s'est emparée de l'éclairage de villes comme Rouen, Alger, Oran, Châteauroux [1]. Elle avait tenté la même opération à Nantes.

Mais que dire du spectacle grandiose qui nous est offert par la *Siemens-Schuckert*? La liste de ses filiales, sous-filiales, sociétés affiliées remplit des pages. La *Società italiana di elettricità S. S.* de Milan a créé des offices à Gênes, à Naples, à Florence, à Palerme; à côté d'elle, l'*Anonima elettricità Alessandria*, la *Toscana* (Pise) l'*Umbra* (Pérouse), correspondent directement avec l'une des trois branches du consortium de Siemensstadt, la *Siemens und Halske* [2]; elles lui envoient rapports mensuels, bilans, diagrammes, « le tout sur formulaires imprimés en allemand », listes trimestrielles du personnel administratif et ouvrier. Et ces documents sont retournés de Berlin aux sociétés respectives, après contrôle.

Même régime sans doute pour la *S. S. Compañia anonima española de electricidad* [3], pour les sociétés

---

[1] Staehling, *art. cité*. Et le *Phare de la Loire*, 6 nov. 1915.

[2] Les deux autres sont les *Siemens Elektrische Betriebe* (S. E. B.) et les *Siemens-Schuckert Werke* (S. S. W.).

[3] Madrid, Barcelone et quatre autres villes. — *Rapports commerciaux, Espagne. Barcelone*, 1913. La *S. S.* a racheté l'*Industria electrica* et établi une usine de moteurs et appareils.

S. S. de la Plata[1], des côtes sud-américaines, du Brésil, du Mexique, du Portugal, pour la *S. S. W. Cairo branch* pour la *Societatea Romana de Electricitate* de Bucarest, la *S. S. Kankoku Denki Gomei Kaisha* de Tchemulpo, la *Siemens China Electrical engineering Cy* de Hankéou, la *Dansk Aktieselskab S. S.* de Copenhague, etc., etc. ; pour finir, puisqu'il faut se borner, par la *Compagnie belge d'électricité* de Bruxelles et la *Compagnie générale d'électricité* de Creil ! En dehors de ces filiales, la liste énorme des succursales, des bureaux, des sociétés financières de participation, etc.[2]... C'est bien véritablement une « chaîne » qui, celle-là, enserre le monde, à la fois par ses usines d'exploitation et par ses fabriques de matériel électrique.

Même situation dans l'industrie des colorants où, pour ne parler que de notre pays[3], nous trouvions la *Badische* à Neuville-sur-Saône — elle y faisait l'alizarine des pantalons rouges, et peut-être ses bénéfices servaient-ils à payer les campagnes de presse où, à grand renfort d'arguments sentimentaux, nos patriotes professionnels s'opposaient à l'abandon d'une couleur qui enrichissait les usines de Ludwigshafen et, par surcroît,

---

[1] *S. S. W. für die La Plata Staaten Elektrizitätsgesellschaft*, etc. On retrouve encore les S. S. W. à Hankéou, à Johannesburg, à Capetown, à Sydney, à Constantinople, à Tokio, à Oporto, à Valparaiso, à Christiana, Les *S. u. H.* ont les *Russische Elektrotechnische Werke* (13 villes russes), une filiale en Hollande, une société des appareils de sécurité de la voie ferrée à Bruxelles, une *S. u. H. A. G. Planta electrica* à Mérida (Yucatan). Ajoutez *Schuckert u. C° Russische Gesellschaft* à Pétersbourg, Moscou, Riga, Tiflis, les *Siemens brothers and C°* à Londres, les *Siemens Brothers dynamo works Ltd*, dans plusieurs villes anglaises et à Melbourne, Sydney, Bombay, Calcutta, Madras.

[2] A Buenos-Aires et à Santiago une *Cia Alemana Transatlantica de Electricidad*.

[3] Wahl, *art. cité* de la *Société d'encouragement*.

désignait nos fantassins aux coups de l'ennemi. Bayer était à Flers (Nord), l'*AGFA* à Saint-Fons (Rhône), les *Farbwerke* de Hœchst dans la *Compagnie* parisienne *des couleurs d'aniline* de Creil, Cassella dans la *Manufacture* lyonnaise *de matières colorantes...* Car ces filiales de l'usine allemande excellent à se parer de noms indigènes, nationaux, chauvins au besoin. Que de « françaises » parmi les sociétés dont le séquestre a révélé la véritable nationalité ! Telle la *Banca commerciale* italiana...

Le système de la chaîne ne s'applique pas seulement aux diverses usines d'une seule industrie. Les diverses industries s'entr'aident, choisissent hors frontières des points d'élection pour y former de puissants groupements. Déjà Lamprecht avait mis en lumière la germanisation du port, des industries, de la navigation, du commerce de Gênes. Preziosi note que les Allemands y possèdent les silos, la lumière, les tramways, qu'ils ont accaparé sur la Riviera toutes les grandes forces électriques. Dans les rêves des pangermanistes, Gênes « devait être le grand port allemand de la Méditerranée, comme Trieste sur l'Adriatique », comme Rotterdam aux bouches du Rhin. Ce n'est pas seulement Anvers, c'est toute la Belgique qui était sous le joug allemand avant de tomber sous l'épée allemande[1].

Ce qu'ils avaient fait en Italie et en Belgique, les **Allemands,** écrit M. Giraud, l'avaient fait en Russie. Ils « se sont assuré, chaque fois qu'ils l'ont pu, une

---

[1] Andrillon montre les Allemands implantés dans les aciéries de *Sambre-et-Moselle,* les mines de zinc de la *Nouvelle Montagne,* l'électricité, l'alimentation, la *Fabrique* nationale *d'armes de guerre* de Herstal (c'est Lœwe de Berlin)... Ceci en 1909. M. Rau, en me confirmant ce qui est dit ici de Herstal, me cite la **fabrique** de produits chimiques de Drogenbosch.

part prépondérante dans la direction des affaires » de
mines, de métallurgie, naphte, transports, mécaniques,
textiles, produits chimiques, papeteries, etc. Par des
participations, des communautés d'intérêts, et grâce à
l'intervention des banques, ils sont maîtres des industries houillères de Dombrova, de six entreprises en
Pologne, ils ont une part dans la Sosnowice, ils dominent absolument le marché du zinc, les entreprises
russes et même roumaines de pétrole.

Quand une fois les Allemands ont acquis quelque
part la prépondérance, ils la défendent obstinément, ils
n'y renoncent que contre des avantages positifs[1]. —
On sait que dès avril 1909 Thyssen, déjà propriétaire
en Normandie des mines de Soumont, acquiert la concession voisine de Perrières, plus des terrains en aval
du port de Caen pour y construire une usine. Entre la
mine et l'usine il voulait établir un chemin de fer. Cette
usine consommerait les 60 p. 100 du minerai extrait
des mines normandes, et l'exportation du surplus four-
nirait du frêt en contrepartie du charbon que Thyssen
amènerait à Caen de ses propres houillères westpha-
liennes. L'idée était grandiose, mais le gouvernement
français ne consentait à concéder la ligne qu'à une
société où la part française serait prépondérante.
Thyssen céda ses droits à la *Société des Hauts Fourneaux et aciéries*, c'est-à-dire à une société Cail-
Thyssen où la part du capital-actions laissée aux Allemands n'était plus que de 40 p. 100. Comme prix de

---

[1] M. Bougault, administrateur délégué de la *Société des hauts
fourneaux et aciéries de Caen* (*Soc. d'encouragement*, 1915, t. IV,
p. 176). Cette note très précise complète Jean de Maulde, *Les
mines de fer... dans le département du Calvados*, Caen, 1910 (ne
faisait que pressentir le danger) et G. Weill, *Le fer en Normandie*
(*Revue écon. internat.*, avril 1914).

cette cession, Thyssen se faisait garantir la livraison
en vingt-cinq ans de 10 millions de tonnes, soit l'alimentation de 3/4 de haut-fourneau [1]. Mais il s'aperçut
que la prépondérance du groupe Cail devenait une réalité. Alors, « avec la méthode tantôt sinueuse, tantôt
brutale de leur pays », les Allemands négocièrent et
imposèrent un « traité de paix » : le mot, significatif,
est d'un administrateur actuel de la société. Ils rame-
nèrent leur participation à 20 p. 100, mais ils se firent
payer cette retraite partielle en portant leur faculté
d'achat de 3/4 de fourneau à 1 1/2 [2].

S'ils défendent avec une telle âpreté leurs positions
en terre étrangère, c'est qu'ils gagnent à les tenir, et
autre chose encore que de fortifier leur prestige. Voyons
d'un peu plus près les profits que procure à l'Allemagne la pénétration industrielle. Nous ne parlons pas
ici — ce n'est point notre sujet — des résultats politiques et militaires de cette méthode qui, à l'espionnage commercial, leur permettait de joindre l'espionnage pur et simple et parfois même la préparation
directe des opérations de siège.

L'exportation des travailleurs. En premier lieu, ils placent au
dehors leurs nationaux. C'est une
naïveté de croire que l'érection en
France, en Espagne, en Italie ou en Suisse d'une usine
allemande sert le travail national. De même que, dans

[1] A un prix réservant aux mines un bénéfice brut de 20 p. 100,
la société gardant toute liberté pour l'achat du charbon.

[2] A des conditions au moins égales aux conditions antérieures.
Thyssen s'engage à fournir ses bons offices et ses courtiers pour
achat de charbon en Allemagne ou en Angleterre, au gré de la
société ; à conjuguer les transports par mer de minerai et de
charbon, avec partage égal de l'économie du fret. — Ces con-

le conseil des sociétés, les fonctions directives sont
accaparées par les Allemands, de même c'est à des
Allemands que sont réservés, dans les usines, les
postes importants d'ingénieurs, d'employés, d'ouvriers d'élite[1]. La masse énorme de docteurs et de
diplômés qui sortent des Universités allemandes — car
elles aussi font de la production en série — l'émigration « intellectuelle » dont nous parlait Liebert, trouve
là son exutoire, sans compter que des usines plus ou
moins allemandes elle peut ensuite refluer jusque sur
les usines purement indigènes[2]. Les Allemands, et avec
eux les Austro-Hongrois, sont admirables, une fois
dans la place, pour en chasser les ingénieurs nationaux, à moins que ceux-ci n'obéissent à la consigne.

L'exploitation des brevets.   Une autre source de bénéfices directs, c'est l'exploita-
tion des brevets. Ces innombrables brevets allemands
dont nous avons dit l'importance deviennent des

---

trats ont été annulés par décret du 27 déc. 1914 et les deux sociétés
(*Hauts fourneaux* et *Soumont*) ont fait cesser le 29 juin le mandat
des administrateurs allemands.

[1] Vouters, *ouvr. cité*, p. 121.

[2] M. Pantaleoni et G. Preziosi donnent de ce procédé de conquête un admirable exemple (magyar, il est vrai, et non germanique) dans *La società italiana « Westinghouse »* (*Vita italiana*,
15 sept. 1915, p. 220). Constituée en 1907 avec des capitaux français et américains, la société italienne a un personnel directeur
hongrois. On a écarté les techniciens italiens, on n'a pris
comme Italiens que des non-spécialistes. Un ingénieur italien
qui avait essayé en 1912 de nationaliser le personnel technique a
été renvoyé. Après la déclaration de guerre il fallut une campagne
dans les journaux de Savone pour obtenir le départ de toute une
série d'ingénieurs hongrois que l'on conservait comme indispen-
sables. Il y avait là un officier de marine, allié au comte Tisza,
plusieurs frères (à un certain moment quatre frères ensemble),

articles d'exportation [1]. Tout auteur d'une invention la
lance à l'étranger, partout où la législation locale lui
en garantit la propriété. « C'est une des spécialités de
l'art de l'ingénieur, écrit un ingénieur, que l'organisation dans tous les pays du monde d'installations industrielles ayant pour objet l'exploitation d'une licence
venue d'Allemagne. Beaucoup de millions y rentrent
sous forme de redevances à des propriétaires de
brevets. »

**L'utilisation
des
produits allemands.**
Mais les bénéfices indirects
sont plus grands encore. Une
industrie allemande se nationali-
serait, en une certaine mesure,
dans le pays où elle émigre si elle s'y transportait
tout entière, si l'usine-fille parcourait en ce nouveau
site tous les stades de la production. En général l'usine-
fille dont l'installation, tout d'abord, a été faite avec
des matériaux allemands et par des constructeurs allemands, est surtout une usine de **transformation**, de
Veredelung, qui travaille sur des produits semi-ouvrés,
qui dégrossit, ajuste et assemble des pièces détachées,
qui monte sur place des machines. Par contrat, l'emploi des matériaux de la maison-mère (ou, si elle ne les
fabrique pas elle-même, de maisons amies) est imposé

des chefs de bureaux hongrois, etc. Tout cet état-major est
actuellement en Sardaigne. — Je suis moins convaincu par la
démonstration de M. Preziosi au sujet de la Vickers-Terni.

[1] V. Cambon, L'*Allemagne au travail*, p. 49-51. Telle maison
française qui a adopté un procédé pour l'extraction de l'étain
des vieilles boîtes à conserve, « paie chaque année à l'inventeur
un nombre respectable de billets de 1.000 francs, sans compter
que l'installation en France a produit des bénéfices aux constructeurs allemands qui l'ont établie ». Déjà dans Vouters, p. 120.

aux filiales ; celles-ci sont tenues de l'imposer à leurs installateurs et même, en pratique, à leurs clients publics ou privés. Telle usine Siemens d'Espagne fabrique bien en Espagne des dynamos, mais les électro-aimants, les fils, etc., viennent de Berlin. Contrairement aux apparences, l'usine exportée devient un instrument d'exportation.

Ces pratiques sont favorisées par la législation douanière des pays mêmes qui croient protéger le travail national contre l'industrie étrangère. Pourquoi tant d'usines allemandes de matières colorantes ou de produits pharmaceutiques en France ? Parce que nos douanes taxent les produits fabriqués d'un droit proportionnellement supérieur à celui des matières premières et des produits semi-ouvrés. Elles croient ainsi implanter en France les industries de perfectionnement. Le résultat, c'est « l'établissement chez nous de certains industriels allemands qui ont tourné la difficulté en utilisant quelques subterfuges dont le principal était l'introduction, comme produits non dénommés, de substances chimiques à l'avant-dernier stade de fabrication[1] ». Pourquoi tant d'usines de construction mécanique en Italie[2] ? Parce que les machines paient des droits très supérieurs aux pièces détachées. La grande maison allemande envoie ses pièces à la filiale ; celle-ci ne devra fabriquer que celles de ces pièces qui, en raison du métal dont elles sont faites, paient des taxes plus élevées. Pour le reste, son rôle industriel se réduit à un travail de montage. C'est même ce partage des attributions qui permet d'arriver à un par-

---

[1] Fourneau, *art. cité* dans *Société d'encouragement*, p. 454.
[2] Gray, *ouvr. cité*, p. 162.

tage inégal des bénéfices entre les usines-filles et leur mère d'Allemagne.

L'accaparement des matières premières.   Parfois, ce que cherche l'usine allemande par cet essaimage à l'étranger, c'est moins « le large et inlassable emploi de ses produits et leur constante diffusion » que l'accaparement des matières premières. Le relatif appauvrissement de l'Allemagne en fer explique les menées de Thyssen en Lorraine et en Normandie. Le procès en haute trahison si étrangement intenté à Possehl nous a révélé cet été que le puissant sénateur lubeckois était, après l'État suédois, le plus gros actionnaire des mines de Graengesberg, qu'il était intéressé dans le syndicat minier lapon, qu'il possédait la majorité des actions d'une autre exploitation en Dalécarlie et deux importantes usines sidérurgiques, qu'il était propriétaire pour un septième des mines de cuivre norvégiennes de Throndjem, qu'il projetait de créer un trust du fer et de l'acier en Suède[1]. Condamné en Allemagne, les biens de cet ancien ami personnel de l'Empereur seront confisqués au profit de l'Empire. Ses biens suédois suivront-ils le même sort, ce qui ferait de l'Empire allemand un des gros propriétaires des mines suédoises ? Et ce procès en haute trahison ne serait-il qu'une haute comédie ?

Le dumping extériorisé.   A côté des multiples bénéfices d'ordre positif, la pénétration industrielle sous toutes ses formes procure encore à l'Allemagne un bénéfice négatif. Elle para-

[1] *Le Temps*, 9 juin 1915.

lyse la concurrence, elle tue les industries nationales. Elle complète et aggrave ainsi l'œuvre du *dumping ;* c'est le *dumping* extériorisé. Quelle entreprise espagnole d'électricité pourrait se lever contre la domination des Siemens ? Une usine de produits pharmaceutiques s'est-elle créée à Montereau ? Vite une société de Darmstadt y vient établir une filiale qui, par ses prix de *dumping*, a tôt fait d'étouffer sa rivale. Plus facilement encore que les usines d'Allemagne, les usines allemandes du dehors, masquées en usines indigènes, participent aux adjudications publiques et découragent les producteurs locaux. Les filiales engagent des dépenses énormes, prodiguent les réclames, procèdent à des agrandissements, se contentent de bénéfices très limités ; la société mère et les banques alliées sont là pour les soutenir, car il s'agit de battre toute concurrence, de faire table rase, de ne laisser subsister dans le monde que l'usine allemande, la seule qui fera tout ensemble les semi-produits et le produit fini, et les usines-filles, à qui seront dévolus les travaux de perfectionnement. C'est l'application industrielle du *Deutschland über Alles,* c'est le pangermanisme économique, œuvre d'avenir, œuvre à longue portée qui vaut bien, momentanément, quelques sacrifices.

Lorsque les Européens découvrent, dans un pays semi-barbare, des richesses latentes, minérales ou végétales, dont l'apathie ou l'ignorance des indigènes ne sait pas tirer parti, les nations supérieures se croient le droit, elles se considèrent même comme investies de la mission d'exploiter ces richesses, dans l'intérêt supérieur de l'humanité. C'est le « fardeau de l'homme blanc ».

De même c'est pour les Allemands un postulat indiscutable qu'ils sont, comme le dit Dernburg, « les plus savants et les plus sages » de tous les hommes. Leur supériorité technique leur constitue à la fois un droit et un devoir, le droit et le devoir d'assumer l'organisation, l'exploitation rationnelle du globe. A cet égard, les Allemands sont la race supérieure, les autres races sont des races inférieures. Il faut donc, dans l'intérêt de l'humanité, faire travailler ces races suivant les méthodes et les directions de l'Allemagne : de gré, ou de force. Car ceci est le « fardeau de l'homme teuton ». Il est moralement obligé d'agir ainsi.

Ces idées, qu'un Ostwald a revêtues d'une splendeur d'apocalypse, il n'est peut-être pas un Allemand, si peu pangermaniste soit-il, qui ne les partage au fond de son cœur.

CONCLUSION

Voilà le cercle enfin fermé. **Par sa situation**, par le développement de sa population, par la date même à laquelle elle est apparue dans l'histoire, l'Allemagne impériale est tournée vers le dehors, et portée hors de ses frontières. La brusquerie de son essor, l'allure ultra-rapide qu'elle a imprimée à son développement industriel lui ont fait de l'expansion une nécessité. Ses financiers, ses industriels, ses hommes d'Etat en ont fait une politique. Devenir un « peuple mondial », un *Weltvolk*, ce fut le rêve de ce peuple qui, pendant tant de siècles, n'avait pas été même un Etat.

Chez ce peuple pauvre la richesse est venue très vite, tout d'un coup. Elle ne s'est pas immobilisée dans les usages traditionnels, comme dans les pays où elle résulte d'une lente, d'une patiente accumulation. Elle n'a pas consenti à se soumettre aux règles qu'ailleurs a conseillées la prudence et que l'expérience a sanctionnées. Tout au contraire elle a usé des moyens, des expédients auxquels la pauvreté de jadis avait accoutumé la nation. C'est pourquoi les banques allemandes allant au rebours de l'évolution qui distingue de plus en plus les fonctions pour mieux séparer les risques, elles ont confondu tous les genres d'activité financière.

Si cette confusion aurait pu indéfiniment se maintenir, si les banques allemandes y auraient renoncé d'elles-mêmes ou si, persistant en leurs errements, elles auraient été au-devant d'une gigantesque catastrophe financière, c'est une question que l'histoire laissera éternellement sans réponse puisqu'une catastrophe d'un autre ordre, et plus gigantesque encore, est venue ébranler cette organisation jusqu'en ses fondements. Toujours est-il que, le temps qu'elle a duré, cette organisation a mis aux mains de l'industrie allemande et du commerce allemand un instrument de diffusion d'une puissance incomparable.

La brusquerie même de l'essor allemand constituait un grave danger : trop de capitaux engagés dans trop d'industries, trop d'ouvriers et trop d'usines, trop de produits à trop bon marché. Sous l'action d'une concurrence effrénée les crises de surproduction se multipliaient, entraînaient le chômage et la misère, provoquant l'émigration massive. Le remède, c'est l'esprit d'association, si fort en Allemagne, qui le fournit. Cet esprit trouvait largement à s'appliquer dans l'organisation industrielle qui dominait en Europe à l'époque où l'Allemagne naissait à la grande vie économique. Entre le type industriel nouveau : la concentration, et le sens allemand du groupement, de la hiérarchie, de la discipline, il y avait harmonie préétablie. A la concentration des usines s'ajouta la concentration des cartels. D'abord créé pour arrêter la multiplication inconsidérée des produits et la chute des prix sur le marché intérieur, le cartel se tourna vers le dehors. L'occasion était trop tentante de déverser hors frontières le surcroît de la production. Pour faciliter ce mouvement, le procédé était tout indiqué : amener une rupture d'équilibre entre le niveau des prix au dedans et le niveau des prix au dehors ; élever autour de l'Allemagne une sorte de digue, et dans cette digue pratiquer des portes par où le flot surabondant s'écoulerait vers les basses terres extérieures, artificiellement approfondies. C'est tout le mystère du *dumping*.

Pour évacuer rapidement ce flot, tout un système de rigoles et de vannes a été combiné. C'est-à-dire qu'au service de cette politique d'exportation intensive l'Allemagne a mis l'agencement de ses outils de transport. Fleuves et canaux, voies ferrées, lignes de navigation, tous, même lorsqu'ils sont inclus dans le territoire national, sont orientés vers le dehors, construits, administrés, tarifés en vue de leur fonction d'expansion. Assurer l'exportation rapide, massive et économique des produits de l'usine allemande, c'est-à-dire les amener sur les marchés les plus lointains plus vite, en plus grande quantité et à moins de frais que les produits des usines concurrentes, c'est à quoi tendent tous les services de transport ; dans le sens inverse, leur rôle essentiel est de fournir à l'usine allemande les matières premières qui lui font défaut ou qu'elle n'a pas en quantités suffisantes, aux populations ouvrières la nourriture.

La lutte entre ces divers services aboutit, tout comme leur accord, à ce double résultat. Et les résistances des vieilles castes, du féodalisme agraire de l'Est ne peuvent s'opposer qu'un temps aux exigences âpres et croissantes du parti industriel. Eux-mêmes, les agrariens sont emportés dans ce tourbillon, saisis de ce vertige qui entraîne tous les Allemands, bon gré mal gré, vers le dehors. Par la tension excessive des ressorts, l'économie nationale a mené l'Allemagne à l'économie mondiale, à la *Weltwirtschaft*.

Banques, cartels, transports, toutes ces forces sont ainsi combinées en un seul organisme, dont les tentacules s'étendent dans tous les sens. Mais ce serait mal connaître l'Allemagne que de croire que cet organisme a pu naître en faisant exclusivement appel à des forces économiques, individuelles ou collectives. Nous avons assez dit et redit que l'Allemagne moderne était essentiellement un Etat. Aucune forme de l'activité nationale n'y est même concevable en dehors des cadres de l'Etat. Si quelque part le mot d'Etat-providence est autre chose qu'une métaphore, c'est bien dans l'Empire allemand. Le chef de guerre, le *Kriegsherr*, est en même temps le chef de la guerre économique. C'est à lui à gouverner non seulement ses propres finances, les finances de l'Etat, mais les finances de la nation. C'est à lui à surveiller, à diriger les groupements autonomes, à y entrer même pour leur imposer une politique conforme à ses vues. Maître absolu de la plupart des instruments de transport, indirectement maître des autres, c'est à lui à lancer vers les points faibles de l'adversaire le flot de la production allemande. Et si les marchés extérieurs essaient de se défendre contre l'inondation en élevant, eux aussi, des digues, c'est à l'Etat à faire ouvrir dans ces digues, par persuasion ou par force, les brèches nécessaires. L'industrie allemande demande beaucoup à l'Etat; elle lui concède plus encore.

Par cette concentration de toutes les énergies, par cette unité de direction, l'Allemagne économique est devenue une puissance pour le moins aussi redoutable que l'Allemagne militaire, et du même ordre ; une puissance de domination et de conquête.

Quarante ans durant, l'état-major allemand s'est préparé à une guerre qui devait éclater une fois, et en une fois aboutir à la décision. Mais c'est tous les jours que se livre la bataille économique. C'est tous les jours que l'état-major des banques, des cartels, des compagnies de navigation, élabore ses plans de conquête, et, avec une merveilleuse souplesse, les adapte aux circonstances. L'exécution, sur ce terrain, suit immédiatement la conception stratégique. L'espionnage, qui n'est en matière militaire qu'une préparation à la guerre, c'est déjà, en matière économique, une forme de la conquête. Non contente d'assiéger, de s'essayer à franchir les frontières de l'ennemi, l'industrie allemande s'installe, en pleine paix, au cœur des pays qu'elle veut asservir, dans les positions dont la stratégie économique lui a révélé l'importance.

Par cette invasion quotidienne, elle asseyait si bien sa domination sur tous les peuples que seul un coup de folie a pu lui faire préférer, à cette progressive et sûre infiltration, le formidable aléa des batailles. Cette puissance certaine, presque élémentaire et fatale, de l'effort allemand apparaissait même à beaucoup de bons esprits comme une garantie de la paix du monde. Pourquoi l'Allemagne aurait-elle fait la guerre ? Encore dix ou vingt ans de paix — de cette paix apparente, toute matérielle — et le monde, économiquement, devenait allemand.

L'ÉCONOMIE ALLEMANDE ET LA GUERRE

Mais alors, dira-t-on, pourquoi l'Allemagne a-t-elle fait la guerre ? Par quel coup de folie le parti industriel s'est-il associé au parti féodal pour précipiter l'Empire, et avec lui le monde, dans le plus épouvantable des abîmes?

Il n'y a là qu'une apparente contradiction. L'usine allemande était montée sur un tel pied, la machine marchait d'un tel rythme qu'il lui fallait tous les jours plus de matières, plus de clients, plus de capitaux. Il les lui fallait à tout prix : de gré, s'il se pouvait ; de force, si la violence, ou tout au moins la menace, était nécessaire.

La fusion de plus en plus complète de la *Weltpolitik* et de la politique d'affaires était singulièrement dangereuse pour la paix du monde[1]. Si l'impérialisme, si l'État tentaculaire met sa force au service des intérêts industriels, la tentation est grande, elle est perpétuelle, d'user de cette force pour briser les résistances qui s'opposent au triomphe de ces intérêts. Vienne une crise qui mette des dizaines de milliers d'ouvriers en chômage, gare au voisin qui peut être tenu pour responsable de la crise. Sois mon client ou je te tue, tel semble être le mot de cette industrie dont les besoins sont insatiables.

La Russie est pour l'Allemagne un réservoir de main-d'œuvre et un marché. Que cette Russie, en 1917, refuse de renouveler le désastreux traité qui lui a été imposé aux jours néfastes de la guerre russo-japonaise, qu'elle supprime le régime des passeports des ouvriers agricoles, qu'elle se défende contre les *Einfuhrscheine*, que deviendra l'agriculture capitaliste —

---

[1] Lévy-Bruhl, *art. cité* : « L'essor extraordinaire de l'industrie allemande comportait pour ses voisins, et pour le monde, plutôt un danger de guerre qu'une garantie de paix. Il n'y a pas là de paradoxe... »

agriculture de plus en plus industrialisée, de plus en
plus aux mains des banques — des grands domaines
du Brandebourg, de la Poméranie, de la Prusse?

La France est pour l'Allemagne une banque et un
fournisseur de minerai.

Une banque, d'abord. Nous avons décrit l'organisation industrielle allemande fondée en très grande partie
sur le crédit, entassant des affaires formidables sur la
base de capitaux assez restreints. L'Allemagne pouvait difficilement continuer ce jeu pendant longtemps;
elle créait trop vite trop d'usines nouvelles pour pouvoir amortir son outillage. Elle était comme ces bras-
seurs d'affaires trop hardis qui, à force de se lancer
dans de téméraires entreprises, finissent par entrevoir
la faillite comme un suprême moyen de salut — la faillite, ou l'intervention de nouveaux capitaux. Or ces
capitaux existaient dans un pays voisin, mais dans un
pays moins actif, un peu somnolent, un peu paresseux.
De bonne foi, l'Allemagne nous offrait d'employer chez
elle nos capitaux, en leur assurant une rémunération
supérieure à celle dont nous avions la petitesse de
nous contenter. A l'ordinaire, nos établissements de
crédit mettaient à la disposition de l'activité allemande les ressources dormantes de l'épargne française. Mais à certaines heures l'épargne française se
montra récalcitrante. S'il lui prenait fantaisie de
recommencer, et de persister dans son abstention,
que deviendrait la grande firme allemande? Il lui faut
l'argent français, de gré ou de force. Quelle tentation
d'aller puiser à pleines mains dans le bas de laine qui
parfois se serre si jalousement!

Quelle tentation aussi d'aller réparer l'erreur de
délimitation commise par les experts-géologues alle-

mands en 1871! Déjà en 1911 le grand organe des industriels rhénans, la *Gazette du Rhin et de Westphalie*, émettait l'avis que les gisements de la Lorraine et du Luxembourg devaient être soumis à la même domination que ceux de la Westphalie et de la Sarre. Quelle tentation encore d'aller prendre à revers, par Diélette, le port de Cherbourg!

Quant à l'Angleterre, concurrente directe de l'Allemagne sur tous les marchés du globe, fabricante des mêmes produits, elle est l'ennemi qu'il faut abattre[1]. N'a-t-elle pas pris l'habitude, n'a-t elle pas fait prendre l'habitude à la France d'imiter les pratiques de la finance allemande, de ne plus prêter d'argent aux États pauvres que contre de bonnes commandes? Le temps commence à passer où l'on pouvait, en Turquie, faire avec l'or français ou anglais des affaires allemandes. Les rivaux de l'Allemagne ont appris d'elle-même à jouer de la *Handels-und Machtpolitik*. Mais que vont devenir Essen, Gelsenkirchen, toute cette immense cité industrielle qu'est la Westphalie, si Roumains, Grecs, Serbes, se mettent à commander leurs canons et leurs cuirassés, leurs rails ou leurs locomotives à Glasgow ou au Creusot? A cet encerclement économique de l'Allemagne, la guerre apparaît comme préférable, et le gant de fer remplace la main de velours.

Peu à peu l'idée de la guerre nécessaire, de la guerre presque désirable gagnait les classes industrielles. J'en trouve la preuve, déjà en 1908, dans un

[1] Stresemann écrit en 1913 : « La plupart des problèmes actuels, alliances de peuples et événements internationaux, se trouvent avoir leur cause dernière dans la concurrence anglo-allemande. »

livre de vulgarisation dû au professeur Paul Arndt, un de ces petits livres à un mark qui servaient à former l'esprit allemand[1]. Après un hymne à la grandeur allemande, l'auteur ouvre un chapitre : « Des dangers de la participation de l'Allemagne à l'économie mondiale ». Il montre que cette participation accroît la dépendance de l'Allemagne vis-à-vis de l'étranger, qu'elle la rend vulnérable sur mer comme sur terre. Que les rapports internationaux soient troublés, il y aura « beaucoup d'ouvriers sans pain, beaucoup de capitaux dépréciés », et cela pour des causes qui « échappent en grande partie au contrôle de l'Allemagne » ; causes nées dans des pays qui peuvent saisir l'occasion d'affaiblir l'Allemagne. Et, par une hypothèse prophétique, il décrit les effets du blocus...

Mais ces risques de la politique mondiale, il les accepte sans hésiter : « Assurément, si nous voulons être et rester un grand peuple, une puissance mondiale, nous nous exposons à de sérieux combats. Mais cela ne doit pas nous effrayer. Il y a une vérité profonde dans ce mot que l'homme s'étiole dans la paix. Souvent il faut l'appel aux armes pour secouer le monde engourdi dans l'apathie et la mollesse. La lutte apparaît souvent, à celui qui sait voir loin et profond, comme une bénédiction pour l'humanité ». Cet Allemand — il écrit en 1908 — est un disciple de Joseph de Maistre.

Voilà par quel fatal mécanisme **la trop** rapide industrialisation de l'Allemagne nous **a menés à la** guerre allemande.

---

[1] *Deutschlands Stellung in Weltwirtschaft* (**Teubner**). De même, dans un cadre plus scientifique, Arthur **Dix**, *Politische Wirtschaftsgeographie*, 1919.

Pour bien comprendre comment l'industrialisation de l'Allemagne a pu devenir, contrairement aux illusions des économistes et des pacifistes, un facteur de guerre, il peut être utile de revenir encore sur les méthodes financières de l'industrie allemande.

Nous avons montré la part immense que jouait le crédit dans l'industrie allemande, crédit consenti par les banques, qui en dernière analyse faisaient appel à l'épargne étrangère. Nous n'avons peut-être pas assez indiqué que, pour construire et ensuite pour maintenir debout cet édifice grandiose et fragile, on devait perpétuellement frapper les imaginations, faire, en un mot, appel au *bluff*.

Nous sommes éblouis, tout d'abord, par les chiffres des capitaux investis dans les affaires allemandes, par l'énormité des fusions, par l'élévation des dividendes. Nous avons signalé qu'en pleine guerre ces dividendes continuent à être très élevés.

Mais il y a souvent, sous cette prospérité « colossale », un artifice de comptabilité, des jeux d'écritures, qu'en France aucun commissaire aux comptes ne laisserait passer sans protester.

La réserve est le dernier des soucis des sociétés allemandes. Mais ce n'est pas tout. Si l'on étudie d'un peu près leurs bilans, on y découvre souvent une véritable fantasmagorie, digne d'un financier véreux.

Les initiés vous citeront telle société d'électricité où, pour masquer une « colossale » perte d'exploitation. on la porte au débit du compte « premier établissement » sous cette rubrique « excédent de consommation de charbon durant l'exercice dû à la mauvaise construction des cheminées », ce qui permet de solder par un léger bénéfice le compte des profits et pertes !

Nous avons dit par quels stratagèmes on faisait passer dans les dividendes de la société mère allemande une part des bénéfices des sociétés filiales établies à l'étranger. Mais si la filiale venait à péricliter, la société mère n'hésitait pas à lui faire cadeau des sommes manquantes, et le bilan s'établissait sans perte.

En somme, la situation de l'industrie allemande n'était pas saine. Car, à force de vouloir à tout prix évincer de tous les marchés tous les rivaux possibles, l'Allemagne avait entassé dans son portefeuille bien des créances douteuses.

Pour toutes ces raisons, on peut croire qu'une liquidation s'imposait. L'Allemagne était un peu dans la position du brasseur d'affaires à qui la faillite apparaît comme le salut. Seulement, comme elle avait la force, et depuis longtemps l'habitude de mettre la force au service des intérêts matériels, elle était naturellement tentée de risquer le tout pour le tout. La guerre lui apparaissait comme une liquidation d'un nouveau genre, une liquidation de grand style.

Les pacifistes nous disaient : croire que la guerre enrichit les peuples, par conséquent, croire qu'un peuple riche a intérêt à la guerre, c'est la « grande illusion ». C'était compter sans cette psychologie spéciale de l'industriel et du financier allemands. L'intérêt immédiat du monde des affaires en Allemagne était assurément opposé à la guerre; mais la guerre, une guerre rapide et victorieuse, semblait le meilleur moyen, le moins coûteux après tout, de rétablir les affaires de l'Allemagne. De toutes les « grandes illusions », la plus grande était de croire que le souci de ses intérêts matériels arrêterait l'Allemagne et en particulier la classe industrielle allemande au bord de l'abîme.

Si l'on doutait du rôle des causes économiques, ou plutôt de la psychose économique dans cette guerre, il suffirait pour s'en convaincre de voir comment les Allemands, dans leurs rêves, conçoivent la victoire allemande. C'est une victoire industrielle, c'est le mariage forcé de la houille allemande et du fer étranger, c'est la réduction des peuples vassalisés au rôle de clients perpétuels de l'usine allemande.

« Les gisements métalliques de la Lorraine française et de la Pologne russe, écrit en février 1915 le baron de Zedlitz-Neukirch, sont à un certain degré le complément de nos propres exploitations minières[1]. » Que faire, demanderons-nous au fougueux Max Harden[2], de la Belgique martyre? « Anvers, répond-il en octobre 1914, non pas contre, mais avec Hambourg et Brême; Liége, à côté des fabriques d'armes de la Hesse, de Berlin, de la Souabe; Cockerill allié avec Krupp; les fers, les charbons, les tissus belges et allemands dirigés ensemble... De Calais à Anvers, Flandres, Limbourg et Brabant, jusqu'au delà de la ligne des forteresses de la Meuse, tout prussien ! » Rêve de conquérant homme d'affaires, romantisme de comptoir qui procède du *Soll und Haben* de Freytag.

Pour les industriels allemands, la guerre doit résoudre les questions coloniales[3]. Aux jours tragiques de fin juillet 1914, Bethmann-Hollweg offrait à l'Angleterre l'intégrité de la France continentale (l'industrie allemande se serait contentée d'une France économiquement médiatisée), mais il refusait de s'engager à

---

[1] D'après le *Temps* du 23 février.

[2] Cité par Waxweiler, *La Belgique neutre et loyale*, p. 115.

[3] Voy. H. Hauser, *La guerre européenne et le problème colonial*, 1915 (Chapelot).

respecter les colonies françaises, surtout l'Afrique du
Nord. En septembre 1914, les libéraux allemands
avaient l'audace, pour prix d'une défection dont ils
nous croyaient capables, de nous offrir le partage de
ce Congo belge vers lequel le traité de 1911 leur avait
permis de pousser deux antennes[1]. L'un d'eux écrivait
cette phrase candide : « Nous avons besoin de la
France, parce que nous ne pouvons avoir la prétention
de gouverner tout le monde colonial non-anglais ». En
même temps ils essayaient, par une révolte des Boers,
par des attaques contre les colonies portugaises, de
construire un Empire allemand de l'Afrique du Sud.

La victoire allemande, c'était le fer assuré et les
débouchés élargis. C'était Briey, c'était l'Ouenza,
c'était Casablanca, c'était Bagdad.

LE LENDEMAIN DE LA VICTOIRE

Nous suffira-t-il, pour conclure cette étude, d'avoir
tracé ce raccourci de l'évolution économique allemande et de ses conséquences historiques ? Cela suffirait si l'on pouvait considérer cette évolution comme
terminée, s'il s'agissait d'un chapitre désormais clos
de l'histoire universelle.

Mais il faudrait être aveugle pour croire qu'il en est
ainsi et que tout s'arrangera pour le mieux au lendemain de la victoire.

« J'admire comme des êtres extraordinaires, disait
hier, en phrases virulentes mais justes, M. Victor

---

[1] Friedrich Naumann, *Deutschland und Frankreich*, 1915.
H. Hauser, *Comment un Allemand jugeait la France...* (*Revue
du Mois*, mai 1915).

Cambon, ceux qui prédisent que ce jour-là l'industrie
française n'aura qu'à se baisser pour recueillir l'héritage de l'expansion allemande à travers le monde[1]. »
Ces prophètes d'optimisme et de paresse n'ont pas lu
les revues et les journaux où se poursuit, sous le
fracas des batailles, l'œuvre de la réclame allemande.
Ils ne songent pas à ces commis-voyageurs allemands
que le blocus a immobilisés dans l'Amérique du Sud,
à ceux qui y ont été renvoyés d'office par le gouvernement impérial, et qui « s'y livrent à une propagande
active et tendancieuse auprès de leur clientèle », ven-
dant au besoin des articles français ou anglais pour
garder le contact, et enregistrant des commandes
à livrer *fin guerre*. Les banques allemandes sont toujours là-bas, dominant les journaux locaux par le
moyen des affaires de publicité, profitant des vides
que la mobilisation a creusés, d'une façon parfois bien
irréfléchie, dans les rangs des Français. L'association
à laquelle Bernhard Dernburg donne de si bons conseils prépare au commerce allemand, dans l'Amérique
latine, des revanches triomphantes. A nos portes, ne
voyons-nous pas des voyageurs allemands démobilisés
tout exprès pour visiter le marché suisse, tandis que
chez nous des « patriotes » à courte vue célébreraient
à l'égal d'une victoire la rupture de nos relations commerciales avec la république voisine ?

Mais c'est chez nous-mêmes que s'élaborent déjà
des plans de reconquête industrielle. Hier la *Chemiker
Zeitung* ne recherchait-elle pas — déjà ! — les

[1] *Vers l'expansion industrielle* (*la Lumière électrique*. 31 juillet
1915).

[2] Louis Guilaine. *Français et Allemands dans l'Amérique du
Sud* (*Le Temps* 3 nov. 1915).

grandes maisons de produits chimiques qui s'intéres-
seraient, « sitôt la paix conclue », à la reprise du
marché français ![1] Cette ténacité doit donner à réfléchir
à ceux qui spéculent sur la ruine de l'Allemagne.

Ruine, au reste, toute relative. Quand au million et
demi de cadavres que l'Empire — tout bas — avouait
au début de septembre se seront ajoutés d'autres
cadavres encore, l'Allemagne restera un peuple de
plus de 60 millions d'hommes, et chez qui les mesures
législatives et la propagande s'uniront pour maintenir
le taux de la natalité. Quand nous lui aurons enlevé
l'Alsace, et si même nous lui enlevons l'Alsace de 1814,
avec le bassin de la Sarre, elle restera un grand producteur de houille et de lignite, le premier du continent, le concurrent le plus menaçant de l'Angleterre.
Aucun artifice ne fera que la chimie allemande des
colorants et des explosifs n'ait à sa disposition des
quantités énormes de goudron, des benzols, des phénols — si même l'Empire vaincu ne retrouve pas du
côté du Danube des compensations à ce qu'il aura
cédé par ailleurs.

L'Allemagne ne perdra pas non plus, du jour au
lendemain, le bénéfice de sa préparation technique ;
elle ne fermera ni les laboratoires de ses universités,
ni ses écoles de commerce. Elle continuera de produire
des chimistes, des ingénieurs, des voyageurs. Plus
pauvres, plus à l'étroit dans leur patrie, ils se lanceront
plus âprement que jamais, avec des dents plus longues,
sur tous les marchés du globe — et ils trouveront,
ne nous faisons pas d'illusions, ils trouveront partout
des commerçants dont le patriotisme résistera mal à

---

[1] **X...**, *Lettres d'Allemagne* (*le Temps*, 24 octobre 1915).

l'appât que leur tendra un employé zélé, actif, poly-
glotte, et peu payé.

Folie de croire à la ruine de l'Allemagne. Autre folie
de croire que, par une sorte de boycottage collectif,
nous allons suspendre avec elle toutes relations commerciales. On ne supprime pas, du trait de plume qui
paraphe un traité, un marché de 60 millions d'hommes.
On ne peut creuser, dans le monde économique moderne, un trou de cette grandeur. Le blocus, nous ne
réussissons qu'à grand'peine à en faire, en pleine
guerre, une demi-réalité. Croit-on sérieusement que
nous pourrions le maintenir durable après la guerre?

Au reste, est-ce à l'heure où se relèveront nos
industries que nous irions, de gaité de cœur, nous
fermer un débouché où nous vendions, bon an mal an,
pour 800 millions de produits? Pourrons-nous, même
si l'annexion du bassin de la Sarre augmente de
17 millions de tonnes l'insuffisante production des
houillères françaises, nous passer du charbon et du
coke allemands? Si la métallurgie et les industries chimiques doivent prendre chez nous un essor nouveau,
comment se contenteraient-elles des 20 millions de
tonnes de houille que nous demandions à l'étranger?
Nous fournirons-nous exclusivement en Angleterre et
en Belgique? Mais ce serait provoquer une hausse du
charbon, ce serait rendre impossible le ravitaillement
de nos régions industrielles voisines de l'Allemagne,
et qui comptent précisément parmi les plus actives.
N'oublions pas, en outre, que la partie orientale du
bassin de Briey, la Sarre et l'Alsace nous apporteront,
avec leurs gisements houillers, des usines mangeuses
de houille. Ce n'est pas 20, c'est peut-être 50 millions de
tonnes que nous devrons importer. En admettant qu'une

utilisation rationnelle de nos forces hydrauliques nous permette de diminuer notre demande en houille noire, nous n'en resterons pas moins tributaires d'un pays qui extrait chaque année plus de 270 millions de tonnes de charbon.

On nous dit : la reprise du Sundgau va libérer notre agriculture du tribut qu'elle paie aux sels de Stassfurt. C'est oublier que la surproduction amènerait, sur le marché des potasses, une baisse désastreuse des prix. Les milliards que l'on nous montre dormants au bois de Nonnenbruch s'en iraient en fumée. Ne serons-nous pas amenés, dans l'intérêt des deux nations, à conclure sur ce point une entente avec l'Allemagne ?[1]

Inutile de pousser plus avant cette analyse. L'Allemagne de demain sera une réalité économique. Avec cette réalité nous serons obligés de compter. Et cette réalité restera menaçante, car l'Allemagne vaincue ne renoncera ni à ses ambitions ni à ses méthodes. L'exemple allemand reste donc utile à méditer, aujourd'hui comme hier.

LA LEÇON DE L'ALLEMAGNE

Que faire de cet exemple, et dans quelle mesure nous en inspirer ?

Nous ne pouvons, nous l'avons dit, entrer dans le détail, donner des conseils techniques à nos industriels et à nos commerçants. Cela ne serait ni dans notre rôle ni de notre compétence. Au reste, depuis la guerre, des associations dûment qualifiées ont entrepris cette tâche, et toute une littérature s'élabore, dans

---

[1] C'est l'avis de M. Cambon.

laquelle les intéressés trouveront amplement matière à s'instruire[1]. Bien plus, certaines de **nos industries**, notre métallurgie, notre électrotechnique, nos industries chimiques, ont déjà senti l'aiguillon.

Ce que nous voudrions faire, c'est dégager les quelques idées essentielles qui doivent, à notre sens, diriger la conduite de nos industriels et de nos exportateurs.

La première, c'est qu'il faut se tenir, en face de l'Allemagne économique, à égale distance de l'ignorance **qui dédaigne** et de l'admiration sans réserves. Il est arrivé à plusieurs de nos compatriotes, après un ou deux **voyages rapides** en Allemagne, de revenir complètement hypnotisés, et comme écrasés par cet étalage de richesse et de puissance. Ces victimes du « colossal » ne sont pas toujours bonnes à entendre, parce qu'à force de grandir l'adversaire, elles enlèveraient aux nôtres jusqu'au courage d'affronter une tâche considérée d'avance comme impossible. Tout n'est pas, en Allemagne même, en Allemagne surtout, si beau que les apparences. Ce pays est le pays du bluff.

D'autre part, les plus **sérieux de nos** missionnaires ont cru bon, quand ils revenaient d'Allemagne, de crier haut. Il était urgent de secouer les apathies, de bousculer un peu les routiniers égoïsmes, et l'exemple de l'Allemagne était là, tout à point, pour exciter les activités assoupies. Chacun fit donc, à la Tacite, son *De moribus Germanorum*. Et parfois nos industriels,

---

[1] Nous avons déjà cité la *Société d'encouragement à l'industrie nationale*. Voyez aussi le *Génie civil* et certaines revues spéciales, comme *la Lumière électrique*. Signalons également l'*Association nationale d'expansion économique : industrie, commerce, agriculture* (voir *le Temps* du 20 sept. et du 4 nov.).

très légitimement, se rebiffèrent. A l'un des louangeurs de la Germanie, on reprocha, non sans rudesse, qu'il avait opposé à l'industrie allemande d'aujourd'hui l'industrie française d'il y a trente ou quarante ans. On lui cita, non sans justice, les belles installations des mines de Lens et de Béthune, les mines et les établissements métallurgiques de l'Est, le Creusot, nos industries électriques, nos industries agricoles, sucrerie et distillerie. Elles n'ont rien à envier, ni comme supériorité scientifique, ni comme outillage, ni comme aménagement intérieur aux usines allemandes les plus vantées. — « Voire », répondit notre homme. Mais combien d'autres usines françaises sont restées immuables depuis trente ou quarante ans! C'est celles-là qu'il s'agit d'amener à se rajeunir, et c'est pour toutes qu'il importe de réformer nos méthodes commerciales [1].

CE QUE NOUS N'IMITERONS PAS DE L'ALLEMAGNE

Il est des choses que nous n'admirerons pas de l'Allemagne. Il en est que nous ne devons ou que nous ne pouvons imiter.

Ce que nous n'imiterons pas, d'abord, c'est ce qu'il y a de malhonnête, de déloyal dans les pratiques allemandes. Ni la contrefaçon, ni la fraude, ni la corruption, ni l'espionnage commercial ne sont des procédés que nous saurions employer, ni nous, ni les Anglais, ni nos alliés. Nous ne saurions même admettre la généralisation systématique du *dumping*.

[1] Voy. cette très intéressante controverse, suite de la conférence de M. V. Cambon, dans *la Lumière électrique*, du 11 septembre.

De l'exemple allemand, nous n'imiterons pas non plus ce qu'il a d'évidemment dangereux. La politique des banques allemandes a beau avoir réussi pendant plus de quarante ans, il ne faut pas oublier qu'elles dansaient sur la corde raide ; elles n'ont évité la culbute finale que parce qu'elles ont été entraînées dans la chute de toutes choses. Nous résisterons à la tentation de demander à nos établissements de crédit de renoncer au principe, proclamé intangible par Riesser lui-même, de la division des risques.

La surproduction exaspérée, dont l'industrie allemande faisait sa loi, est un autre danger. Contrairement à ce que Malthus disait des subsistances, les produits de l'usine moderne ont tendance à augmenter en nombre bien plus vite que les hommes destinés à s'en servir, ou du moins capables de les acquérir. Les crises de sous-consommation sont un mal endémique de l'industrie moderne. La politique suivie par les cartels, politique inventée pour guérir le mal, ne faisait que l'aggraver, puisqu'elle activait encore la surproduction. Elle ne pouvait aboutir qu'à l'une ou l'autre de ces alternatives : ou bien les marchandises invendues s'entassaient dans les magasins, et la pléthore aboutissait à la ruine ; ou bien, pour dégorger à tout prix le marché intérieur, il fallait, à tout prix aussi, trouver de nouveaux débouchés, se les faire ouvrir par douceur ou par violence. Ruine ou guerre, qui est la ruine encore, telle est la terrible énigme par laquelle l'histoire répondait aux angoisses de l'industrie allemande. L'Allemagne a choisi la guerre. Nous nous garderons de donner à la production un rythme qui fasse du progrès industriel lui-même un danger pour la paix du monde.

Au reste cette éventualité, que je rappelle ici pour
mémoire, ne me paraît pas très redoutable en ce qui
touche, du moins, la France et les autres nations
latines. La surproduction à jet continu, la tension fébrile et constante de tous les ressorts ne sont pas dans
notre tempérament. On peut nous les prêcher sans
crainte ; de ces prédications nous rabattrons toujours
assez. Notre sens de la mesure, des proportions, de
rapport entre l'effort et le but triomphera toujours des
exagérations. Et s'il faut pencher d'un côté, essayons-
nous plutôt à pencher du côté où notre nature, notre
éducation séculaire, nos goûts ne nous inclinent pas
assez.

Il y aura toujours bien ces choses d'Allemagne qu'il
ne sera ni souhaitable ni possible de transporter chez
nous. Ni en France, ni en Angleterre, ni en Belgique, ni
en Italie ne pourrait s'établir la conception étatiste du
commerce et de l'industrie. Autant vaudrait refaire notre
histoire, à tous trois, depuis le xve, peut-être depuis le
xiiie siècle, biffer la *Magna carta*, les statuts des « arts »
florentins ou flamands, la Déclaration des droits. Nous
n'allons pas, après avoir abattu le militarisme allemand,
réserver à l'Allemagne cette suprême victoire, organiser
le monde à l'allemande, et faire dire à la postérité : *Germania ferox mitem victorem cepit...* Ni de l'Etat ni
des associations nous n'accepterons une discipline qui
tuerait l'individu. Nos nations valent ce que valent les
individualités qui les composent, elles vivent de leurs
initiatives, de leurs créations, elles s'illuminent de leur
génie. Nous n'en ferons point des nations de contre-
maîtres. Nous n'étoufferons point, sous le poids des
règlements et du pédantisme, la liberté des intelligences. La patrie de Gramme n'a rien à envier à celle

de Siemens, et l'on a maintes fois démontré que le triomphe de l'organisation allemande avait coïncidé avec une baisse en Allemagne de l'esprit vraiment créateur. N'éteignons pas la flamme divine.

J'avoue même que, pour notre France, je ne verrais pas sans inquiétude **une** adoption trop complète, trop généralisée, inconditionnelle, de la production en série. De très bons juges, et des plus autorisés, nous la recommandent cependant, nous somment de nous y convertir[1]. Je demande à distinguer. J'admets qu'il n'y a pas deux façons de faire une lampe à filaments étirés d'un certain type, ou un boulon, ou même une pièce d'étoffe d'usage courant. L'essentiel est d'en faire assez pour que le prix de revient puisse être abaissé au minimum, l'outillage amorti et par conséquent renouvelé dans le minimum de temps, le personnel absolument adapté — système Taylor — à sa tâche, la machine toujours prête à fournir très vite et en quantité suffisante l'article demandé. On ne battra pas les Bayer ou les Schuckert avec de petites entreprises non concentrées, pourvues d'un médiocre capital, et dispersant leur activité sur un trop grand nombre de types.

Mais, nous aurons beau faire : la France fabriquera toujours autre chose que des produits d'usage courant, des produits de grosse industrie. Il est certainement urgent qu'elle en fabrique davantage, qu'elle profite de ses merveilleuses ressources en minerai de fer et en houille blanche. Mais, sur ces terrains divers, elle rencontrera toujours des concurrents redoutables, à certains égards mieux armés qu'elle, et il ne faut pas

---

[1] **David-Mennet.** *De la méthode à suivre pour substituer les produits français aux produits allemands et austro-hongrois.*

qu'elle renonce aux productions dans lesquelles elle est sans rivale. C'est un Américain qui va nous le dire[1] :

« En France, le côté esthétique des choses est partout en évidence : dans les décors des rues, dans la nature des monuments publics, dans les devantures de magasins, dans les vêtements des gens, dans la disposition des fleurs, etc. Beauté aussi bien dans l'insignifiant que dans l'important! Le chef a ses inspirations comme le musicien; les créations de la modiste sont aussi sérieuses que celles du sculpteur; l'ébéniste a autant de respect pour les meubles anciens que l'architecte pour les monuments historiques. Chacun est considéré artiste, même dans les moindres détails de son métier. »

Il ne faut pas abdiquer cette supériorité. Il est assurément souhaitable que Lyon fabrique aussi des étoffes vulgaires et batte Crefeld; mais il importe beaucoup plus que Lyon reste Lyon. Il nous faut multiplier les grands ateliers de construction mécanique, et faire nous-mêmes nos machines-outils, mais il serait déplorable que la rue de la Paix vînt à ressembler, je ne dis pas à la Friedrichstrasse, mais même au Strand ou à la 7e Avenue. « Entre toutes choses, poursuit notre Américain, l'Art exige la liberté. » Ne tuons pas l'art chez nos savants, chez nos techniciens, chez nos ouvriers, car la France doit rester pour l'humanité une créatrice de valeurs nouvelles.

[1] G.-M. Baldwin. *L'idéal américain et l'idéal français* (dans *les États-Unis et la France*, 1914, p. 160 et suiv.).

CE QUE NOUS DEVRONS IMITER

Mais après avoir dit ce qu'il ne faut pas imiter, il reste que la leçon allemande peut être, pour nous, très féconde.

La première leçon que nous donne l'Allemagne c'est que, pour faire des produits, il faut d'abord faire des producteurs. Tout ce que nous disons, tout ce que nous ferons est inutile, inutile aussi le sacrifice de nos soldats, si la France, après comme avant cette guerre, doit rester une nation à population stationnaire ou même régressive[1]. Où trouver des ouvriers, des ingénieurs, des chimistes, des directeurs d'entreprise, des voyageurs, si d'abord la matière humaine nous fait défaut? Seule une population abondante et croissante permet une production intense, et aussi cette accélération dans la consommation intérieure qui détermine l'accélération de la production et rend l'exportation nécessaire. Seule surtout elle permet, par une sélection opérée sur de larges bases, le recrutement des fonctions actives et, après que toutes les places sont prises au foyer, cette exportation des hommes qui précède l'exportation des produits. Au point de vue économique au moins autant qu'au point de vue militaire, cette question sera demain, pour la France, une question d'être ou de non être.

Sans renoncer à ce goût de l'art, à cette fantaisie créatrice qui sont à la fois notre marque et notre force, il nous faudra, tout de même, renoncer à nos habitudes paresseuses, à notre politique expectante. Le temps

[1] G. Violle. *L'avenir de nos industries physiques après la guerre* (*La lumière électrique*, 16 oct. 1915).

n'est plus où la marchandise pouvait attendre le client ; si belle et si bonne qu'elle soit, il faut qu'elle aille trouver l'acheteur possible. Il y a dix-sept ans qu'un de nos consuls écrivait[1], nous comparant aux Allemands : « Eux produisent et placent ; nous, *nous voulons placer avant de produire* ». Il ne faut pas qu'on puisse le redire dans dix-sept ans. Entre la surproduction illimitée, irraisonnée, dont nous avons dit les dangers, et cette timidité, cette peur du risque, disons le mot cette apathie dont notre commerce a tant souffert, il y a place pour la prudence hardie, pour l'énergie qui sait oser.

Malgré l'intérêt que présente pour les producteurs, dans un pays riche et vieux, le marché intérieur, il faut élargir notre horizon. L'exportation a été trop souvent considérée chez nous comme un supplément, assurément non négligeable, mais après tout secondaire, de l'activité économique ; il serait à peine excessif de la considérer comme une fin en soi. Nous sommes obligés d'acheter au dehors une part importante de nos approvisionnements en combustibles et en matières premières ; il faut les payer en produits fabriqués, ne serait-ce que pour procurer travail et salaire à notre population ouvrière.

Mais l'exportation n'est pas un jeu qui s'improvise. Elle est un art. L'exemple allemand est là pour nous rappeler qu'elle est une science, une technique. La première condition pour y réussir, c'est de bouleverser complètement les notions courantes sur la concurrence commerciale. Accoutumés à regarder trop exclusivement le délicieux coin de planète où nous a parqués

[1] Pingaud. *Moniteur du commerce*, 7 juillet 1898, p. 11.

la nature, nous envisageons la concurrence sous l'angle national, d'individu à individu, de maison à maison. Nous transportons, trop souvent, ces habitudes de lutte hors frontières, tandis que nos rivaux s'entendent, se groupent, font bloc contre l'adversaire commun. Il faut envisager la concurrence, sous l'aspect mondial, de nation à nation.

Le seul moyen d'y parvenir, c'est de développer l'esprit d'association. Un fabricant allemand de produits chimiques, remarquait il y a près de quinze ans M. Haller[1], n'est pas seulement, pour ses divers produits, membre d'une infinité de cartels. Il est membre de l'Association professionnelle de l'industrie chimique, née de la loi sur les accidents du travail, membre de l'Union pour la défense des intérêts de l'industrie chimique allemande, de la Société chimique allemande, de l'Union des chimistes allemands... Les périodiques de ces sociétés, leurs bureaux d'information ou de consultation, leurs agents sont à sa disposition. Dans les réunions de ces sociétés, il se rencontre avec ses collègues, peut élaborer avec eux des plans d'action concertée, partager le monde en zones d'influence, entretenir à frais communs des voyageurs, des représentants, des succursales.

Au reste, rien de tout cela, chez nous, n'est absolument nouveau. Des sociétés de ce genre existent, il s'en crée de nouvelles. Des entreprises collectives comme la Mission lyonnaise en Chine, des groupements comme celui qui s'est formé récemment pour l'étude de nos relations avec la Russie, comme l'Association nationale pour l'expansion économique, voilà

---

[1] *Rapport...* 1900, p. **xxv**.

des indications suffisantes de ce que peut, en France,
l'esprit d'association. Jamais nos industriels ne se
soumettront à la discipline étouffante qui pèse sur les
cartels allemands, mais nous avons déjà nos propres
cartels, qui vivent sur des formules plus libérales, et
qu'il suffit d'étendre et de multiplier.

En somme, il nous faut « organiser » l'exportation,
comme nous avons dû, en pleine bataille, organiser la
guerre. Pour cette organisation, il faut de plus en plus
faire appel à la science et à la technique. C'est une
pitié de lire, sous la plume d'un de nos physiciens les
plus illustres, que « depuis de longues années » il
demande, dans le pays qui a donné au monde le système métrique, la création d'un Laboratoire national
des poids et mesures, et que toutes ses instances sont
« restées vaines ». Le résultat c'est que, si les qualités
françaises continuent à s'affirmer dans la recherche
de la perfection, nous nous sommes laissés dépasser
par l'Allemagne pour les mètres brisés en bois, pour
les appareils automatiques de pesage. De même si le
pays de Foucault est devenu tributaire de Zeiss, cela
tient à la modicité des ressources de nos laboratoires
d'optique ; le même physicien n'oserait pas, devant
l'Europe, dire à combien se monte le budget du principal d'entre eux, celui du Conservatoire [1]. Là aussi,
dans nos Universités, dans les écoles techniques, il a
été beaucoup fait. Il ne reste pas seulement beaucoup
à faire ; c'est une mentalité à changer. Il faut que nos
industriels comprennent combien de fausses dépenses
leur sont évitées, combien d'économies sont réalisées

[1] G. Violle, *art. cité*. — Cf. Vogt. *Remarques sur la formation
des ingénieurs et des techniciens* (*la Lumière électrique*, 9 oct.
1915).

par un usage rationnel du laboratoire, par un appel
constant aux chimistes. Plus d'une, assurément, parmi
nos grandes entreprises minières, métallurgiques, tinctoriales, alimentaires, etc., le sait et le prouve. Trop
nombreuses encore sont celles qui l'ignorent ou qui,
par négligence et routine, font comme si elles l'igno-
raient. Trop d'exportateurs aussi ignorent ou du moins
oublient que la géographie commerciale et sociale,
que l'économie politique sont des éléments de succès
aussi importants que la connaissance des langues
étrangères, et que seul un commerçant paresseux s'en
remet, pour l'étude d'un marché, à un commission-
naire allemand. Trop de maisons aussi oublient qu'il
faut un apprentissage technique même à leur personnel secondaire, et un apprentissage professionnel à
leurs ouvriers.

Héritiers d'un riche patrimoine, il est légitime que
nous désirions ne pas le compromettre en folles aven-
tures. Tout de même il importe que nous apprenions
davantage à mobiliser nos capitaux. Nous avons loué,
chez nos établissements de crédit, la fidélité au principe de la division du risque. Mais il n'est pas niable
que l'activité nationale n'a pas trouvé toujours chez
eux un appui suffisant. Il y a peut-être à faire, des
capitaux énormes qu'ils détiennent, un autre usage
que de les prêter à des banques étrangères, lesquelles
font précisément, avec notre argent et à leur profit,
les affaires dont nous n'avons pas voulu. Qu'un commerçant français se voie fermer les guichets d'un de
nos établissements, et qu'un banquier allemand lui
ouvre ensuite un crédit grâce aux ressources que lui
assure l'établissement français, c'est là une combinaison vraiment déconcertante.

Dans quelle mesure, à côté des banques de dépôt,
y a-t-il place chez nous pour des banques d'affaires ?
Faut-il en constituer de toutes neuves ou nous servir
de celles qui existent ? Faut-il créer une énorme
banque d'exportation ? Ne vaut-il pas mieux, en s'ins-
pirant d'ailleurs des tentatives déjà faites, créer des
banques spécialisées, comme cette banque franco-
italienne dont les entretiens de Cernobbio paraissent
avoir préparé la naissance ? Ces questions ne sauraient
être tranchées en quelques lignes et, pour les résoudre,
les spécialistes pourront étudier avec fruit les expériences faites en Allemagne.

CE QUE NOUS DEMANDERONS A L'ÉTAT

Après avoir dit ce que nous attendons de l'initiative
individuelle et des initiatives associées, il reste ce que
nous devrons demander à l'État.

Beaucoup, négativement et positivement.

Négativement, la disparition de la bureaucratie
paperassière qui étouffe, chez nous, toutes les initiatives, décourage les volontés les mieux trempées,
énerve les énergies. Si les ports et les canaux se creu-
sent en Allemagne, si les voies ferrées se multiplient,
si les docks se construisent plus vite qu'en France, et
mieux adaptés aux besoins nouveaux, c'est que chez
nous, entre le projet et l'exécution, s'élève une montagne de papier ; la percer est plus difficile que de
forer un tunnel à travers les Alpes. Une chambre de
commerce veut-elle élargir un bassin ? De rapports en
rapports, de commissions en conseils, d'arrêtés en
décrets, l'affaire dure si bien que le jour où l'on donne
le premier coup de pioche, le tonnage des navires

pour lequel le bassin avait été prévu a presque doublé !
« Supposez, disait-on hier, supposez que nous exigions
de l'Allemagne vaincue qu'elle nous livre comme
partie de rançon les trois grands *liners* de la Hamburg-
Amerika : l'*Imperator*, de 53.000 tonnes, le *Vaterland*,
de 58.000 et le *Bismarck* de 65.000. Mais nous n'aurions pas en France un seul port pour les abriter [1] ! »

Nous avons fait, même depuis cent ans, bien des
révolutions. Mais, en dépit de trompeuses apparences,
nous sommes toujours régis, en réalité, par les mêmes
institutions, les institutions administratives de l'an VIII.
Institutions excellentes en leur temps, merveilleusement adaptées aux besoins de la France d'alors, d'une
France qui n'avait ni chemins de fer, ni automobiles,
ni télégraphes avec ou sans fil, ni téléphones, ni
navires à vapeur.

De ce temps-là aussi date une législation qui est un
obstacle à l'association industrielle et commerciale.
Déjà, sous des coups répétés, cet obstacle a cédé en
plusieurs points, des brèches y ont été pratiquées. Il
n'y a qu'à continuer ce travail, à nous guérir de la peur
maladive des coalitions. La jurisprudence viendra ici
en aide au travail législatif.

Positivement, nous ne demanderons pas à l'État de
copier l'État allemand ; nous ne le permettrions pas.
Mais il nous doit un peu de ce « prestige » dont l'Empire couvre si généreusement ses commerçants. La
marine de guerre, la diplomatie, sont des forces vives
qu'il ne faut pas négliger. Le jour où un ministre
décide la suppression d'une division navale dans telle ou
telle mer, il ne se doute certainement pas du préjudice

-----

[1] Conférence de M. V. Cambon.

qu'il cause au commerce français dans ces parages.

L'État nous doit aussi de diriger dans un sens utile à nos intérêts cette force que constitue la puissance financière de la France. L'Allemagne a peut-être poussé trop loin, et jusqu'à la brutalité, sa politique des emprunts et des commandes. Nous avons, nous, avec trop de naïveté, trop souvent prêté notre argent pour procurer les commandes à d'autres.

Il est temps que, d'une façon générale, l'État français se persuade qu'il a charge des intérêts économiques de la nation française. Trop souvent hélas ! il fait preuve, en ces matières, d'une indifférence qui n'a d'égale que son incompétence. Nos administrations semblent totalement dépourvues du sens commercial et industriel. Quand elles cherchent à intervenir dans ces questions, elles le font souvent avec une maladresse qui rend leur abstention préférable. A certains « protecteurs » du travail national, on serait tenté de répondre par le proverbe italien : Dieu me garde de mes amis !

Les pouvoirs publics, et au premier rang le Parlement, semblent mettre les problèmes économiques au dernier rang de leurs préoccupations. Les lois qui doivent les trancher sont votées après d'interminables délais, quand elles ont cessé de correspondre aux nécessités actuelles. On les examine en cinq minutes, à la fin d'une séance de politique pure ; on les adopte à la muette, devant une banquette vide. Et c'est là que triomphe sans réserve la néfaste politique d'arrondissement. Il importe de faire prévaloir sur ce patriotisme de clocher la notion de l'intérêt général. A ce prix seulement nous aurons, au lieu d'une poussière de petits ports jalonnant nos côtes, quelques havres cons-

truits suivant les données modernes et largement
outillés, capables d'opérer la concentration du trafic.
A ce prix seulement nous pourrons réaliser une politique rationnelle de chemins de fer, un système cohérent de voies navigables, une organisation efficace de
nos lignes maritimes. L'État nous les doit. L'intérêt
vital de la nation exige qu'il nous les donne.

Il faudra également rajeunir nos lois sur la propriété
industrielle, nous faire une législation sur les brevets
qui ne soit plus un obstacle à l'esprit d'invention. Il
faudra encore que la protection internationale de la
propriété industrielle soit rendue réelle et sérieuse.

Beaucoup plus délicat sera l'établissement d'une
politique douanière rationnelle. Il ne s'agit pas de se
prononcer pour ou contre telle théorie, il s'agit de
tenir compte des faits, de se défendre contre un adversaire toujours aux aguets, et toujours prêt à recourir
à tous les moyens, à tourner toutes les lois internationales. Nous ne voyons ici qu'un moyen d'agir avec
efficacité, c'est de ne pas agir seuls.

Il est souhaitable que l'Entente, après avoir triomphé sur les champs de bataille, se retrouve unie
demain sur le terrain économique — une Entente
élargie par l'accession des nations qui voudront
accepter les conditions d'un nouveau pacte de Londres.
Si la clause de la nation la plus favorisée doit repa-
raître dans les futurs traités de commerce, il importe
que l'effet en soit limité aux seuls signataires de ce
pacte, c'est-à-dire aux nations qui s'y soumettront de
bonne foi, et en toute réciprocité.

C'est aussi par cette Entente que nous pourrons
lutter contre le *dumping* ; il faudra, entre les co-associés, établir un régime international qui s'inspire de

la législation canadienne. On nous objecte que cette législation est d'une application difficile, parce qu'il est difficile de se renseigner exactement sur les prix réels du marché intérieur allemand. Cependant, entre les mains d'un seul Etat de sept millions d'hommes, cette législation s'est montrée efficace. Le sera-t-elle moins, lorsqu'elle sera maniée à la fois par plusieurs des plus grandes puissances du monde ?

Boycotter l'Allemagne est un rêve, un mauvais rêve. Mais ici comme ailleurs l'Entente a le devoir de mettre l'Allemagne hors d'état de nuire, de rétablir la loyauté dans les relations internationales. Si l'on s'inspire de cette politique, non seulement la France retrouvera la place à laquelle lui donnent droit sa position sur trois mers, les richesses de son sol, les qualités de ses habitants, son histoire, mais nous aurons rendu à chaque nation, aux petites comme aux grandes, le moyen de développer librement les ressources qu'elles tiennent de la nature et de leur génie[1].

[1] Je suis heureux, en terminant ce travail, de me trouver en accord sur presque tous les points avec M. Landry, *Rapport* (à la Chambre des députés)... *eur notre commerce d'exportation,* **1915.**

TABLE DES MATIÈRES

INTRODUCTION

Quelques réflexions sur l'essor économique allemand dans ces quarante dernières années.

PREMIÈRE PARTIE

LA NÉCESSITÉ DE L'EXPANSION

CHAPITRE IV

Le rôle de l'État.

TROISIÈME PARTIE

LA CONQUÊTE DES DÉBOUCHÉS

CHAPITRE PREMIER

L'étude systématique des débouchés.

CHAPITRE II

La pénétration commerciale.

CHAPITRE III

La pénétration industrielle.

CONCLUSION

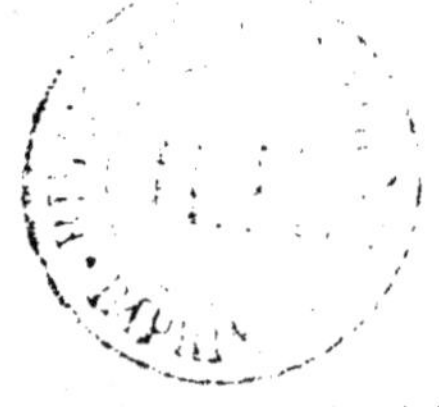

Imprimerie A. Davy, 9, rue Édouard-Jacques à Paris

= **LIBRAIRIE ARMAND COLIN** =

103, Boulevard Saint-Michel, PARIS

SCIENCES SOCIALES
ET POLITIQUES

BIBLIOTHÈQUE
DU MOUVEMENT SOCIAL CONTEMPORAIN

Les Fonctionnaires : *Leur action corporative,* par **Georges.**
Cahen, Maître des Requêtes au Conseil d'État. Un volume in-18,
broché. . . . . 3 fr. 50

« On sera séduit par l'exacte documentation de cet ouvrage, par sa belle
ordonnance, sa parfaite clarté d'exposition, la rapidité, l'animation du récit.
C'est un des livres les plus étudiés, les mieux faits, qui aient été écrits sur
une grande question contemporaine. On devra y recourir pour connaître le
passé et le présent du corporatisme des fonctionnaires. »   *(Revue Bleue.)*

Le Procès de la Démocratie, par **Georges Guy-Grand**.
Un volume in-18, broché. . . . . 3 fr. 50

« Depuis quelques années, des attaques précises contre le régime démocratique se sont élevées de côtés très différents. M. Guy-Grand étudie ces
diverses critiques. Parfaitement renseigné, il sait les exposer clairement et
les distinguer entre elles. Quoi qu'on pense de ces graves questions, c'est un
livre à lire et qui mérite d'être signalé pour le talent et le sérieux de la discussion. »   *(Le Correspondant.)*

L'Orientation religieuse de la France actuelle, par
Paul Sabatier. Un volume in-18 (2ᵉ ÉDITION), broché . 3 fr. 50

« M. Paul Sabatier suit dans l'évolution politique, intellectuelle, artistique,
les efforts de l'esprit religieux et s'applique à nous faire pressentir ce qui
peut résulter des multiples aspirations contemporaines vers une vie spiri-
tuelle complète et harmonieuse. »   *(Revue de Paris.)*

« M. Paul Sabatier affirme qu'il y a une renaissance du sentiment mysti-
que réunissant dans une sphère commune les plus hauts esprits... Le pro
blème angoissant qui se pose à l'heure actuelle est de savoir si la véritable
foi religieuse, qui est amour, l'emportera sur la fausse foi qui est scolastique
et dialectique, et si la réconciliation pourra se faire entre le christianisme
et la civilisation moderne. »   *(Mercure de France.)*

P. — 691.

La Question sociale et le mouvement philosophique au XIX⁰ siècle, par **Gaston Richard,** professeur à l'Université de Bordeaux. Un volume in-18, broché . . . . 3 fr. 50

Ouvrage couronné par l'Académie des Sciences morales et politiques.

La pensée philosophique a-t-elle été étrangère à la transformation sociale de notre époque? Tel est le problème qu'étudie M. G. Richard. Il s'attache à prouver que seule la philosophie pouvait démontrer que la question sociale est, au fond, une question morale que l'on ne peut résoudre, ni même bien comprendre si l'on élude le double problème du droit et du mal. A l'appui de sa thèse, l'auteur soumet à un nouvel examen critique plusieurs points d'histoire souvent controversés, concernant les rapports de filiation entre les écoles philosophiques et les écoles socialistes du xixᵉ siècle.

Conduit avec une méthode rigoureuse, constamment appuyé sur l'étude des sources, ce travail aboutit à des conclusions neuves et personnelles. Un index bibliographique permet au lecteur de contrôler et d'étendre la solide documentation de l'ouvrage.

La Famille française et son évolution, par **Louis Delzons.** Un volume in-18, broché . . . . 3 fr. 50

« Avec l'autorité du jurisconsulte et l'expérience du romancier, qui a mesuré à la fois la valeur et la portée des articles de nos Codes et observé leur influence et leurs effets sur le caractère de la société contemporaine, M. Louis Delzons étudie les tendances nouvelles de notre époque; où mène depuis un siècle, en France, l'évolution de la famille, si rapide et si complète en ces dernières années. » *(Revue des Deux Mondes.)*

L'Évolution de la France agricole, par **Michel Augé-Laribé.** Un volume in-18, broché . . . . 3 fr. 50

« Cet ouvrage est l'exposé précis de la transformation industrielle de l'agriculture et aussi de la transformation morale du monde de la terre. Il y a là un très gros problème, dont bien peu de nos contemporains se doutent, et dont on voit vite les conséquences économiques, politiques et surtout sociales à la lumière des faits développés brillamment par Michel Augé-Laribé. » *(Le Parlement et l'Opinion.)*

Les Transformations du Droit civil, par **Joseph Charmont,** professeur à l'Université de Montpellier. Un volume in-18, broché . . . . 3 fr. 50

« Écrit d'une manière très objective, ce bref, mais ingénieux ouvrage expose, avec une pénétrante sagacité, l'évolution du droit privé sur les trois points fondamentaux de la famille, de la propriété, de la responsabilité. Mais, avec une infinie discrétion, M. Charmont laisse entrevoir ses vues plus qu'il ne les indique. L'évolution n'a-t-elle pas eu le plus souvent d'heureux résultats? Pourtant n'inspire-t-elle pas aussi des inquiétudes? Ne laisse-t-elle pas, parfois, des regrets? L'auteur, ici, discrètement s'efface; il n'a voulu que nous montrer des courants, des luttes d'idées. Il n'entend pas se mettre en scène, et l'on ne peut, à cet égard, qu'apprécier son tact. » *(Revue de Droit international privé.)*

Les Transformations du Droit public, par Léon Duguit

professeur de droit à l'Université de Bordeaux. Un volume in-18, broché. . . . . 3 fr. 50

« L'auteur montre la désagrégation de notre ancien système juridique et les conceptions nouvelles qui semblent présider à l'élaboration d'un nouveau système. L'influence des faits économiques est ici prépondérante ; et c'est ainsi que dans l'idée qu'on tend à se faire de l'Etat, la notion de souveraineté ou de droit subjectif va s'effaçant devant la notion, plus réaliste, de service public. On retrouvera dans ce volume la netteté et la vigueur de pensée qui ont fait apprécier M. Duguit des juristes et des philosophes. »

(Le Correspondant.)

OUVRAGES GÉNÉRAUX

Les Systèmes Socialistes et l'Évolution économique, par

Maurice Bourguin, professeur d'économie politique à la Faculté de droit de Paris. 4ᵉ ÉDITION *revue et corrigée, augmentée d'un index alphabétique des auteurs cités et des matières traitées.* Un volume in-8° cavalier (23° × 16°) de 560 pages, broché. . 10 fr.

Ouvrage couronné par l'Académie des Sciences morales et politiques, Prix Wolowski et Prix J.-B. Chevallier.

« C'est là une œuvre forte et loyale qui vaut d'être méditée par les hommes de toutes les tendances et de tous les partis. La documentation en est sérieuse et sobre, les analyses pénétrantes et exactes. M. Bourguin combat les systèmes sans parti pris d'école et sans préjugé de classe. A la probité d'analyse et d'interprétation s'ajoute l'inspiration sociale et humaine la plus libre, la plus démocratique et la plus large. » (JEAN JAURÈS. *L'Humanité.*)

La Sociologie de Proudhon, par C. Bouglé, chargé d'un

Cours à la Sorbonne. Un volume in-18, broché. . . . 3 fr. 50

« De Proudhon se réclament aujourd'hui les théoriciens du syndicalisme révolutionnaire, les réformistes radicaux socialistes, les anti-collectivistes. Pour les uns, c'est un anarchiste ; pour les autres, un des maîtres de la contre-révolution. Qui croire ? Où est l'unité de la pensée proudhonienne ? M. Bouglé estime que c'est la sociologie de Proudhon qui fournit la clef de beaucoup de ses thèses, c'est-à-dire ce postulat que la société n'est pas la simple somme des unités qui la composent, que cette force collective est une réalité originale. La démonstration de M. Bouglé est judicieuse et brillante. »

(Revue de Paris.)

Essais politiques et sociaux, par R. W. Emerson. Tra-

duction M. Dugard. Un volume in-18, broché . . . . . 3 fr. 50

« Il y a là, pour beaucoup, une sorte de révélation, car Emerson, maître universellement célèbre de la vie intérieure, est moins connu comme génie positif. Il fut cependant pénétré au plus haut point du respect des réalités. Guerre, propriété, éducation, gouvernement, rôle de l'écrivain, lutte des partis et des classes, il n'est pas une question que son idéalisme pratique n'ait approfondie en ces pages souvent admirables. » *(Le Figaro.)*

L'Individualisme économique et social : *Ses Origines, son Évolution, ses Formes contemporaines*, par **Albert Schatz**, prof. à la Faculté de droit de Lille. Un vol. in-18 de 600 pages, br. 5 fr.

« Ouvrage aussi remarquable par la concision élégante de la forme que par l'originalité de ses conclusions. L'ensemble en est constitué par l'exposé très clair et très complet des diverses théories individualistes, depuis Hobbes et Mandeville jusqu'à Nietzsche et Ibsen. Mais ce n'est pas seulement un exposé de doctrine, et ce livre n'intéresse pas que les économistes. Il constitue une œuvre de combat et, à ce titre, il s'adresse à tous les esprits indépendants, désireux de penser et d'agir par eux-mêmes, sans se laisser guider par leurs ambitions personnelles et les abus de toute coterie officielle. »

(Le Monde Économique.)

L'Élite dans la société moderne : *Son rôle*, par **Paul de Rousiers**. Un volume in-18, broché. . . . . 3 fr. 50

« L'ouvrage de Paul de Rousiers met en relief le rôle social de l'élite par des faits précis empruntés à la France comme à l'étranger. Mais il ne se borne pas à l'examen des phénomènes purement économiques. Des besoins intellectuels et moraux réclament l'action d'une élite désintéressée, d'une surélite; là où elle fait défaut, l'intérêt général court risque d'être exploité dans des vues intéressées. Ainsi l'élite est indispensable à la vie sociale sous toutes les formes. La société moderne doit pourvoir constamment elle-même au recrutement des diverses élites qu'elle requiert. Telle est la conclusion de ce travail documenté et consciencieux, où le souci de la vérité s'allie à l'élévation des idées. » *(La République Française.)*

« Voici un livre qu'il faut proposer à quiconque s'occupe d'organiser notre vie contemporaine et d'adapter les vieilles idées nécessaires à l'impatience intolérante des démocraties. L'élite, les élites doivent tenir la place des anciennes « classes dirigeantes », faute de quoi, privées de guides expérimentés, la foule se laissera tromper par les bateleurs. »

(Le Correspondant.)

L'Économie de l'Effort, par **Yves Guyot**. Un volume in-18, broché. . . . . 4 fr.

« Ce livre n'est pas à proprement parler un traité d'économie politique; l'auteur dogmatise le moins possible; et à côté du précepte, il place toujours le fait qui l'éclaire et le justifie. Il ne définit pas seulement les trois entités maîtresses, la propriété, le capital et le travail; il en décrit les péripéties et les évolutions, multipliant les exemples pour les mieux faire comprendre... Livre intéressant où l'auteur a su condenser en 300 pages la substance de toute une bibliothèque d'économie politique. » *(Le Siècle.)*

La Synergie sociale, par **Henri Mazel**. Un volume in-18, broché. . . . . 4 fr.

« L'auteur étudie dans ce volume l'action civilisatrice des énergies morales librement mises en contact. Comme cette étude porte à la fois sur le passé, le présent et même sur l'avenir, le livre abonde en aperçus d'histoire générale, en appréciations sur l'état de choses contemporain, et aussi en prévisions des âmes futures d'après quelques grands penseurs d'aujourd'hui. *La Synergie sociale* se rattache ainsi au mouvement actuel qui détache la sociologie de la biologie pour la rapprocher de la psychologie; à ce titre la lecture en est indiquée à tous ceux qui veulent se tenir au courant des nouvelles idées en sciences sociales. » *(L'Autorité.)*

QUESTIONS POLITIQUES ET SOCIALES

Les Origines de la guerre européenne, par Auguste Gauvain. Un volume in-18 (4ᵉ ÉDITION), broché . . . . . . 3 fr. 50

« M. Auguste Gauvain était particulièrement à même d'éclairer les origines de la crise, d'en décrire les développements et l'évolution. C'est ce qu'il a fait dans un style simple, sobre, précis, avec le seul souci de respecter la vérité. »
(Revue des Deux Mondes.)

« M. Gauvain vient de publier un exposé méthodique détaillé des causes politiques de la conflagration actuelle. Il n'a pas fait œuvre de polémiste. Il a seulement cherché à montrer, en historien, par l'enchaînement rigoureux de faits contrôlés, pourquoi la guerre a éclaté au mois d'août dernier plutôt que lors des grandes crises diplomatiques des années précédentes. »
(Journal des Débats.)

« C'est un examen lucide et magistral de la politique européenne depuis l'annexion de la Bosnie-Herzégovine. »
(The Scotsman, d'Edimbourg.)

Karl Marx pangermaniste *et l'Association internationale des Travailleurs de 1864 à 1870*, par James Guillaume. Un volume in-18, broché . . . . 1 fr. 50

« Cet ouvrage, très documenté et écrit par un érudit de bonne marque, est une étude curieuse et très nouvelle, qui nous montre dans l'apôtre de l'Internationale un pangermaniste véritable, malveillant pour les Français et orientant la « social-démokratie » vers l'impérialisme allemand. »
(Le Correspondant.)

« Appuyé sur d'authentiques et irréfutables documents, en particulier sur la correspondance de Marx et d'Engels, dont l'auteur donne de nombreux extraits, cet exposé lumineux révèle pour la première fois au grand public le véritable rôle de Karl Marx dans les affaires de la démocratie française. »
(Le Monde Économique.)

L'Europe court-elle à sa ruine? par Alfred de Tarde. Un volume in-18 (2ᵉ ÉDITION), broché . . . . 1 fr. 25

M. Alfred de Tarde (l'un des deux écrivains qui se sont fait connaître sous le pseudonyme d'Agathon) étudie dans cette brochure, avec une remarquable lucidité, *d'où vient l'argent de la guerre, et qui finalement devra supporter ces prodigieuses dépenses* qui n'ont aucun analogue dans l'histoire. Son livre sera très lu et très discuté.

L'Appropriation du Sol : *Essai sur le passage de la propriété collective à la propriété privée*, par Paul Lacombe. Un volume in-8° écu de VIII-412 pages, broché . . . . 5 fr.

« L'ouvrage porte en sous-titre : *Essai sur le passage de la propriété collective à la propriété privée*. Dans le grand débat qui partage historiens et sociologues, l'auteur se range donc du côté des sociologues ; mais l'originalité et l'intérêt de son livre consistent en ce qu'il a rapproché l'ethnographie de l'histoire, les enquêtes des voyageurs sur les sociétés primitives des recherches historiques sur l'origine de nos institutions, et qu'il a tenté de nous montrer comment a dû se constituer, au cours des siècles, la propriété privée. Cet essai de synthèse est suggestif et séduisant. » *(Revue de Paris.)*

Nos Libertés politiques : *Origines, Évolution, État actuel,*
par **Maurice Caudel,** professeur à l'École libre des Sciences politiques. Un volume in-18 de VIII-462 pages, broché. . . . . . **5 fr.**

Ouvrage couronné par l'Académie des Sciences morales et politiques.

« Sans révérence exagérée pour les formules consacrées, M. Caudel va au fond des choses et son livre est une très sincère et perspicace philosophie de l'histoire et de la politique depuis plus d'un siècle. Même ceux que risque d'irriter sa méthode ou qui seront surpris de ses conclusions trouveront le plus grand profit à suivre attentivement ses considérations. Elles sont établies sur une connaissance profonde des faits et sur une sincérité de raisonnement auxquelles il est difficile de ne pas rendre justice. Le sujet est traité avec une liberté de jugement et une acuité d'esprit qui réservent au lecteur de rares jouissances. »   *(Le Correspondant.)*

Traditionalisme et Démocratie, par **D. Parodi**. Un volume
in-18, broché. . . . . **3 fr. 50**

Ouvrage couronné par l'Académie des Sciences morales et politiques.

« C'est un livre de grande valeur et solidement pensé que cette étude d'un intérêt tout actuel. Tous ceux qui s'appliquent aux questions sociales du temps présent trouveront plaisir non moins que profit à le lire. Par l'analyse des doctrines ou opinions de MM. Brunetière, P. Bourget, M. Barrès, comme par l'étude des notions d'égalité, de liberté, de démocratie, M. Parodi a très bien su opposer les deux tendances pragmatiste et rationaliste de notre temps. »   *(Revue de Paris.)*

Syndicats et Services publics, par **Maxime Leroy**. Un
volume in-18, broché. . . . . **3 fr. 50**

« On lira avec beaucoup d'intérêt et de profit cet ouvrage qui traite sérieusement une question sérieuse. Il y a là un ensemble de faits, de phénomènes sociaux contre ou pour lesquels les beaux discours ne feront rien; ce qui importe, c'est de les connaître, de les préciser et d'en comprendre la portée; c'est à quoi M. Maxime Leroy a remarquablement réussi en étudiant « ces mouvements confus et diffus, qui pressent, menacent et débordent même les antiques notions du droit public auxquelles, depuis Rome, l'humanité attache tous ses sentiments d'ordre et de liberté. »   *(Le Figaro.)*

Tableau politique de la France de l'Ouest *sous la Troi-*
sième République, par **André Siegfried**. Un volume in-8° raisin, 102 cartes et croquis dans le texte, une carte hors texte, br. **12 fr.**

Ouvrage couronné par la Société de Géographie de Paris.

L'étude de nos scrutins législatifs révèle l'existence de frontières électorales et de régions politiques. Si l'on veut connaître l'esprit et l'orientation de l'opinion politique, il est nécessaire de l'analyser dans sa répartition territoriale. Soumettre à cette classification géographique la France politique contemporaine; apprécier, à l'épreuve de leur continuité, la réalité des opinions et des tendances; sonder leur nature en voyant comme elles « réagissent » sous l'action des événements; déterminer ainsi, en dressant la topographie des partis, les liens intimes qui les attachent au sol ou à certains sols; deviner par là les tempéraments politiques divers des races et des classes, tel a été le but de M. A. Siegfried en ce qui concerne nos provinces de l'Ouest. L'œuvre qu'il a entreprise est une œuvre de psychologie politique et de géographie humaine.

Problèmes politiques du Temps présent, par **Émile Faguet**, de l'Académie française, professeur à l'Université de Paris. Un volume in-18 (4ᵉ ÉDITION), broché. . . . . 3 fr. 50

Sur notre régime parlementaire. — Armée et Démocratie. — Le Socialisme dans la Révolution française. — La Liberté de l'Enseignement. — Les Églises et l'État.

« M. Émile Faguet apporte en ce volume cette même intelligence subtile et ce même esprit de sincérité qu'il déploie en sa critique des hommes et des œuvres. Sans vouloir donner de conseils, il s'attache du moins à nous expliquer son avis sur toutes les grandes questions qui ont occupé et divisé les esprits jusqu'à la fin du xixᵉ siècle. On trouve partout, en ces études, des idées précises et fortes qui s'imposent à la réflexion. »
(Revue de Paris.)

Questions politiques, par **Émile Faguet**, de l'Académie française. Un volume in-18 (2ᵉ ÉDITION), broché. . . . . . . 3 fr. 50

La France en 1789. — Décentralisateurs et Fédéralistes. — Le Socialisme en 1899. — Que sera le XXᵉ siècle?

« Ces études sont toutes abondantes, réfléchies et documentées : l'auteur, tout en accordant la plus grande place au *socialisme*, a su y faire entrer toutes les questions intéressantes et trouver prétexte à nous donner de tous les problèmes sa solution personnelle. Le volume se termine par un long et curieux chapitre : « Que sera le xxᵉ siècle? » M. Faguet apporte en cette vaste méditation toute l'autorité de son expérience et toute sa logique à la fois subtile et précise. »
(Revue de Paris.)

Études politiques, par **Émile Boutmy**, membre de l'Institut. Un volume in-18, broché . . . . 3 fr. 50

« Deux essais sur la *Souveraineté du peuple*, sur la *Déclaration des droits de l'homme et M. Jellinek*, deux notices sur *A. Bardoux* et *Albert Sorel*, telle est la matière de ce livre posthume. Comme dans les précédents ouvrages d'Émile Boutmy, on admirera, dans ces analyses d'esprits et d'idées, une grande finesse de psychologie et, dans le style, une forme subtile et nuancée. »
(Revue de Paris.)

« Ceux qui aborderont ce livre y trouveront cette finesse d'observation, cette clarté, cette force de pensée qui marquent les ouvrages de M. Boutmy; ils y prendront une utile leçon de discussion courtoise et d'impartialité sereine. »
(Revue Suisse.)

Études de Droit constitutionnel *(France — Angleterre — États-Unis)*, par **Émile Boutmy**, membre de l'Institut. Un volume in-18 (6ᵉ ÉDITION), broché. . . . . 3 fr. 50

Ce volume renferme trois importantes études qui se font valoir et se complètent mutuellement. Dans la première, l'auteur nous expose un tableau critique et une classification aussi complète que possible des sources de la constitution anglaise. Le second « essai » ouvre une suite d'échappées et, pour ainsi dire, de vues latérales sur la constitution des États-Unis. Enfin la troisième étude forme en quelque mesure la conclusion des deux précédentes. L'auteur se propose de faire ressortir, par une comparaison plus serrée et plus suivie avec la France, les différences non seulement de forme et de structure, mais d'essence et de genre qui existent entre la constitution anglaise, la constitution des États-Unis et la nôtre.

— VII

LIBRAIRIE ARMAND COLIN

QUESTIONS D'ÉDUCATION ET D'ENSEIGNEMENT

L'Enseignement professionnel en France : *Son histoire, ses différentes formes, ses résultats,* par **J.-B. Paquier,** docteur ès lettres. ancien professeur au lycée Saint-Louis. Un volume in-18, broché. . . . . **3 fr. 50**

« Voici un livre excellent et fortement documenté, où sont abordées dans toute leur complexité les deux questions de l'enseignement professionnel et de l'apprentissage. Clair et méthodique dans son exposé, impartial dans ses appréciations et ses jugements, l'auteur ne laisse dans l'ombre aucun des éléments importants d'un problème dont la gravité préoccupe justement les bons esprits et les pouvoirs publics. » *(La Revue Pédagogique.)*

La Réforme de l'Enseignement secondaire, par **Alexandre Ribot,** de l'Académie française, sénateur. Un volume in-18, broché. . . . . **3 fr. 50**

« Disons tout de suite la vérité, la puissance et l'ampleur de l'ouvrage de M. Ribot. C'est une étude magistrale, aussi frappante par la clarté de l'exposition et la sévère beauté de la forme que par la sûreté, la précision et la richesse de l'information. C'est plus qu'un rapport, c'est un livre de haute pédagogie appelé à prendre place à côté des beaux rapports, devenus de beaux livres, de M. Gréard. » *(Le Temps.)*

L'Université et la Société moderne, par **Gustave Lanson,** professeur à la Faculté des lettres de l'Université de Paris. Un volume in-18, broché . . . . **1 fr. 50**

« Ce livre mérite d'être beaucoup lu. Les opinions très personnelles et modérées de M. Lanson restent intéressantes, quelles que soient les décisions prises et les réformes consenties. C'est un des plus utiles commentaires et compléments des réformes ; il peut servir de guide aussi à ceux qui ont à les appliquer. » *(L'Enseignement secondaire.)*

L'Enseignement secondaire et la Démocratie, par **Francisque Vial,** professeur au lycée Lakanal. Un volume in-18, broché . . . . **3 fr. 50**

Ouvrage couronné par l'Académie française, Prix Bordin.

« C'est l'œuvre d'un esprit très personnel, indépendant et vigoureux.. On rencontre beaucoup de vues originales, suggestives, de pensées fortes, de remarques fécondes, d'idées justes dans le cours de ces analyses. Ce livre est à lire : il oblige à penser et à discuter. » *(G. Lanson. Revue Universitaire.)*

Les Études classiques et la Démocratie, par **Alfred Fouillée.** Un volume in-18, broché. . . . . **3 fr.**

« M. Fouillée regarde la culture classique comme indispensable au maintien de la grandeur nationale. Sans que l'élévation de la pensée enlève rien à la précision des détails, il expose et soutient, avec une grande force persuasive, un plan d'enseignement basé sur cette culture. Ce maître livre sera désormais le bréviaire des amis de l'enseignement classique, et leurs contradicteurs eux-mêmes ne pourront se dispenser d'en faire cas. » *(Le Temps.)*

ÉTUDES ET ENQUÊTES
EN FRANCE ET A L'ÉTRANGER

FRANCE

La plus grande France : *La tâche prochaine*, par **Probus.**
Un volume in-18 (2ᵉ ÉDITION), broché. . . . . **3 fr.**
Ouvrage couronné par l'Académie des Sciences morales, Prix Audiffred.

« Quand il s'agira d'adapter aux exigences de l'avenir le vieil organisme français, nul effort ne devra être négligé; et c'est œuvre efficace que de préparer dès aujourd'hui les esprits à cette inévitable transformation. Des discussions sérieusement conduites jaillira sans doute la flamme qui éclairera notre chemin, et des livres comme celui-ci, qui est de bonne foi, serviront beaucoup à orienter l'opinion et à lui faire prendre conscience de ses devoirs. »
(Le Correspondant.)

« L'auteur souligne d'abord, dans une critique clairvoyante, quelques-uns des côtés défectueux de notre régime actuel; il apporte en abondance des idées neuves et riches de suggestions, et la précision avec laquelle il les formule les fait paraître d'une application facile et presque immédiate. »
(Le Monde économique.)

« Ce livre tient la promesse qu'impliquait le nom dont il est signé; c'est une œuvre de haute probité intellectuelle. » *(Le Polybiblion.)*

Nos Finances pendant la Guerre, par **Georges Lachapelle.**
Un volume in-18 (2ᵉ ÉDITION), br . . . . **3 fr. 50**
« On sait avec quel art M. Georges Lachapelle rend accessibles aux non-initiés les questions les plus complexes; on aimera à relire dans ce volume des études sur les finances publiques pendant la guerre, la Banque de France, la Bourse de Paris, les Sociétés de Crédit. Et pour mieux éclairer notre situation financière actuelle, une première partie retrace l'histoire des finances de la Troisième République, particulièrement pendant les années qui ont précédé la guerre. Ajoutons que ce livre est fortement documenté, et qu'il s'impose aux spécialistes comme aux profanes. » *(Revue de Paris.)*

Le Président de la République : *Son rôle, ses droits, ses devoirs*, par **Henry Leyret.** Un volume in-18, broché . **3 fr. 50**
« Dans cet ouvrage, M. Leyret discute avec une indépendante clairvoyance le rôle, les droits, les devoirs du président. Il conclut fort judicieusement de ses sages et impartiales observations que le président de la République n'est point aussi irresponsable qu'on le dit et qu'on le croit, et il souhaite un président qui, ayant la crainte de se « conduire en parasite ou en paralytique », use de ses droits et se « conduise en chef d'État ». Cette étude est écrite d'un style alerte et brillant et conduite avec une attrayante méthode. »
(Le Temps.)

Les Grands Ports de France : *Leur rôle économique*, par **Paul de Rousiers.** Un volume in-18, broché. . . . . **3 fr. 50**
« Étude très précise, sans être extrêmement détaillée. Par là, elle intéresse non seulement les initiés, qui trouveront profit à voir comment un esprit informé et clairvoyant entre tous juge tel port, ses mérites, ses insuffisances, mais aussi tous les Français cultivés, désireux de connaître l'exacte situation de notre commerce maritime, exagérément décrié. » *(Revue Bleue.)*

« L'enquête scientifique de M. de Rousiers doit être méditée par tous ceux qui sont soucieux de la prospérité de la France maritime. » *(Le Figaro.)*

Les Syndicats industriels de Producteurs en France et à l'Étranger : *Trusts — Cartells — Comptoirs — Ententes internationales*, par **Paul de Rousiers**. Nouvelle édition. 1912, *refondue, mise à jour et considérablement augmentée*. Un volume in-18, broché . . . . **3 fr. 50**

« Dans ce volume où sont mis en comparaison *trusts* américains, *cartells* allemands et *comptoirs* français, on se plaira à apprécier de nouveau la manière de M. de Rousiers, sa claire érudition et son expérience des affaires. En une succincte et complète exposition, l'auteur nous fait admirablement connaître les origines, les éléments et les effets des *trusts*, ces énormes engins dont l'Europe elle-même sentira la toute-puissance. »   *(Revue de Paris.)*

Les Syndicats agricoles et leur œuvre, par le **Comte de Rocquigny** (*Bibliothèque du Musée social*). 3ᵉ édition augmentée d'une préface exposant le mouvement syndical agricole de 1900 à 1908. Un volume in-18, *1 carte hors texte*, broché . . . . **4 fr.**
Ouvrage couronné par l'Académie française.

« Nul n'était mieux indiqué que M. de Rocquigny, l'un des directeurs du Musée social, pour écrire ce livre documenté et intéressant qui rectifiera bien des erreurs, et où le lecteur trouvera tous les renseignements désirables. »
(Henri Mazel. *Mercure de France*.)

Syndicats ouvriers, Fédérations, Bourses du travail, par **Léon de Seilhac**. Un volume in-18, broché . . . . **3 fr. 50**

« Étude impartiale et très documentée du mouvement d'organisation ouvrière depuis un demi-siècle. Ouvrage fort utile à consulter pour les personnes qui, n'ayant pas suivi au jour le jour la grande évolution de l'idée syndicale, veulent connaître les formes par lesquelles s'est manifestée l'énergie corporative, les résultats obtenus par les organisations ouvrières et les idées successives qui ont eu cours dans le monde du travail. »   *(Revue de Synthèse historique.)*

Les Traités ouvriers. *Accords internationaux de Prévoyance et de Travail* (Textes officiels, commentaire et historique), par **Albert Métin**, ministre du Travail et de la Prévoyance sociale. Un volume in-18, broché . . . . **3 fr. 50**

« Ce livre, parfaitement documenté, nous donne les textes officiels des divers accords internationaux concernant les lois protectrices du travail. L'auteur y a joint un commentaire historique, des tableaux et statistiques, des notes comparatives, — bref, tout un répertoire clair et bien ordonné qui fait de cet ouvrage un guide et un instrument indispensable à tous ceux que les questions ouvrières préoccupent aujourd'hui. »   *(La Revue.)*

La Femme dans l'Industrie, par **R. Gonnard**, professeur à la Faculté de droit de Lyon. Un volume in-18, broché . . **3 fr. 50**

« Voici un livre à recommander qui se lit avec beaucoup d'agrément. Les choses y sont présentées sous une forme vive, pittoresque et émue, et avec une certaine grâce qui convient bien au sujet. Les citations sont aussi très heureusement choisies. Ajoutez à cela une bibliographie très soignée qui fournit, à ceux qui veulent approfondir davantage le sujet, tous les moyens de le faire. »   *(Revue Économique.)*

Dix années de Politique coloniale, par **J. Chailley-Bert**, membre du Conseil supérieur des colonies. In-18, br. . 2 fr.

« A mesure que l'on a acquis une notion exacte des difficultés de la mise en valeur de notre empire colonial, on a appris simultanément comment il convient de les résoudre. Il s'est ainsi fait un travail immense dans les esprits, et M. Chailley-Bert, qui y a pris une si grande part, en a tracé une esquisse brillante qui se distingue, comme tous ses écrits, par l'abondance des idées et par la sûreté de la documentation. »   *(Le Temps.)*

Le Recrutement des Administrateurs coloniaux, par **Émile Boutmy**, membre de l'Institut, directeur de l'École libre des Sciences politiques. Un vol. in-18, broché . . . . . 1 fr. 50

Notre Marine marchande, par **Charles-Roux**, ancien député. Un volume in-18, broché. . . . . 4 fr.
Ouvrage couronné par l'Académie des Sciences morales et politiques.

« Bien que M. Charles-Roux s'en défende dans son « Avant-propos », son livre est un véritable traité sur la marine marchande. Ses études théoriques comme sa pratique des affaires et ses travaux au Parlement l'avaient admirablement préparé à cette tâche. L'ouvrage se recommande par son excellente méthode, sa clarté d'exposition et son généreux esprit. » *(Le Siècle.)*

Marine française et Marines étrangères, par **Léonce Abeille**, capitaine de frégate, sous-directeur de l'École supérieure de Marine. Un volume in-18, broché. . . . . 3 fr. 50

« Nul mieux que le commandant Abeille ne pouvait entreprendre et mener à bien cette tâche si ardue d'exposer ce qu'est et ce que doit être la marine française en elle-même et par rapport aux marines étrangères. Admirablement préparé par sa situation et de nombreuses années d'études, il a pu rédiger un véritable cours, rempli de faits que ne pourront se dispenser de connaître ceux qui s'intéressent à ces questions. »   *(Le Polybiblion.)*

« M. Abeille, après avoir étudié d'une part la politique navale, d'autre part l'organisation maritime des grandes puissances, et après les avoir comparées à celles de la France, conclut que notre budget maritime sera toujours insuffisant si nous ne faisons pas disparaître les abus qui le grèvent; ce sont là des observations et des conclusions auxquelles la haute compétence de l'auteur donne un poids considérable et qu'il importe à nos législateurs de méditer. »   *(Le Figaro.)*

A consulter :

La Famille française et son évolution, par Louis Delzons (voir p. II).
L'Orientation religieuse de la France actuelle, par Paul Sabatier In-18, broché (voir page I).
L'Évolution de la France agricole, par Michel Augé-Laribé (voir p. II)
Tableau politique de la France de l'Ouest *sous la Troisième République*, par André Siegfried. In-8°, broché (voir page VI).
Questions politiques, par Émile Faguet. In-18, broché (voir p. VII)

ALLEMAGNE

« L'Éternelle Allemagne », par Victor Bérard. Un volume in-18 (2ᵉ ÉDITION), broché. . . . . 4 fr.

« Il y a beaucoup à puiser dans les études qui composent ce volume et qui s'appuient visiblement sur une documentation abondante et de longues réflexions. L'idée maitresse, développée avec le talent habituel de l'auteur, en est qu'il y a continuité entre l'Allemagne d'aujourd'hui et celle d'autrefois. On remarquera, en particulier, le curieux et savant chapitre sur « la forêt germanique », où il cherche à suivre certaines caractéristiques du peuple allemand depuis les établissements primitifs jusqu'à nos jours. »

(Le Correspondant.)

« Ce livre trace un magnifique tableau de l'Allemagne économique à la veille de la guerre. »

(Le Temps.)

Les Méthodes allemandes d'expansion économique, par Henri Hauser, professeur à l'Université de Dijon, correspondant de l'Institut. Un volume in-18 (6ᵉ ÉDITION), broché. 3 fr. 50

Ouvrage couronné par l'Académie des Sciences morales, Prix Audiffred, et par la Société d'Encouragement pour l'Industrie nationale.

« Parmi les nombreuses publications consacrées à l'Allemagne économique d'avant la guerre, le volume de M. Hauser mérite une mention très spéciale. Il s'agit d'un écrit de circonstance, mais, d'un bout à l'autre du livre, on voit les diverses parties d'un plan rigoureusement logique et complet se dérouler sans à-coups, dans une forme toujours châtiée. »

(Revue des Sciences politiques.)

« Ce livre, si nourri dans sa condensation, abonde en renseignements du plus vif intérêt sur les conditions de la vie économique en Allemagne.... Et qu'on ne s'imagine pas que ce soit un exposé sec : M. Hauser a beaucoup de vivacité d'esprit, et les remarques fines et ingénieuses abondent sous sa plume.... Mais ce qui est surtout admirable dans ce livre, c'est la franchise avec laquelle l'auteur parle à ses compatriotes. » *(Journal de Genève.)*

Le Groupe socialiste du Reichstag *et la Déclaration de guerre*, par P.-G. La Chesnais. Un volume in-18, broché 1 fr. 50

« Curieuse étude, conçue de façon purement objective, sur la conduite des socialistes du Reichstag à l'heure de la déclaration de guerre. S'appuyant sur cette objectivité méthodique, l'auteur, socialiste lui-même, conclut qu'il n'y a pas d'avenir pour l'Internationalisme s'il ne condamne formellement la Social-Démocratie allemande. » *(The Times.)*

La Formation sociale du Prussien moderne, par Paul Descamps. Un volume in-18, broché. . . . . 4 fr.

Après avoir, dans un précédent ouvrage, étudié l'Anglais moderne, l'auteur expose ici les résultats de son enquête sur la formation sociale du Prussien moderne; et ces deux livres sont féconds en rapprochements instructifs. L'auteur s'est proposé de déterminer les influences qui ont contribué à former le peuple allemand; l'influence dominante, c'est celle de la Prusse, dont l'organisation, les méthodes et l'esprit se sont imposés à l'Allemagne tout entière. M. Descamps a cherché à pénétrer le secret de la vie sociale en étudiant sur place les habitudes et les conditions de vie du peuple allemand. En une série de précieuses monographies prises sur le vif, il étudie la vie de la famille, de l'école, de l'Église et celle de l'individu à tous les degrés de la société.

Les Universités allemandes au XXe siècle, par le Dr **René Cruchet**, professeur agrégé à l'Université de Bordeaux. Un volume in-18, broché. . . . . **4 fr.**

Le Dr René Cruchet a visité les vingt Universités que compte aujourd'hui l'Allemagne. Il s'est efforcé, en replaçant chaque centre universitaire dans son cadre, parmi ses idées, ses usages et ses traditions, d'en montrer les particularités originales. Chacune de ces Universités lui est apparue comme un tout autonome, ayant ses souvenirs glorieux, ses représentants caractéristiques et ses tendances propres. Ecrit dans une langue agréable, égayé d'anecdotes et de fines descriptions, agrémenté de piquantes interviews d'Universitaires allemands réputés, ce livre est à consulter par tous ceux qui s'intéressent aux Universités en général, et plus spécialement, à l'avenir de nos Universités françaises.

L'Impérialisme allemand, par **Maurice Lair**. Un volume in-18 (5e ÉDITION), broché . . . . **3 fr. 50**

Ouvrage couronné par l'Académie française. Prix Marcelin-Guérin.

« L'intérêt de ce livre n'échappera à personne. C'est un très sérieux document sur le développement politique et économique d'un des plus grands Etats d'aujourd'hui. M. Lair y fait, pour l'Allemagne, ce que M. Victor Bérard a fait pour l'Angleterre dans son ouvrage *L'Angleterre et l'Impérialisme*. Les deux volumes se complètent et s'éclairent mutuellement et seront inséparables l'un de l'autre sur la table de l'homme politique comme sur celle de l'homme d'étude. »   *(Annales des Sciences politiques.)*

Les Cartells de l'Agriculture en Allemagne, par **A. Souchon,** professeur à la Faculté de droit de Paris. Un volume in-18, broché. . . . . **4 fr.**

« Ce qu'étaient et ce que sont les cartells en Allemagne, voilà ce que nous apprend M. Souchon. Ecrit dans un style très clair, accompagné de nombreux appendices donnant la traduction des divers traités du Kornhaus, des traités des cartells de l'alcool, du sucre, etc., son livre sera lu en France avec autant d'intérêt que de profit, car il vient à son heure. »

(H. HITIER. *Journal d'Agriculture*.)

L'Expansion allemande hors d'Europe (*États-Unis, Brésil, Chantoung, Afrique du Sud*), par **E. Tonnelat**. Un volume in-18, broché. . . . . **3 fr. 50**

« C'est le tableau des ambitions, des méthodes, des déceptions de la *Weltpolitik* impériale, dans ses tentatives d'expansion chez les Blancs, les Jaunes, les Noirs. Et c'est une psychologie précise et curieuse de l'Allemand qui, un peu honteux de sa langue à l'étranger, disposé à adopter pour patrie la terre où il peut vivre en paix, oublieux assez vite de son pays d'origine, finit par se fondre dans les autres peuples. »

(Revue de Paris.)

« Ce livre est un de ceux qu'il faut lire avec attention, parce qu'il comporte en même temps un enseignement et une critique, tous deux également profitables à l'avenir économique de notre pays. »   *(Gil Blas.)*

La France et Guillaume II, par Victor Bérard. Un volume
in-18 (2ᵉ ÉDITION). broché. . . . . 3 fr. 50

« Il n'y a pas de sujet qu'il faille toucher d'une main plus délicate.
A cette heure, il était utile qu'un historien donnât, en des pages claires et
précises, une idée des relations existant entre la France et l'Empereur allemand. Mais, pour traiter ces questions, il fallait une plume alerte, un esprit
renseigné et clairvoyant, un tact spécial à discerner, dans la masse des documents apportés par une actualité en fièvre d'information, ceux dont il convient
de faire état. M. Bérard s'est acquitté de sa tâche avec bonheur. Il parle
le langage de la raison sans se défendre d'une franchise audacieuse, lorsqu'il
sent que cette franchise sert la cause de la vérité. » *(Le Figaro.)*

A consulter :

**Les Syndicats industriels de Producteurs en France et à l'Étran-
ger** *(Trusts, Cartells, Comptoirs)*, par PAUL DE ROUSIERS (voir p. X).

Marine française et Marines étrangères *(Allemagne, etc.)*, par
L. ABEILLE (voir page XI).

ANGLETERRE ET EMPIRE BRITANNIQUE

La Formation sociale de l'Anglais moderne, par Paul
Descamps. Préface de PAUL DE ROUSIERS. Un vol. in-18, br. 4 fr.
Ouvrage couronné par l'Académie des Sciences morales et politiques.

Comment l'Anglais acquiert-il les caractères sociaux qui lui sont propres?
Pour répondre à cette question, M. P. Descamps étudie l'influence du
métier, de la vie familiale et de l'éducation sur la formation de l'individu,
puis l'ouvrier à l'atelier et dans son home, l'éducation dans les écoles, la
hiérarchie des classes et le rôle social des individus. Cet ouvrage, fruit
d'enquêtes personnelles et d'une observation réfléchie, véritable mine de
renseignements sur l'organisation sociale de l'Angleterre contemporaine,
apporte une précieuse contribution à l'étude des questions d'éducation et à
la science sociale.

Londres et les Ouvriers de Londres, par D. Pasquet,
docteur ès lettres, professeur au lycée Condorcet. Un volume
in-8° raisin de 764 pages, 1 planche hors texte, 23 cartes et gra-
phiques, broché . . . . 12 fr.
Ouvrage couronné par l'Académie des Sciences morales et politiques.

L'auteur de cet ouvrage a voulu présenter dans un tableau d'ensemble les
caractères généraux de la vie ouvrière à Londres, et montrer comment les
conditions géographiques, historiques et économiques concourent à rendre
particulièrement misérable la situation d'une grande partie du monde ouvrier,
et particulièrement difficiles les entreprises d'amélioration sociale ou morale.
C'est la première fois que l'on essaie d'étudier ainsi un problème complexe
et vivant de phénomènes sociaux et de montrer comment ils réagissent les
uns sur les autres. Aussi cet ouvrage, d'une documentation minutieuse, doit-
il être lu par tous ceux qui s'intéressent aux questions sociales.

LIBRAIRIE ARMAND COLIN

Essai sur les Origines de la Chambre des Communes,
par **D. Pasquet.** Un volume in-8° raisin, broché . . . . . 5 fr.

D'après l'opinion généralement admise, la Chambre des Communes serait sortie d'un mouvement révolutionnaire dans lequel noblesse et bourgeoisie se seraient unies, au cours du xiii° siècle, pour limiter le pouvoir du roi. L'auteur de cet ouvrage prouve, par des textes empruntés aux documents officiels, que la convocation des députés des comtés ou des villes, dont la réunion forma au xiv° siècle la Chambre des Communes, est avant tout l'œuvre des rois eux-mêmes, d'Édouard Ier principalement.

La Crise Anglaise : *Scènes électorales. La Réforme constitution-nelle. Le Problème financier. La terre. Libre-échange et réforme douanière,* par **Philippe Millet.** Un volume in-18, br. 3 fr. 50
Ouvrage couronné par l'Académie française.

« Ce livre n'a rien d'académique : l'auteur décrit ce qu'il a vu et aussi ce qu'il a vérifié et appris dans les documents après qu'une conversation l'a mis sur la piste d'un problème. C'est la déposition d'un témoin impartial que sa connaissance de la langue et des mœurs anglaises et son goût de l'observation directe ont préparé à bien voir et à bien entendre. » *(Revue de Paris.)*

Le Développement de la Constitution et de la Société politique en Angleterre, par **Émile Boutmy,** membre de l'Institut, directeur de l'École libre des Sciences politiques. Un volume in-18 (6° ÉDITION), broché . . . . 3 fr. 50

Comment se sont formés les éléments essentiels qui constituent l'Angleterre politique moderne, voilà le problème dont M. Émile Boutmy va chercher la solution dans l'étude approfondie de son histoire. Nous suivons l'auteur, avec le plus grand intérêt, à travers les époques parfois si troublées des xvi°, xvii° et xviii° siècles jusqu'à cette Angleterre contemporaine que l'évolution démocratique de nos jours semble en voie de transformer.

Essai d'une Psychologie politique du Peuple Anglais
au XIX° siècle, par **Émile Boutmy.** Un volume in-18 (4° ÉDITION), broché . . . . 4 fr.

« Cet ouvrage est une œuvre des plus importantes, des plus riches en observations profondes, fines et instructives... M. Boutmy a une connaissance approfondie de l'histoire et de la littérature anglaises. Il voit les choses en plein relief et en mouvement. Sa pensée et son style en font le tour et savent en saisir et en rendre tous les aspects. » (G. Monod. *Revue Historique.*)

Le Trade-Unionisme en Angleterre, par **Paul de Rousiers,** avec la collaboration de MM. de Carbonnel, Festy, Fleury et Wilhelm *(Bibliothèque du Musée social).* Un volume in-18 (3° ÉDITION), broché . . . . 4 fr.

« La pensée maîtresse exprimée par M. de Rousiers dans ce volume est que les *Trade-Unions* sont le résultat des conditions du travail salarié au xix° siècle. Le « phénomène social des syndicats d'ouvriers est la manifestation d'une force existante ; la science sociale a pour objet d'étudier cette force », c'est ce qu'a fait l'auteur avec une méthode solide, non seulement pour l'observation des détails, mais pour l'étude des rapports entre les faits sociaux... ouvrage est l'un des meilleurs fruits scientifiques produits par le Musée social. »
(Ch. Seignobos. *Revue critique.*)

L'ÉDUCATION ET LA SOCIÉTÉ EN ANGLETERRE

Ouvrage couronné par l'Académie française, Prix Marcelin-Guérin.

★ **L'Éducation** des classes moyennes et dirigeantes **en Angleterre**, par **Max Leclerc**, avec un Avant-propos par E. BOUTMY, de l'Institut. Un volume in-18 (6ᵉ ÉDITION), broché . . . . . **4 fr.**

« Comment se forment en Angleterre les classes qui constituent l'élite politique, intellectuelle, industrielle, commerciale de la nation, et qui ont fait la grandeur prodigieuse et presque indéfinie de ce petit pays? M. Max Leclerc a cherché ce que font la famille, l'État, l'école pour les former. Le résultat de cette enquête, poursuivie avec une patience et une sagacité rares, est bien fait pour troubler les idées de la pédagogie continentale. »

(Revue de Paris.)

★★ **Les Professions et la Société en Angleterre,** par **Max Leclerc.** Un volume in-18 (3ᵉ ÉDITION), broché . . . . . . **4 fr.**

« Ce livre de M. Max Leclerc est une remarquable contribution à cette science nouvelle que les Allemands appellent la psychologie des peuples. Je crois qu'en France on n'a jamais rien écrit de plus pénétrant ni de plus réfléchi sur les mœurs et le caractère des Anglais. On sent que cet ouvrage est sorti d'une longue enquête, conduite avec beaucoup d'intelligence et aussi avec beaucoup d'enthousiasme. » *(Journal des Débats.)*

L'Angleterre et l'Impérialisme, par **Victor Bérard**. Un vol.

in-18, *une carte en couleur hors texte* (6ᵉ ÉDITION), br. . . **4 fr.**

Ouvrage couronné par l'Académie française, Prix Thérouanne.

« Ce livre magistral contient une série d'études faites de données précises, de chiffres exacts, nourries d'une abondance de renseignements neufs, et pourtant vivantes, séduisantes. Il n'est pas de tableau où ressorte avec plus de relief la crise dramatique du commerce et de l'industrie britanniques, et la croissance prodigieuse de l'Allemagne économique. » *(Revue de Paris.)*

« M. Victor Bérard a une vue singulièrement nette et précise, vivante et réaliste des hommes et des choses. Selon le procédé de Taine, qu'il rappelle à certains égards, M. Bérard accumule les détails concrets, choisis non pas au hasard, mais en vue d'étayer sa démonstration et de préparer sa synthèse. Ces qualités étaient déjà visibles dans les précédents ouvrages de M. Bérard. Elles s'affirment avec plus d'éclat encore dans ce nouveau volume. »

(Questions diplomatiques et coloniales.)

Les Nouvelles Sociétés anglo-saxonnes *(Australie et*

Nouvelle-Zélande, Afrique du Sud), par **Pierre Leroy-Beaulieu.** NOUVELLE ÉDITION [3ᵉ] ENTIÈREMENT REFONDUE. In-18, br. . . **4 fr.**

Couronné par l'Acad. française et par l'Acad. des Sciences morales et polit.

« M. Leroy-Beaulieu nous donne, dans cet ouvrage d'un intérêt et d'une valeur incontestables, des observations personnelles, originales, vivantes et pittoresques à la fois, faites sur les hommes et les choses et recueillies sur les lieux mêmes durant un long séjour aux États-Unis, dans les colonies d'Australie et la Nouvelle-Zélande. De l'exemple de ces pays jeunes et hardis, grandes choses qui se sont accomplies dans les nouvelles sociétés anglo-... il a fort bien montré que la vieille Europe peut retirer les plus ... renseignements tant au point de vue politique qu'économique. »

(Revue des Deux Mondes.)

XVI —

791-17. — Coulommiers. Imp. PAUL BRODARD. — 12-17

De Verdun aux Vosges : *Impressions de guerre* (Septembre 1914 à Janvier 1915), par GERALD CAMPBELL. Traduction ANDRÉ SIEGFRIED. Lettre-préface de LÉON MIRMAN. Un vol. in-18, avec 4 cartes hors texte, broché. . . . . **5 »**

L'Europe court-elle à sa ruine? par ALFRED DE TARDE. Une brochure in-18 . . . . **1 25**

La Guerre nouvelle, par G. BLANCHON. Un volume in-18, broché. **3 50**

La Formation sociale du Prussien moderne, par PAUL DESCAMPS. Un volume in-18, broché. . . . . **4 »**

" L'Éternelle Allemagne ", par VICTOR BÉRARD. Un volume in-18, broché. . . . . **4 »**

Le Groupe socialiste du Reichstag et la Déclaration de guerre, par P.-G. LA CHESNAIS. Un vol. in-18, br. . **1 50**

Karl Marx, pangermaniste, *et l'Association internationale des Travailleurs, de 1864 à 1870,* par JAMES GUILLAUME. Un volume in-18, broché **1 50**

La Russie et la Guerre, par GRÉGOIRE ALEXINSKY, ancien député à la Douma. Un volume in-18, broché. **3 50**

L'Italie et la Guerre, *d'après les témoignages de ses hommes d'État :* MM. SALANDRA, TITTONI, BARZILAÏ, ORLANDO, SONNINO. Préface de M. HENRI HAUVETTE. Un vol. in-18, br. . . **1 50**

La Bulgarie : *Ses ambitions, sa trahison.* Ouvrage traduit du serbe, par BALCANICUS. Un volume in-18, broché. **3 50**

La Serbie, par VICTOR BÉRARD. Avant-propos de M. MIL. R. VESNITCH. Une brochure in-18 . . . . **» 50**

Nos Finances pendant la Guerre, par GEORGES LACHAPELLE. Un volume in-18, broché. **3 50**

Les Origines de la Guerre européenne, par AUGUSTE GAUVAIN. Un volume in-18, broché **3 50**

8919. — Paris. — Imp. Hemmerlé et Cⁱᵉ (12-17)

www.ingramcontent.com/pod-product-compliance
Lightning Source LLC
LaVergne TN
LVHW051000200726
843508LV00001B/93